Das Buch

Diana Cooper und Tim Whild nehmen uns mit auf eine spannende Reise in die Geistige Welt – das Reich der Erzengel. Sie führen vor Augen, wofür diese mächtigsten aller Engel auf der Erde zuständig sind, wobei sie uns helfen können und wie wir mit ihnen Kontakt aufnehmen. Mit zahlreichen Visualisierungen und praktischen Übungen können wir die himmlischen Helfer bitten, uns auf dem Weg des spirituellen Wachstums zu begleiten und uns im Alltag wirkungsvoll zu unterstützen: Erzengel Gabriel zum Beispiel bringt Klarheit, wenn wir eine wichtige Entscheidung treffen müssen. Uriel bringt Menschen zusammen, damit sie gemeinsam in Harmonie leben und arbeiten. Oder Michael, der mächtige Beschützer: Mit ihm an unserer Seite finden wir innere Stärke, Kraft und Mut.

Die Autoren

Die Heilerin und mediale Schriftstellerin Diana Cooper machte während einer Lebenskrise eine transformierende Erfahrung mit einem engelhaften Wesen, das sie auf eine innere Reise ins Universum mitnahm. Dieses Erlebnis bewog sie, ihr Leben der Heilung und dem Dienst an der Menschheit zu widmen und sich dabei von den Engeln unterstützen zu lassen. Diana Cooper hat zahllosen Menschen geholfen, ihre Berufung im Leben zu finden, ihr Potenzial auszuschöpfen und ihrem Dasein mehr Sinn zu geben.

Der Lichtarbeiter Tim Whild sieht seine Aufgabe darin, den Aufstiegsprozess von Menschheit und Erde zu unterstützen. Gegenwärtig lehrt er in Workshops und schreibt einen beliebten Blog über die Aktivierung höherer Schwingungsenergien.

DIANA
COOPER
Tim Whild

DIE ERZENGEL

Deine mächtigen Helfer

Himmlische Anleitung
für ein Leben in Licht und Liebe

Aus dem Englischen übersetzt
von Manfred Miethe

WILHELM HEYNE VERLAG
MÜNCHEN

Die englische Originalausgabe erschien 2015 unter dem Titel
»The Archangel Guide to Ascension« bei Hay House UK Ltd.

MIX
Papier aus verantwor-
tungsvollen Quellen
FSC® C014496

Verlagsgruppe Random House FSC® N001967

Taschenbucherstausgabe 07/2018

Copyright © 2015 by Diana Cooper and Tim Whild
Copyright © der deutschsprachigen Ausgabe 2015 by Ansata Verlag
© dieser Ausgabe 2018 by Wilhelm Heyne Verlag, München,
in der Verlagsgruppe Random House GmbH, Neumarkter Straße 28,
81673 München
Alle Rechte sind vorbehalten. Printed in Germany.
Umschlaggestaltung: Guter Punkt, München,
unter Verwendung eines Motivs von prudkov / thinkstock
Satz: Satzwerk Huber, Germering
Druck und Bindung: GGP Media GmbH, Pößneck
ISBN 978-3-453-70352-0

www.heyne.de

Inhalt

Einführung 9

Schritt 1: Gaia und Ihr Seelenvertrag 15

Schritt 2: Die Einhörner 20

Schritt 3: Chakra-Vorbereitung und Aktivierung
der Merkaba 29

Schritt 4: Erzengel Metatron 37

Schritt 5: Die Große Zentralsonne 44

Schritt 6: Die Elementardrachen 48

Schritt 7: Das Reich der Elementarwesen 58

Schritt 8: Das Intergalaktische Konzil 65

Schritt 9: Bitten Sie das Intergalaktische Konzil,
der Welt zu helfen 74

Schritt 10: Die kosmische violette Diamantflamme 80

Schritt 11: Stimmen Sie sich auf die Weisheit der
Sterne ein 86

Schritt 12: Bauen Sie Ihren kristallinen Lichtkörper auf . . . 98

Schritt 13: Lichtausstöße 103

Schritt 14: Das Gesetz der Dankbarkeit und Segnung 107

Schritt 15: Der Aufstiegsweg der Liebe und Güte 115

Schritt 16: Der Weg von Akzeptanz, Vergebung und
Friedfertigkeit 120

Schritt 17: Die Liebe des Quells in uns 127

Schritt 18: Der Einfluss des Mondes 134

Schritt 19: Erzengel Sandalphon 139

Schritt 20: Erzengel Gabriel 144

Schritt 21: Erzengel Uriel 151
Schritt 22: Mit Erzengel Chamuel das Herz öffnen. 157
Schritt 23: Erzengel Michael. 165
Schritt 24: Erzengel Raphael. 171
Schritt 25: Erzengel Jophiel 178
Schritt 26: Erzengel Christiel 183
Schritt 27: Erzengel Mariel. 188
Schritt 28: Erzengel Metatrons Refugium. 193
Schritt 29: Erzengel Zadkiel 200
Schritt 30: Erzengel Joules 206
Schritt 31: Erzengel Purlimiek, der Engel der Natur 213
Schritt 32: Erzengel Fhelyai, der Engel der Tiere. 220
Schritt 33: Erzengel Preminilek und die Insekten 226
Schritt 34: Erzengel Bhokpi, der Engel der Vögel 233
Schritt 35: Erzengel Butyalil. 239
Schritt 36: Erzengel Azrael 245
Schritt 37: Serafina, eine der Serafim 250
Schritt 38: Die Meditation des blauen atlantischen
Sternensiegels 256
Schritt 39: Befreiung vom Karma. 261
Schritt 40: Empfangen Sie die Mäntel der Erzengel 267
Schritt 41: Die höhere Mahatma-Energie für die zwölf
Chakras. 275
Schritt 42: Das Aufstiegsreservoir des Wassermann-
Zeitalters. 284
Schritt 43: Der Mantel der Maria. 290
Schritt 44: Instrumente des Wohlstands und der Fülle 297
Schritt 45: Heilung des Herzens von den Plejaden 303
Schritt 46: Die geistigen Gesetze der Aktivierung
von Alchemie und Magie 309
Schritt 47: Die Portale des Christusbewusstseins. 314
Schritt 48: Werden Sie zum Träger des reinen weißen
Lichts und der Aufstiegsflamme 319

Schritt 49: Die goldene Flamme von Atlantis 324

Schritt 50: Der goldene Christusstrahl 330

Schritt 51: Die Weisheit der Bäume 335

Schritt 52: Dehnen Sie das fünfdimensionale Herz aus 342

Schritt 53: Entdecken Sie die Energie Ihres eigenen
Aufstiegsstrahls 347

Schritt 54: Aufstiegskristalle und Kristallschädel 352

Schritt 55: Die Instant-Sonne 358

Nachwort 363

Über die Autoren 365

Einführung

Meine erste Begegnung mit Tim

Von Diana Cooper

Dies ist ein besonders hochfrequentes Buch, und ich möchte es damit beginnen, dass ich Ihnen erzähle, was während meines vorgeburtlichen Vorbereitungsgesprächs für dieses Leben geschah. Ich wurde zu einem Treffen mit meinem Führer Kumeka, meinem Schutzengel und Erzengel Metatron gerufen. Sonst war niemand anwesend.

Ich wurde gefragt, ob ich eine bestimmte Mission auf Erden erfüllen würde. Mir wurden meine Eltern und meine Familie gezeigt, und es wurde mir gesagt, dass ich mich auf der Stelle inkarnieren müsse. Es blieb keine Zeit für Diskussionen oder irgendwelche Überlegungen. Meine Wahl bestand lediglich darin, zuzusagen oder abzulehnen. Da ich hier bin, habe ich offensichtlich zugesagt.

Ich wurde 1940 im Himalaja exakt zu dem Zeitpunkt geboren, als die erste Bombe auf London fiel. Meine Aufgabe war es, ein Licht zu sein und der Finsternis entgegenzuwirken.

Ich ging durch den Schleier des Vergessens und vergaß meine Verbindung zum Göttlichen, aber als die Mühsal des Lebens zu viel für mich wurde, zogen mich die Engel wieder ins Licht. Seither habe ich mit ihnen zusammengearbeitet. Dies ist das siebenundzwanzigste Buch, das ich gemeinsam mit Kumeka und den Engeln geschrieben habe.

Tim begegnete ich, als er zu einer Signierstunde kam, die ich in einem örtlichen Buchladen abhielt. Als ich mein Buch *Discover*

*Atlantis** für ihn signierte, fragte ich ihn, was er von Beruf sei. Er antwortete: »Gärtner.« Nun, ich brauchte einen Gärtner!

Als ich ihn später bat, einen verwilderten Weißdornbusch am Ende des Gartens abzusägen, kam er zu mir und erzählte, dass der Weißdorn gesagt hätte, er würde mich und mein Haus beschützen. Da dachte ich: *Wer ist dieser Mann?*

Bei einer Tasse Tee vertraute er mir an, dass er Aufstiegslehrer werden wollte. Ich sagte ihm, er solle das Buch noch einmal lesen. Während wir uns weiter unterhielten, fielen plötzlich kleine weiße Federn auf uns herab. Nachdem Tim gegangen war, zählte ich mehr als vierhundert Federn, die zu kleinen Quadraten angeordnet überall auf dem Rasen lagen.

Dann rief er mich aus den Ferien an, um mir zu sagen, dass er das Buch tatsächlich noch einmal gelesen hatte und nun genau wusste, wer er in Atlantis gewesen und warum er nun hier war.

Die Jahre vergingen, und er kam zurück, um in meinem Garten zu arbeiten. Eine gemeinsame Freundin war damals zufällig mit mir in der Küche und sagte: »Weißt du eigentlich, dass deine zwölf Chakras hell aufleuchteten, als Tim hereinkam?«

Aha, dachte ich, *er ist bereit für seine Mission.*

Meine erste Begegnung mit Diana

Von Tim Whild

Ich wurde 1972 im Süden Englands geboren und habe, seit ich mich erinnern kann, immer eine starke Verbindung zum Geistigen gehabt. Mit einer so hohen Schwingungsfrequenz in den

---

* Deutsch: Diana Cooper, Shaaron Hutton: *Entdecke Atlantis. Das Urwissen der Menschheit verstehen und heute nutzen.* Ansata, München 2006

alten, dichten Schwingungen meiner Umgebung zu leben, stellte für mich als Kind eine große Herausforderung dar.

Mein Leben veränderte sich 1990 nach einem Unfall von Grund auf. Ich begann die spirituellen Werke vieler Autoren aus allen Teilen der Welt zu studieren.

Im Laufe meines Erwachens fand ich heraus, dass ich der physische Aspekt von Thot, dem Hohepriester von Atlantis, war. Von diesem Moment an fühlte ich mich dem Fortschritt und dem Aufstieg des Planeten Erde und all seiner Bewohner verpflichtet.

Ich begegnete Diana während einer Signierstunde in einem Buchladen in Bournemouth. Sie hatte gerade *Discover Atlantis* veröffentlicht. Später wurde mir klar, dass wir im Zeitalter von Atlantis eng zusammengearbeitet hatten. Das Universum hatte entschieden, dass es für uns wieder an der Zeit war, gemeinsam zu wirken. Da ich ganz in der Nähe wohnte, begann ich, ihr im Garten zu helfen.

Im Laufe der Jahre ist unsere Freundschaft aufgeblüht, und wir haben uns gegenseitig bei den vielen Veränderungen unterstützt, die wir durchgemacht haben. Wir arbeiten ganz hervorragend zusammen, und letztes Jahr gab Erzengel Metatron, der den gesamten Aufstiegsprozess dieses Universums überwacht, bekannt, dass wir topaktuelle Informationen bezüglich des Aufstiegs veröffentlichen sollten, um die planetarischen Veränderungen zu unterstützen.

Und so haben wir dieses Buch für Sie geschrieben. Es ist das Ergebnis einer sehr machtvollen siebendimensionalen Zusammenarbeit und wird alle erleuchten, die es lesen.

Schritte zum Aufstieg

Wir befinden uns gegenwärtig in einer Übergangsphase, die in einem neuen goldenen Zeitalter kulminieren wird. Dieser Übergang begann während des Kosmischen Moments am 21. Dezember 2012, der das Ende des zweihundertsechzigtausend Jahre währenden atlantischen Experiments markierte. Die Erforschung der dritten Dimension, die mit der Erschaffung von Atlantis begonnen hatte, kommt nun zu einem Ende, und einer vollkommen neuen Realität wird der Weg bereitet.

Die letzten zehntausend Jahre des atlantischen Experiments waren dreidimensional, aber 2014 ging der Planet in die vierte Dimension über. Wir sind heute Teil einer brandneuen planetarischen und kosmischen Dynamik. Das bringt eine völlig neue Schwingung in das Leben aller fühlenden Wesen auf der Erde.

Die Erzengel greifen ein, um uns allen zu helfen, unsere Frequenz auf die der fünften Dimension und darüber hinaus anzuheben. Erzengel Metatron, der auf der Zahl Fünfundfünfzig schwingt, hat uns gebeten, Ihnen fünfundfünfzig Schritte zum Aufstieg vorzustellen, damit Sie Ihre Schwingungsfrequenz schnell anheben und anderen Menschen beim Aufstieg helfen können. Er überstrahlt dieses Buch. Es zu überstrahlen heißt auch, es in der Art eines Projektmanagers zu beaufsichtigen. Daher wird Metatron bei Ihnen sein, wenn Sie mit den in diesem Buch enthaltenen Informationen arbeiten.

Aber die Erzengel sind nicht die einzigen erleuchteten Wesen, die uns bei unserem glorreichen Aufstiegsprozess helfen. Einhörner, die Reinsten der Reinen, diese strahlend weißen Pferde, die in die siebte bis neunte Dimension der Engelreiche aufgestiegen sind, unterstützen unsere Reise, indem sie diejenigen, die dazu bereit sind, mit ihrem strahlenden Horn spiralförmigen Lichts berühren.

Viele Elementarwesen – von den fünfdimensionalen Kobolden und Feen bis zu den Esaks der dritten Dimension, die unsere

Negativität verzehren – helfen uns, einen golden leuchtenden Planeten zu erschaffen. Die Drachen, jene wunderschönen vierdimensionalen Elementarwesen, warten nur darauf, unsere treuen Freunde und Gefährten zu werden und uns auf vielerlei Weise zu dienen. Zum ersten Mal sind auch Gruppen fünfdimensionaler goldener Drachen hier, um uns zu helfen und uns zu beschützen. Wir leben in wunderbaren Zeiten und werden vom Reich der Engel auf unglaubliche Weise beschützt, unterstützt und in Liebe geborgen.

Wir wurden gebeten, dieses Buch gemeinsam zu schreiben, um ein perfektes Gleichgewicht zwischen männlicher und weiblicher Energie zum Ausdruck zu bringen. Jedes Kapitel bietet Informationen zu den jeweiligen Erzengeln, dem Schritt selbst sowie eine Visualisierungs- oder andere Übung, um Ihnen zu helfen. Die Schritte folgen in einer bestimmten Sequenz aufeinander, sodass Sie leicht zum nächsten übergehen können, während Sie die Informationen des letzten in sich aufnehmen. Ihnen wird durch eine Engelströmung, die durch dieses Buch hindurchfließt, beim Aufstieg geholfen. Wir nehmen Sie also mit auf eine sehr aufregende Reise. Uns brummte buchstäblich der Kopf, als wir die Informationen empfingen.

Es ist für Ihre Erleuchtung hilfreich, sich zunächst wieder energetisch an die Einladung zu erinnern, die Sie von Gaia erhalten und aufgrund derer Sie sich auf der Erde inkarniert haben. Gaia ist jener Thron, in dessen Obhut sich die Erde befindet. Throne sind neundimensionale Engel, die sich um Sterne und Planeten kümmern. Gaia beseelt die Erde. Wenn Sie sich an ihre Einladung erinnern, sich hier zu inkarnieren, wird es Ihnen möglich, sich auch an Ihren Seelenvertrag zu erinnern. Das ist der erste Schritt der Reise, den Erzengel Metatron Ihnen vorstellen möchte.

Die wichtigste Voraussetzung, um auf aufgestiegenen Schwingungsebenen leben zu können, besteht darin, den Elementardrachen zu begegnen, die Ihre niederen Schwingungen umwandeln werden. Anschließend müssen Sie in Erzengel Metatrons Energie eintauchen, um Macht für Ihre Reise zu gewinnen. Dadurch werden Sie Ihre zwölf fünfdimensionalen Chakras verankern können, also jene spirituellen Energiezentren, die Licht und Weisheit in sich tragen. Außerdem werden Sie in die Lage versetzt, Ihre fünfdimensionale Merkaba zu aktivieren, also jenen sechszackigen Energiestern, der Ihre Aura umhüllt und Ihren fünfdimensionalen Plan enthält.

Wir bieten Ihnen viele Instrumente, Einstimmungen, Visualisierungsübungen und Erzengelverbindungen an, um Ihren Aufstieg auf die oberen Ebenen der fünften Dimension zu beschleunigen. Wir sind überzeugt, dass Ihnen dies auf Ihrem spirituellen Weg eine große Hilfe sein wird.

Schritt 1

Gaia und Ihr Seelenvertrag

Bevor wir uns inkarnieren, nimmt unsere Seele an einem ganz besonderen Treffen in den inneren Welten teil. Unser Schutzengel, der uns auf unserer gesamten Seelenreise begleitet hat – auch bei unseren Besuchen auf der Erde – ist immer anwesend. Ebenfalls anwesend ist der uns überstrahlende Erzengel, der alle sieben Jahre eine Rückmeldung erhält, wie wir auf unserer Reise vorankommen, bis wir die fünfte Dimension erreichen. Danach überwacht uns der Erzengel ständig. Die meisten von uns werden von den Erzengeln Metatron, Michael, Gabriel, Raphael oder Uriel überstrahlt, aber es kommt gelegentlich vor, dass ein anderer Erzengel mit einem Menschen arbeitet. Gewisse Kinder kommen heute bereits mit einer sehr hohen Schwingung auf die Welt, und aufgrund dieser höheren Frequenzen werden sie von anderen Erzengeln oder sogar von Serafina, einer der zwölfdimensionalen Serafim, überstrahlt.

Auch unser wichtigster Geistführer und gelegentlich andere Führer und Meister nehmen an dieser wichtigen Versammlung teil. Normalerweise sind noch andere Engel zugegen ebenso wie Mitglieder unserer erweiterten Familie, zu denen wir uns bald gesellen werden – darunter auch unsere zukünftigen Kinder. Wir haben häufig Engel-Orbs gesehen, die Seelen bringen, damit diese sich ihre zukünftige Familie anschauen können, bevor sie sich ins vorgeburtliche Treffen begeben und gegenüber dieser Familie eine Verpflichtung eingehen.

Während der vorgeburtlichen Planungssitzung diskutieren wir mit all diesen Wesen, was wir in diesem Leben erleben oder anderen geben möchten. Einige besonders mutige Seelen sind bereit, anderen – die normalerweise ihrer Seelengruppe angehören – zu helfen, etwas über bedingungslose Liebe, Mitgefühl, Geduld, Glaube, Gnade oder andere Aufstiegseigenschaften zu lernen. Zu diesem Zweck stimmen sie zu, Behinderungen, geistige Probleme, Unfälle, Krankheiten oder andere schwere Prüfungen auf sich zu nehmen.

In unserer gegenwärtigen Phase ermöglicht ein leichtes Leben kein Wachstum, daher sind herausfordernde Bedingungen für jene Seelen attraktiver, die wirklich Fortschritte auf dem Weg des Aufstiegs machen wollen. Vielleicht möchten wir auch Familien-, Ahnen- oder Länderkarma verbrennen, denn für uns alle ist die Zeit gekommen, aus dem Rad des Karmas auszusteigen.

Nach dem vorgeburtlichen Treffen und vor unserer Inkarnation lädt uns Gaia ein, einen physischen Körper hier auf Erden anzunehmen. Jede Einladung ergeht direkt aus ihrem strahlenden Herzen, ist voll unglaublicher Liebe und heißt uns auf das Herzlichste willkommen. Der Sinn dieser Einladung besteht darin, uns das Gefühl zu geben, auf der Erde heimisch zu sein. Sie wird direkt in unser offenes Herz übermittelt.

Wenn wir uns wirklich an diese Einladung erinnern und an die strahlende, bedingungslose Liebe, mit der Gaia sie uns hat zukommen lassen, fühlen wir uns, wo immer wir sind und mit wem wir auch zusammmen sein mögen, wohl und daheim. Wir haben das Gefühl, dass wir wirklich hierher gehören.

Da so viele von uns diese Verbindung aber verloren haben, hat uns Gaia gebeten, Ihnen diese Meditation zu präsentieren.

Eine Visualisierungsübung, um sich an Ihre vorgeburtlichen Entscheidungen zu erinnern

1. Bereiten Sie einen Platz vor, an dem Sie sich entspannen können und nicht gestört werden. Zünden Sie – wenn möglich – eine Kerze an, um das Energieniveau anzuheben.

2. Sitzen Sie still da und atmen Sie ruhig ein und aus. Nehmen Sie sich dabei fest vor, sich an Ihre vorgeburtlichen Entscheidungen zu erinnern.

3. Erden Sie sich, indem Sie sich vorstellen, dass aus Ihren Füßen Wurzeln bis tief in die Erde dringen.

4. Bitten Sie Erzengel Michael, seinen dunkelblauen Schutzmantel um Sie zu legen.

5. Rufen Sie Ihr reines weißes Einhorn herbei und gestatten Sie ihm, Sie mit seinen Segnungen regelrecht zu überfluten. Bitten Sie es, Sie zum Tempel des Lichts zu bringen. (Der Tempel des Lichts ist eines der vielen Refugien der inneren und höheren Welten. Ein Refugium ist der Fokalpunkt der Energie eines Erzengels oder Meisters.)

6. Spüren Sie, wie Sie auf Ihrem Einhorn durch die Dimensionen reisen, bis Sie vor sich den Tempel des Lichts sehen, der blaugrün schimmernde Strahlen aussendet.

7. Ihr Einhorn fliegt mit Ihnen in den Innenhof, wo es landet und Sie absetzt.

8. Ihr Schutzengel betritt den Innenhof, um Sie zu begrüßen und Sie in seine Liebe zu hüllen. Entspannen Sie sich in seiner Umarmung.

9. Ihr Schutzengel führt Sie in eine Kammer, die in der Farbe Ihres überstrahlenden Erzengels leuchtet. Ist es der goldene Orangeton von Erzengel Metatron? Das Dunkelblau von Erzengel Michael? Erzengel Gabriels reines Weiß? Erzengel Raphaels Smaragdgrün oder Erzengel Uriels Goldgelb?

10. Ihr überstrahlender Erzengel tritt auf Sie zu, um Sie willkommen zu heißen. Spüren Sie, wie Sie von seinem Licht in bedingungslose Akzeptanz und Liebe gehüllt werden.

11. Jetzt heißt Sie Ihr Führer (oder Ihre Führer) willkommen. Spüren Sie seine Weisheit, seine Liebe für und seine Hingabe an Sie.

12. Sehen Sie nun das lichterfüllte Höhere Selbst all Ihrer Familienmitglieder.

13. Besprechen Sie sich in aller Ruhe mit all diesen Wesen und verstehen Sie, warum Ihre Lebensentscheidungen getroffen wurden.

14. Danken Sie allen für ihr Kommen.

15. Bitten Sie Erzengel Sandalphon, Sie wieder in der Energie der Erde zu verankern, und kehren Sie langsam dorthin zurück, von wo aus Sie aufgebrochen sind.

Eine Begegnung mit Gaia

1. Besteigen Sie Ihr wunderbares Einhorn und lassen Sie sich von ihm durch einen Schacht reinen weißen Lichts in die Hohlerde hinuntertragen, jenes gewaltige, siebendimensionale Chakra im Zentrum der Erde, wo alle Wesen und alle Zivilisationen und Kulturen, die sich je inkarniert haben, in ätherischer Form repräsentiert sind.

2. Ihr Einhorn schwebt mit Ihnen durch dieses Wunderland und Sie können herrliche Drachen, Menschen aus alten Kulturen, Tiere und viele Lichtwesen sehen.

3. Im Zentrum der Hohlerde befindet sich eine gewaltige, schimmernde Kristallpyramide. Steigen Sie von Ihrem Einhorn ab und betreten Sie die Pyramide.

4. Hier wartet Gaia auf Sie, eine wundersame blaugrüne Engelin.

5. Sie öffnet Ihnen Ihr Herz, das rosafarbenes Licht ausstrahlt. Sie lächelt Sie warmherzig an und heißt Sie willkommen.

6. Sie erinnert Sie daran, wie sehr sie Sie liebt und wie froh sie ist, dass Sie auf Erden sind.

7. Sie legt eine Hand auf Ihr Herz. Vielleicht spüren Sie, wie es summt oder glüht. Dann legt Gaia die ursprüngliche Einladung noch einmal hinein.

8. Sie reaktiviert sie mit einem besonderen hochfrequenten Summton.

9. Sie wissen nun, dass Sie hierher gehören. Fühlen Sie es in Ihrem Herzen.

10. Bleiben Sie so lange bei Gaia, wie Sie möchten.

11. Bedanken Sie sich bei ihr.

12. Kehren Sie zu Ihrem Einhorn zurück. Es bringt Sie durch die Hohlerde an den Ort zurück, von dem aus Sie aufgebrochen sind.

Schritt 2

Die Einhörner

Eines der größten Geschenke, das wir in diesem Leben für unseren Aufstieg bekommen können, besteht darin, Kontakt zu unserem Einhorn herzustellen. Im goldenen Zeitalter von Atlantis hatte jeder Mensch sein Einhorn und war in der Lage, mit ihm zu kommunizieren – so wie er auch mit seinen Schutzengeln kommunizierte. Als Atlantis aber degenerierte, konnten die Einhörner mit der niedrigeren Schwingungsfrequenz nicht umgehen und zogen sich zurück. Nun endlich haben genug Menschen ihr Schwingungsniveau so weit angehoben, dass die Einhörner zurückkehren konnten.

Einhörner sind sieben- bis neundimensionale Wesen, die zum Reich des siebten Himmels gehören. Die glorreichen siebendimensionalen Einhörner begannen auf die Erde zurückzukehren, als das Licht vieler Menschen wieder zu strahlen begann. Seit 2012 haben auch die wundersamen neundimensionalen Einhörner, deren Glanz atemberaubend ist, damit begonnen, ihr Licht sowohl auf Individuen als auch auf den Planeten scheinen zu lassen.

Im Gegensatz zu den Engeln haben die Einhörner Erfahrungen in einem physischen Körper gemacht. Sie sind reine weiße Pferde, die all ihre Lektionen auf Erden gelernt haben, zu vollkommenen Wesen geworden und in einer prachtvoll anzusehenden Lichtexplosion aufgestiegen sind. In ihren spirituellen Körpern als Einhörner arbeiten sie mit uns auf der Seelenebene.

Einhörner sind vollständig erleuchtet. Daher strahlt von ihrem Chakra des Dritten Auges weiße Energie spiralförmig aus. Diese

Energie wird als Horn aus Licht wahrgenommen. Ihr Licht ist so machtvoll, dass wir nur wenig davon auf einmal vertragen können. Aber die Einhörner sorgen dafür, dass wir stets nur das empfangen, wozu wir bereit sind.

Wenn wir uns mit diesen reinen Lichtwesen verbinden, unterstützen sie unseren Weg der Erleuchtung und des Aufstiegs in unermesslich wertvoller Weise. Sie halten nämlich Ausschau nach Menschen, die Licht ausstrahlen und danach streben, anderen Wesen und der Welt zu helfen.

Die Einhörner helfen uns auf vielerlei Weise.

- Wenn wir eine Vision haben, helfen sie uns, diese aufrechtzuerhalten, indem sie uns Eigenschaften wie Glauben, Kraft und persönliche Anziehungskraft schenken, die wir brauchen, um unsere Vision zu verwirklichen.
- Sie unterstützen zudem die Wünsche unserer Seele, indem sie diese zum Quell bringen, zum Schöpfer, zu Gott. Das hilft uns, unseren vorgeburtlichen Vertrag zu erfüllen, und ermöglicht es uns manchmal, große Visionen zu verwirklichen.
- Durch ihr Horn aus Licht lenken sie physische, mentale, emotionale und Seelenheilungskräfte auf uns. Denken Sie daran, die Einhörner darum zu bitten.
- Die Einhörner können auch tiefe karmische Verletzungen heilen und auflösen, die persönlicher Natur sein oder in Zusammenhang mit unserer Familie oder unserem Herkunftsland stehen können.
- Wir können sie bitten, im Schlaf unsere zwölf fünfdimensionalen Chakras auszurichten und ins Gleichgewicht zu bringen.

Einhörner helfen uns auch, uns wieder mit unserem Geist zu verbinden. Wenn sich ein Teil unserer Essenz aufgrund einer Krankheit oder eines Traumas zurückgezogen hat, können wir die Einhörner bitten, uns wieder ganz zu machen. Das ist besonders für hochfrequente Kinder von Nutzen, die Mühe damit haben, ihre Energien zu erden. Die Einhörner berühren alle Kinder auf hilfreiche Weise, aber besonders helfen sie jenen Kindern, die sehr rein und unschuldig sind.

Wir brauchen nur an Einhörner zu denken, um uns mit ihrer Energie und jener der höheren geistigen Welten zu harmonisieren. Sie nehmen uns mit in die siebte Dimension, wo sie uns helfen, jene Eigenschaften zu entwickeln, die auch sie besitzen: Liebe, Frieden, Ausgeglichenheit, Sanftmut, Hoffnung, Würde, Fürsorglichkeit, Weisheit, Mitgefühl, Magie und Mysterium.

Wir werden Ihnen nun helfen, in einen meditativen Zustand einzutreten, in dem Sie Ihrem Einhorn begegnen oder eine tiefere Verbindung zu ihm herstellen können. So empfangen Sie Heilung, karmische Klärung, Erleuchtung und Unterstützung auf Ihrem Aufstiegsweg. Ihr Einhorn wird Sie auch mit zum Quell nehmen, damit Sie dort den göttlichen Segen für Ihre Seelenaufgabe empfangen.

Eine Visualisierungsübung, um mit den Einhörnern zu arbeiten

Schon das Lesen dieser Übung kann sehr effektiv sein. Wenn Sie Ihre Augen schließen und in einen meditativen Zustand eintreten, kann dies den Einhörnern tatsächlich ermöglichen, Ihre Essenz zu berühren.

1. Bereiten Sie einen Raum vor, in dem Sie sich entspannen können und nicht gestört werden. Zünden Sie eine Kerze an, wenn es Ihnen möglich ist.
2. Sitzen Sie still da und atmen Sie gleichmäßig ein und aus. Ihre Intention ist es, sich der Energie der Einhörner hinzugeben.

3. Erden Sie sich, indem Sie sich vorstellen, dass aus Ihren Füßen Wurzeln tief in das Erdreich dringen.

4. Bitten Sie Erzengel Michael, Sie in seinen dunkelblauen Schutzmantel zu hüllen.

5. Umgeben Sie sich mit einer Kugel aus reinem weißem Licht. Atmen Sie langsam und behutsam in dieses Licht hinein und spüren Sie, wie sich Ihr Körper entspannt. Stellen Sie sich vor, dass das reine weiße Licht Sie zur Ruhe bringt, während es durch Ihren Körper strömt.

6. Rufen Sie gedanklich Ihr Einhorn herbei. Spüren oder sehen Sie, wie ein herrliches, weiß schimmerndes Pferd auf Sie zukommt. Es ist erfüllt von Frieden und Sanftmut, und während es näherkommt, spüren Sie, wie Sie in seine Liebe gehüllt werden.

7. Wenn Ihr wunderschönes Einhorn still neben Ihnen steht, bitten Sie es, Ihre zwölf fünfdimensionalen Chakras ins Gleichgewicht zu bringen und ihr Licht zu entzünden. Sehen Sie, wie das reine weiße Licht erst durch Ihr Sternentor, fünfundvierzig Zentimeter über dem Kopf, und durch den Seelenstern, achtzehn Zentimeter darunter, herabströmt, dann durch das Kausalchakra fließt, das sich schräg hinter dem Kronenchakra befindet, und anschließend durch das Kronen-, Dritte-Auge-, Hals-, Herz-, Solarplexus-, Nabel-, Sakral- und Basischakra nach unten in das Erdsternchakra, dreißig Zentimeter unterhalb der Füße, strömt.

8. Stellen Sie sich einen Stab aus reinem weißem Licht vor, der von Ihrer Monade, Ihrer Seelengruppe, in die Hohlerde herabströmt.

9. Danken Sie Ihrem Einhorn.

Heilung und Auflösung karmischer Verletzungen mithilfe der Einhörner

1. Verbinden Sie sich mit Ihrem Einhorn.
2. Bitten Sie es entweder mit Worten oder in Gedanken, Ihnen die Heilung zu schenken, die Sie brauchen.

»Geliebtes Einhorn, ich bitte dich, lass dein Licht durch mich strömen und mich auf physischer, emotionaler, mentaler und tiefer Seelenebene heilen. Ich bin bereit, dein Licht zu empfangen.«

3. Ihr Einhorn senkt seinen Kopf und berührt Ihr Herz mit seinem Horn aus Licht. Siebendimensionale Energie durchströmt nun Ihre physischen, emotionalen und mentalen Körper. Sie berührt Ihre Seele. Atmen Sie das schimmernde weiße Licht ein und spüren Sie, wie es durch Sie hindurchfließt. Ihre fünfdimensionale Merkaba, der sechszackige Stern, der Ihre Aura umgibt, erstrahlt um Sie herum.
4. Bitten Sie Ihr Einhorn, alle karmischen Verletzungen zu heilen, die Ihnen in diesem oder irgendeinem anderen Leben zugefügt wurden.

»Geliebtes Einhorn, ich bitte dich um die Heilung aller karmischen Verletzungen, die ich bewusst oder unbewusst in mir trage. Es ist vollbracht.«

5. Spüren Sie die Schwingung des Lichts, das auf Sie herabfällt und Sie durchströmt.
6. Bitten Sie das Einhorn, alle karmischen Verletzungen innerhalb der Familie zu heilen, die Sie aus diesem oder irgendeinem anderen Leben in sich tragen.

»Geliebtes Einhorn, ich bitte dich um die Heilung aller karmischen Verletzungen innerhalb meiner Familie, die wir bewusst oder unbewusst in uns tragen. Es ist vollbracht.«

7. Spüren Sie die Schwingung des Lichts, das auf Sie und Ihre Familie einschließlich aller Vorfahren herabfällt.
8. Bitten Sie Ihr Einhorn, alle karmischen Verletzungen zu heilen, die Ihr Herkunftsland in alter oder neuerer Zeit erlitten hat.

»Geliebtes Einhorn, ich bitte dich um die Heilung aller karmischen Verletzungen in meinem Land. Es ist vollbracht.«

9. Stellen Sie sich die Schwingung des Lichts vor, das auf das ganze Land herabfällt und tief in es eindringt.
10. Danken Sie Ihrem Einhorn für alles, was Sie empfangen haben.

Die Einhörner stellen die Einheit Ihres Geistes und Ihrer Seele wieder her

1. Verbinden Sie sich mit Ihrem Einhorn.
2. Bitten Sie es, alle Teile Ihres Geistes und Ihrer Seele, die sich zurückgezogen haben mögen, zu heilen und wieder zusammenzufügen. Warten Sie, bis dieser Prozess abgeschlossen ist.
3. Konzentrieren Sie sich auf Kinder oder Erwachsene, die autistisch oder nicht geerdet sind, und bitten Sie die Einhörner, alle Teile ihres Geistes und ihrer Seele zu heilen und zu harmonisieren, die dafür verantwortlich sind, dass sie Probleme damit haben, auf der Erde völlig gegenwärtig zu sein.

4. Bitten Sie die Einhörner, den Aufstieg der Menschheit zu segnen und zu beschleunigen.

5. Bedanken Sie sich bei den Einhörnern für die Gnade, die sie
Ihnen und anderen aufgrund Ihrer Fürbitte gewährt haben.

Die Einhörner verleihen Ihrer Seelenaufgabe Energie

1. Verbinden Sie sich mit Ihrem Einhorn.

2. Denken Sie an Ihre Ambitionen und Erwartungen. Bitten Sie
die Einhörner, Ihnen jene Eigenschaften zu schenken, die Sie
brauchen, um Ihre Pläne zu verwirklichen.

3. Bitten Sie Ihr Einhorn, Ihr Bewusstsein vollständig für Ihre
Seelenaufgabe zu öffnen. Bitten Sie es, Ihnen die Eigenschaften zu gewähren, die Sie brauchen, um Ihre Aufgabe zu
verwirklichen.

4. Ihr wunderschönes Einhorn hat Licht in Sie einströmen lassen. Nun lädt es Sie ein, sich auf seinen Rücken zu setzen,
damit es Sie, Ihre Vision und Ihre Seelenaufgabe zum Quell
bringen kann, um dessen Segen zu empfangen.

5. Leicht und behände springen Sie auf den Rücken Ihres Einhorns. Sie fühlen sich so wohl und so sicher, als ob Sie dort
hingehören würden.

6. Sie fühlen sich auf dem Rücken Ihres Einhorns vollkommen
sicher und merken nun, dass es sich in die Lüfte schwingt
und sich über die Wipfel der Bäume erhebt. Sie sehen die
ganze Natur unter sich ausgebreitet, während Sie immer höher steigen.

7. Vor sich sehen Sie einen strahlenden Regenbogen am Himmel, der Hoffnung verkündet. Sie bewegen sich durch seine
Farben hindurch in andere Dimensionen.

8. Gewaltige Engel umgeben Sie und feiern Ihre Reise in die höheren Welten. Viele Einhörner fliegen Ihnen voraus, während andere Ihnen folgen. Sie befinden sich im Zentrum einer Prozession von Lichtwesen, die durch den siebten Himmel hindurch immer höher fliegen.

9. Vor Ihnen taucht eine Treppe auf, die wie aus Diamanten gemacht schimmert und funkelt. Sie reiten auf Ihrem Einhorn darauf zu. Prächtige Serafim umgeben Sie. Diese mächtigen Engel führen Sie in das prachtvolle Licht des Quells.

10. Ob Sie sich dessen nun bewusst sind oder nicht, so erhalten Sie doch in diesem Moment eine besondere Segnung vom Quell, die Ihrer Seelenaufgabe auf Erden mehr Energie verleihen wird. Ruhen Sie in diesem unbeschreiblichen Licht. Jede Zelle und jede Faser Ihres Körpers werden vom Quell berührt. Ihr Körper wird zu einer Billion kleiner Lichtpunkte.

11. Erkennen Sie, dass Sie ein geliebtes Kind Gottes sind. Spüren Sie das tief in Ihrem Inneren. Neue Türen öffnen sich. Das Universum wartet auf Sie mit angehaltenem Atem. Sie tragen einen Mantel aus reinem Licht.

12. Ihr Einhorn bewegt sich allmählich von diesem wundersamen Licht fort und zieht sich langsam aus diesem heiligen Raum zurück.

13. Es trägt Sie die diamantenen Stufen herunter und zurück durch das unermessliche Universum.

14. Es trägt Sie durch den Regenbogen in das Reich der Engel und Einhörner.

15. Dort lächeln die Engel und Einhörner Sie an und streicheln Ihre schimmernde Aura. Sie sehen Ihr gewaltiges Potenzial und all Ihre Möglichkeiten, die durch Ihre Reise mit dem Einhorn zum Quell zum Vorschein gebracht wurden.

16. Auch die Engel und Einhörner segnen Sie und fügen Tausende weitere Segnungen jenen hinzu, die Sie bereits vom Quell empfangen haben.

17. Bewusst oder unbewusst sehen Sie alles und alle von einer umfassenderen kosmischen Warte aus. Ihr Maß an Erleuchtung hat sich erweitert. Ihr Lichtniveau hat sich dramatisch erhöht.

18. Ihr Einhorn trägt Sie behutsam durch das Sternenmeer, bis Sie unter sich das blaugrüne Licht der Erde erkennen können.

19. Ihr Einhorn landet sanft wie eine Feder auf der Erde.

20. Danken Sie Ihrem Einhorn für alles, was es für Sie getan hat. Tun Sie das in dem Wissen, dass Sie es jederzeit wieder herbeirufen können.

21. Nun ist die Zeit gekommen, Ihre Aura wieder einzuziehen. Strecken Sie sich und lächeln Sie. Die Einhörner sind bei Ihnen.

Sie können diesen Text lesen oder ihn als Visualisierungsübung ausführen, so oft Sie möchten. Seien Sie sich bewusst, dass dies ein machtvoller Aufstiegsbeschleuniger ist und dass Sie sich möglicherweise hinterher ausruhen müssen.

Schritt 3

Chakra-Vorbereitung und Aktivierung der Merkaba

Während des goldenen Zeitalters von Atlantis hatten alle Menschen zwölf voll funktionsfähige Chakras, welche die Codes all ihrer außergewöhnlichen Begabungen und Talente enthielten. Als die Energie von Atlantis degenerierte, wurden fünf dieser Chakras abgeschaltet.

Gleichzeitig löste sich die fünfdimensionale Merkaba auf. Sie ist jener sechszackige Energiestern, der damals unsere Aura umgab und unseren fünfdimensionalen Plan und Lichtkörper enthielt. Dieser nun wieder bewahrt all jene Licht- und Weisheitscodes, die wir im Verlauf unserer Seelenreise erworben haben. Er ist die physische Manifestierung unseres Höheren Selbst. Die fünfdimensionale Merkaba wurde durch eine dreidimensionale Merkaba ersetzt, sodass die verbleibenden sieben Chakras heute eine niedrigere Schwingungsfrequenz haben.

Es ist nun an der Zeit, unsere zwölf Chakras zurückzubringen und mit ihnen das gesamte Spektrum an außergewöhnlichen Begabungen und Talenten. Dann können wir eine neue Zivilisation und ein neues goldenes Zeitalter auf dem Planeten erschaffen. Es wird die Prägung des aufgestiegenen goldenen Atlantis haben, aber unsere Aufgabe wird darin bestehen, es auf einer noch höheren Schwingungsfrequenz neu zu erschaffen.

Wir können unsere fünfdimensionalen Chakras selbst wiederherstellen, und wenn dies geschehen ist und sie voll funktionsfähig sind, wird unsere fünfdimensionale Merkaba automatisch verankert werden.

Metaphorisch gesprochen ziehen wir nun von einem Haus mit fünf Stockwerken in ein Hochhaus mit zwölf Stockwerken um. Daher muss unser Fundament, das im System der zwölf Chakras das Erdsternchakra bildet, viel stärker als vorher und vollständig verankert sein. Dies ist unsere Verbindung zu Gaia, dies sind unsere Wurzeln. Erzengel Sandalphon verankert diese Wurzeln für uns, wenn wir dazu bereit sind.

Gegenwärtig eignen sich viele entwickelte Menschen ihre fünfdimensionalen Chakras wieder an und finden es leicht, ihre höheren Chakras zu öffnen: die Krone, das Dritte Auge, das Hals-, das Herz- und das Solarplexuschakra. Wenn aber die höhere Energie nach unten sinkt, bleibt sie häufig im Sakral- oder Basischakra stecken. Das liegt daran, dass wir alle noch viele Lektionen in Bezug auf das physische Überleben und auf Beziehungen zu lernen haben. Überlebens- und emotionale Ängste, die in den niederen Chakras gespeichert werden, sind dafür verantwortlich, dass das Basis- und das Sakralchakra dreidimensional bleiben. Da diese Lektionen jetzt gelernt werden müssen, werden sie uns immer wieder präsentiert.

Dass Sie dieses Buch lesen, weist darauf hin, dass sich Ihre Entwicklung beschleunigt hat. Daher werden die Erzengel Ihnen Möglichkeiten präsentieren, diese Lektionen zu lernen. Schauen Sie sich also an, vor welchen Herausforderungen Sie stehen, und führen Sie die nachfolgende einfache Übung aus, um Ihr fünfdimensionales Sakral- sowie Basischakras zu aktivieren.

Wir präsentieren Ihnen diese Übung, um alle Ihre zwölf Chakras vorzubereiten und Ihre fünfdimensionale Merkaba zu verankern. Das wird es Ihnen ermöglichen, als Lichtwesen in eine wunderbare Zukunft voranzuschreiten.

Die zwölf Chakras vorbereiten und aktivieren

Sie werden diese Meditation vermutlich einige Zeit lang täglich ausführen müssen, aber es kann auch sein, dass einmal wöchentlich oder monatlich für Ihre Entwicklungsstufe ausreichend ist. Entscheiden Sie selbst. Die Übung wird es Ihnen schließlich ermöglichen, permanent in der fünften Dimension zu leben, was für Ihren eigenen Aufstieg und den des Planeten von allergrößter Wichtigkeit ist.

Sie werden diese Übung zunächst als formelle Meditation ausführen wollen, aber wenn Sie einmal damit vertraut sind, können Sie sie auch beim Spazierengehen, beim Gärtnern, bei der Hausarbeit, in öffentlichen Verkehrsmitteln oder wann immer Sie einen Moment für sich haben ausführen. Alle Anrufungen können still und in Gedanken ausgeführt werden – und sollten es auch, besonders wenn Sie beispielsweise gerade mit dem Bus fahren. Falls Sie sich nicht erinnern können, was Sie tun sollen, können Sie immer noch dieses Buch zur Hand nehmen oder die Informationen vorher aufschreiben.

1. Bereiten Sie zunächst einen heiligen Raum vor. Er kann überall dort sein, wo es still ist und Sie ungestört sind. Setzen Sie sich bequem hin. Zünden Sie – wenn möglich – eine Kerze an und entspannen Sie sich.
2. Rufen Sie Erzengel Michael an und bitten Sie ihn, Ihren Raum zu beschützen und alle niederen Schwingungen in Ihrer Umgebung aufzulösen.
3. Bitten Sie die Feuerdrachen, um Sie herum einen Ring aus Feuer zu errichten und alle Reste an niedriger Schwingung zu verbrennen, die Erzengel Michael nicht auflösen konnte.
4. Bitten Sie Erzengel Metatron, eine Säule hochfrequenten goldorangenen Aufstiegslichts von Ihrer Monade zu Ihrem Erdstern fließen zu lassen. Das wird Sie erden.

5. Visualisieren Sie, wie diese Säule glühenden Lichts alle Ihre existierenden Chakras vollständig öffnet und eventuell vorhandene Verschmutzungen auflöst.

6. Bitten Sie Erzengel Metatron, Ihr Sternentor, das Tor zur Weisheit Ihrer Monade, zu berühren, es zu erleuchten und vollständig zu aktivieren. Das Sternentor befindet sich zirka fünfundvierzig Zentimeter über dem Kopf. Stellen Sie es sich als Ihre persönliche goldorangene Sonne vor.

7. Visualisieren Sie eine Lichtbrücke zwischen sich selbst und dem Quell. Das ist Ihre Antakarana-Brücke. (Antakarana ist ein Sanskritbegriff, der eine Lichtbrücke zwischen Seele und Gefäß bezeichnet.) Stellen Sie sich vor, dass Ihre Brücke energetisch aufgeladen wird und anfängt zu leuchten.

8. Bitten Sie Erzengel Mariel, den höheren Aspekt Ihres Seelensternchakras, das sich achtzehn Zentimeter unterhalb des Sternentors befindet und in herrlichem Magenta erstrahlt, zu berühren, es zu erleuchten und vollständig zu aktivieren. Der Seelenstern enthält die unendliche Weisheit und das umfassende Wissen Ihrer Seele. Sie können ihn benutzen, um Ihre persönlichen Fertigkeiten und Kräfte als Meister zu aktivieren. Stellen Sie sich einige Augenblicke lang vor, welche Kräfte und Fertigkeiten Sie im aufgestiegenen goldenen Atlantis zu Ihrem höchsten Wohl besessen hatten.

9. Bitten Sie Erzengel Christiel, Ihr Kausalchakra, das sich knapp über und hinter dem Kronenchakra befindet, zu berühren, es zu erleuchten und vollständig zu aktivieren, damit es in reinem weißem Licht erstrahlt. Durch das Kausalchakra verbinden Sie sich mit der geistigen Welt, den Schwingungsfrequenzen der Engel und Einhörner. Hier finden Sie auch Zugang zu den Geheimnissen tiefen Friedens und ewigen Lebens.

10. Bitten Sie Erzengel Jophiel, Ihr Kronenchakra, das die Form eines tausendblättrigen Lotos auf dem höchsten Punkt des

Kopfes hat, zu berühren, es zu erleuchten und vollständig zu aktivieren. Das Kronenchakra öffnet sich, wenn Sie bereit sind, die Codes des höheren Lichts und der Weisheit des Quells zu akzeptieren. Sie können die Einhörner bitten, Ihnen zu helfen, die Blütenblätter zu öffnen. Visualisieren Sie, dass Erzengel Jophiel das weißgoldene Licht der Weisheit durch dieses Chakra in jede Facette Ihres Wesens strömen lässt.

11. Bitten Sie Erzengel Raphael, die Kristallkugel, die Ihr fünfdimensionales Drittes Auge ist, zu berühren, sie zu erleuchten und vollständig zu aktivieren. Sehen Sie sie als vollkommen klar, sodass es Ihnen möglich wird, durch alle Schleier und Dimensionen zu schauen. Wenn Sie Ihre Gedanken konzentrieren, werden Sie wahrlich zu einem Mitschöpfer des Göttlichen. Setzen Sie nun die Macht Ihres Dritten Auges ein, um alles im Überfluss zu erzeugen, indem Sie es sich vorstellen. Schicken Sie Heilung durch geistige Konzentration, indem Sie die göttliche Vollkommenheit in allem sehen.

12. Bitten Sie Erzengel Michael, Ihr königsblaues fünfdimensionales Halschakra zu berühren, es zu erleuchten und vollständig zu aktivieren. Erzengel Michael wird Ihnen helfen, die Sprache des Lichts und der Wahrheit zu sprechen. Kommunizieren Sie nun mit den Meistern und Engeln des goldenen Strahls. Dieser Strahl stellt eine weitere Facette der vielen hochfrequenten Lichtquellen dar, die uns zur Verfügung stehen. Er hat eine sehr hohe Schwingungsfrequenz und wird auf die gleiche Weise angerufen wie jede andere geistige Energie auch.

13. Bitten Sie Erzengel Chamuel, die dreiunddreißig Blütenblätter Ihres Herzchakras zu berühren, sie zu erleuchten und vollständig zu aktivieren, bis in Ihrem Herzen eine reine weiße Rose mit rosafarbenen Akzenten entstanden ist. Sie sind nun durch die Venus mit dem neundimensionalen Aspekt des kosmischen Herzens verbunden. Dieses ist die Quelle

reiner Liebe, die durch die höheren Welten in nutzbare Facetten kanalisiert wird. Seien Sie sich bewusst, dass Erzengelin Maria, die universelle Engelin, Ihr Herz nun mit Liebe, Mitgefühl und Heilung überschwemmt.

14. Bitten Sie Erzengel Uriel, die Kugel der goldenen Weisheit und des goldenen Wissens, die Ihr Solarplexuschakra ist, zu berühren, sie zu erleuchten und vollständig zu aktivieren. Lassen Sie das Wissen Ihrer Seele und das gesamte Wissen der Erde hier einströmen, bis Sie im Solarplexus ein kosmisches, goldenes Glühen spüren. Sie sind nun wieder mit der gesamten Weisheit verbunden, die Sie während Ihrer Seelenreise erlangt haben. Sie befinden sich in Harmonie mit dem Universum und vertrauen ihm. Entspannen Sie sich und nehmen Sie dies bewusst wahr.

15. Bitten Sie Erzengel Gabriel, Ihr einladendes, strahlendes orangefarbenes Nabelchakra zu berühren, es zu erleuchten und vollständig zu aktivieren. Spüren Sie, wie sich Ihre Grenzen auflösen, weil Ihre ganze Welt zu einer Familie des Lichts in einer Gemeinschaft der Liebe wird. Sehen Sie vor Ihrem geistigen Auge, wie Sie die Menschen aller Kulturen und Religionen umarmen. Erfahren Sie die Einheit.

16. Bitten Sie Erzengel Gabriel, auch Ihr schillerndes rosafarbenes Sakralchakra zu berühren, es zu erleuchten und vollständig zu aktivieren, sodass es von transzendenter Liebe und Harmonie erfüllt ist. Stellen Sie sich vor, dass sich alle Ihre negativen Bindungen an andere auflösen und dass Ihre Beziehungen frei und von Glück erfüllt sind. Sie sind nun frei, um den Fluss der höheren Liebe zu erfahren.

17. Bitten Sie Erzengel Gabriel, nun noch Ihr funkelndes platinfarbenes Basischakra zu berühren, es zu erleuchten und vollständig zu aktivieren, sodass das Vertrauen in die Fähigkeit des Universums, alle Ihre Bedürfnisse zu befriedigen, zur Grundlage Ihres Lebens wird. Sehen Sie, wie Sie sich in

Ihrer Rolle als fünfdimensionaler Meister entspannen. Das Universum erfüllt Ihnen auf Ihr Geheiß hin Ihre Bedürfnisse und Sie leben in reiner Glückseligkeit.

18. Bitten Sie Erzengel Sandalphon, Ihr schwarzweißes oder hämatitgraues Erdsternchakra, das sich dreißig Zentimeter unter Ihren Fußsohlen befindet, zu berühren, es zu erleuchten und vollständig zu aktivieren. Dies ist Ihr persönlicher Garten Eden und die Samen Ihres gewaltigen Potenzials werden hier bewahrt. Nehmen Sie sich ein paar Augenblicke Zeit, um sich vorzustellen, dass Erzengel Sandalphon Ihnen hilft, den blühenden Garten dessen, was Sie sein könnten, zu wässern und zu düngen. Ihr Erdstern ist Ihre Verbindung zur Hohlerde, dem siebendimensionalen Chakra im Zentrum des Planeten, wo Gaia ihre Heimstatt hat. Spüren Sie, dass Lichtfasern Sie tief in Mutter Erde verwurzeln. Spüren Sie, dass Sie von der Erde geliebt werden, hier willkommen sind und wirklich hierher gehören.

19. Rufen Sie nun Erzengel Metatron an und bitten Sie ihn, eine Säule aus goldorangenem Aufstiegslicht herabzusenden. Stellen Sie sich diese Säule als einen leuchtenden Strahl vor, der von Ihrer Monade durch Ihr Sternentor bis in die Hohlerde dringt.

20. Rufen Sie Erzengel Sandalphon an und bitten Sie ihn, diesen Strahl in Gaia zu verankern.

21. Erzengel Metatron bewahrt den Konstruktionsplan und die Energie Ihrer fünfdimensionalen Merkaba. Visualisieren Sie, wie er Ihre Merkaba in der Form zweier miteinander verbundener Lichtpyramiden über Ihnen platziert.

22. Spüren Sie, wie Sie sich in Ihren fünfdimensionalen Plan und Ihren Lichtkörper hinein ausdehnen. Atmen Sie langsam und tief, während Sie diese Energie integrieren. Nehmen Sie jede Einatmung als reine Quellenergie wahr und jede Ausatmung als reines Licht.

23. Lassen Sie sich Zeit, um sich zu entspannen, diese Energie in jede Zelle Ihres Körpers aufzunehmen und sie in Ihrer Aura zu verteilen.

24. Zum Schluss rufen Sie Erzengel Michael an und bitten ihn, Sie in seine dunkelblaue schützende Energie zu hüllen und dafür zu sorgen, dass Sie in Ihrem neuen Körper vollständig geerdet sind.

25. Öffnen Sie die Augen und lächeln Sie. In diesem Augenblick sind Sie ein fünfdimensionaler Meister.

Schritt 4

Erzengel Metatron

Der mächtige Erzengel Metatron ist der Schöpfer allen bekannten Lichts in unserem Universum. Licht enthält Informationen und Wissen und Metatrons Energie verbreitet sich in allen Universen und schließt alle Realitätsdimensionen einschließlich der zwölften ein.

Dieses riesige, göttliche, erleuchtete Wesen ist größer, als wir es uns jemals vorstellen könnten, und tritt durch Helios, die Große Zentralsonne und der göttliche Kern unseres ganzen Universums, in unsere Existenzsphäre ein. In Helios erzeugt Metatron die Lichtmaterie, welche die Grundlage unserer Existenz bildet. Die verschiedenen Dimensionen, die wir als physische Wesen bewohnen, sind aus Licht aufgebaut, das mit unterschiedlicher Geschwindigkeit und auf verschiedenen geometrischen Frequenzen pulsiert. Die heilige Geometrie ist es, die dies alles zusammenhält. So wird die Schwingungsfrequenz gesenkt und jene scheinbar feste Welt erschaffen, die wir um uns herum sehen, spüren und berühren können.

Erzengel Metatron besitzt aber nicht nur die fantastische Fähigkeit, Materie zu erschaffen, er ist auch dafür verantwortlich, den Aufstiegsprozess der Erde voranzutreiben.

Energetisch gesehen ist er überwiegend männlich und wird oft als riesige orangefarbene Sonne wahrgenommen, die Macht und göttliche Stärke ausstrahlt.

Erzengel Metatrons Refugium auf unserer Erde befindet sich über Luxor in Ägypten. Er bewahrt auch einen gewaltigen Vorrat an Aufstiegsenergie im ätherischen Raum (dem Äther jenseits der physischen Ebene) über der großen Pyramide von Gizeh. Diese Energie wird in Harmonie mit dem universellen Fluss verteilt, um der Erde und ihren Bewohnern zu helfen und ihren Aufstiegsprozess zu beschleunigen.

Aufgrund der unermüdlichen Arbeit von Erzengel Metatron und den Myriaden anderer erleuchteter Wesen, die ihm helfen, ist der Aufstiegsprozess nun in vollem Gang. Viele Lichtarbeiter, die den Aufstieg der Erde aktiv unterstützen, haben sich auf Metatrons Energie und Führung eingestimmt. Er kann Tausende Seelen gleichzeitig koordinieren und besitzt die besondere Fähigkeit, Gruppen von Lichtarbeitern zusammenzubringen, um Dinge zu erreichen, die der Menschheit nützen.

Erzengel Metatron ist während des Verlaufs der gesamten aufgezeichneten und nicht aufgezeichneten Geschichte präsent gewesen. Er sah bei der Geburt unserer Welt zu und hat sie im Verlauf all jener Höhen und Tiefen genährt und geführt, die wir auf unserer Reise bis zum heutigen Moment erlebt haben. Die alten Zivilisationen und alle heutigen Religionen enthalten Hinweise auf und Berichte über diesen wunderbaren Erzengel.

Atlantis, das erste große Experiment, in dessen Verlauf die Menschen physische Körper annahmen, wurde von einer Vielzahl von göttlichen Wesen beaufsichtigt, die von der Macht Erzengel Metatrons geführt wurden. Im Zeitalter des goldenen Atlantis hatte jeder Mensch zwölf vollständig aktive DNA-Stränge, die seine außergewöhnlichen Begabungen und Talente enthielten. Während des Untergangs von Atlantis wurden sie auf zwei reduziert.

Nach dem Untergang arbeitete Metatron in Harmonie mit den Hohepriestern und Hohepriesterinnen von Atlantis zusammen, die ihre jeweiligen Stämme in andere Länder führten. In Ägypten überstrahlte er insbesondere den aufgestiegenen Meister Serapis Bey, der allgemein als *der Ägypter* bekannt ist. Das umfangreiche Wissen der alten Ägypter im Bereich des universellen Lichts und der Physik ermöglichte es ihnen, die Pyramiden mithilfe von

Tönen, Schwerkraft und Schwingungstechnologie zu errichten. Sechs kosmische Pyramiden wurden auf diese Weise überall auf der Welt erbaut – und dies zu einer Zeit, als den Menschen bereits ihre gottgleichen Fähigkeiten und gewaltigen Begabungen genommen worden waren, die sie im goldenen Zeitalter von Atlantis besessen hatten. Sie waren gezwungen, die dreidimensionale Realität eingehend zu erforschen.

Bis heute existieren das Licht, die Frequenz und die spirituelle Essenz von Erzengel Metatron in den Zellen und im Plan eines jeden von uns. Das bedeutet, dass wir uns alle mit ihm verbinden können, wann immer wir dies wünschen. Dies ist einer der schnellsten und wirksamsten Wege, um unseren persönlichen Aufstiegsweg und den der Menschen in unserer Umgebung zu beschleunigen. Wenn wir Erzengel Metatron bitten, uns anzuleiten, eröffnet uns das unglaubliche Möglichkeiten, um auf planetarischer und intergalaktischer Ebene dienen zu können.

Unter seinem Befehl stehen auch die Legionen der Engel, die als Metatrons Licht bekannt sind. Sie entstammen dem Herzen der Sonne und arbeiten nicht nur in unserem Universum, sondern auch in allen anderen. All diese Engel wurden im Kern von Helios geboren, dem Torweg zwischen unserem Universum und dem des unendlichen Schöpfers.

Nachfolgend finden Sie einige einfache, aber sehr effektive Techniken, die Sie mit der unglaublichen Energie von Erzengel Metatron verbinden und Ihr Lichtniveau jedes Mal anheben werden, wenn Sie sie ausführen.

Ein Aufstiegsschub für das Vier-Körper-System

———◆◆———

Das Vier-Körper-System besteht aus unserem physischen, emotionalen, mentalen und spirituellen Körper. Der Vier-Körper-Aufstiegsschub ist sehr machtvoll. Durch ihn wird ein Lichtstrom durch Ihren Körper fließen, der in Ihnen einen Aufstiegsprozess auslöst. Dieser wird aktiviert, wenn der Lichtanteil in Ihren Zellen achtzig Prozent oder mehr beträgt. Dadurch beginnen das Herniederkommen der fünfdimensionalen Chakrasäule, welche die vierdimensionalen Chakras ersetzt, und die Aktivierung aller zwölf DNA-Stränge.

Ihr Höheres Selbst hat die volle Kontrolle über diesen Prozess und wird niemals zulassen, dass Sie mehr Licht bekommen, als Ihnen dienlich ist. Dennoch schlagen wir vor, dass Sie niemals um mehr als einundachtzig Prozent Licht bitten, bis Sie diese Übung zumindest drei Wochen lang ausgeführt haben.

Indem Sie diese Übung praktizieren, zeigen Sie, dass Sie sich Ihrem Aufstiegsweg ohne Wenn und Aber verpflichtet fühlen.

1. Bereiten Sie einen Raum vor, in dem Sie sich entspannen können und nicht gestört werden.

2. Sitzen Sie still da und atmen Sie gleichmäßig mit der Absicht, den Vier-Körper-Aufstiegsschub zu aktivieren.

3. Erden Sie sich, indem Sie sich vorstellen, dass Wurzeln aus Ihren Füßen bis tief hinein in die Erde dringen.

4. Bitten Sie Erzengel Michael, Sie in seinen dunkelblauen Schutzmantel zu hüllen.

5. Zünden Sie eine Kerze an und weihen Sie sie den Legionen Erzengel Metatrons.

6. Bitten Sie Erzengel Metatron entweder laut oder in Gedanken darum, Ihren physischen Körper zu einundachtzig Prozent mit Licht zu füllen.

7. Spüren Sie, wie sich Ihr physischer Körper nun mit reinem goldorangenem Licht füllt.

8. Atmen Sie dieses Licht in jede Zelle Ihres Körpers hinein.

9. Bitten Sie Erzengel Metatron entweder laut oder in Gedanken darum, Ihren emotionalen Körper zu einundachtzig Prozent mit Licht zu füllen.

10. Spüren Sie, wie sich nun Ihr emotionaler Körper mit dem Frieden und der Liebe des universellen Flusses harmonisiert.

11. Bitten Sie Erzengel Metatron entweder laut oder in Gedanken darum, Ihren mentalen Körper zu einundachtzig Prozent mit Licht zu füllen.

12. Spüren Sie, wie Ihre Gedanken rein und liebevoll werden und von bedingungsloser Liebe erfüllt sind.

13. Bitten Sie Erzengel Metatron entweder laut oder in Gedanken darum, Ihren spirituellen Körper mit einundachtzig Prozent Licht zu füllen.

14. Sehen Sie Ihr gewaltiges spirituelles Selbst glorreich in die fünfte Dimension aufsteigen und wie die Sonne strahlen.

15. Bedanken Sie sich bei Erzengel Metatron.

Sie tragen nun das Licht eines aufgestiegenen Meisters in sich. Sie können diese Frequenz durch Fleiß, Ausdauer und Konzentration halten. Sobald Sie einmal auf diesem Weg sind, werden Sie von Ihrem Höheren Selbst geführt werden und Ihr Leben wird sich zum Besseren wenden.

Von Erzengel Metatrons Sonnenengeln berührt werden

1. Bereiten Sie sich und Ihren Raum auf diese Meditation vor.
2. Entspannen Sie sich und geben Sie sich Erzengel Metatron hin.
3. Bitten Sie ihn, Sie in seine majestätische goldorangene Energie zu hüllen und Sie in das Herz der Großen Zentralsonne zu heben.
4. Spüren Sie, wie Sie mit dem Kern von Helios verschmelzen.
5. Spüren Sie, wie Hunderte von Erzengel Metatrons Engeln durch Ihr Herz strömen.
6. Sie umgeben Sie, sind mit Ihnen verbunden und werden Ihnen jederzeit helfen.
7. Jede Zelle Ihres Körpers erstrahlt nun in Erzengel Metatrons goldorangenem Licht.
8. Danken Sie Erzengel Metatron.

Erzengel Metatrons Lichtbad

1. Bereiten Sie sich auf diese Meditation vor.
2. Bitten Sie während der Meditation Erzengel Metatron darum, sein Lichtbad für Sie vorzubereiten.
3. Während Sie sich entspannen, spüren Sie vielleicht, wie ein sanfter Lichtstrom durch Ihren Körper fließt.
4. Machen Sie entweder laut oder in Gedanken die folgende Anrufung:

»Erzengel Metatron, bitte lege mich nun in dein Lichtbad.«

5. Überall um Sie herum befinden sich präzise geometrische Formationen aus Säulen wunderschönen, golden glühenden Lichts. Sie liegen jetzt im Zentrum eines geräumigen Metatronwürfels, einer heiligen geometrischen Form, welche die kosmischen Verbindungen innerhalb dieses Universums zeigt.

6. Stellen Sie sich vor, dass jede Zelle Ihres Körpers zu reinem Licht von der goldenen Farbe flüssigen Honigs wird.

7. Spüren Sie die göttliche Gegenwart von Erzengel Metatron, während er seine Hände auf Sie legt. Entspannen Sie sich vollkommen, während der Erzengel seine Energie durch jede Zelle Ihres Wesens strömen lässt.

8. Der Raum wird heller, während Erzengel Metatron das Lichtniveau des Bades erhöht, um genau Ihre Bedürfnisse zu erfüllen.

9. Bitten Sie Erzengel Metatron, all das in Ihrem Körper, in Ihrer Aura oder Ihren Feldern aufzulösen, was während des Tages ein Problem für Sie war.

10. Spüren Sie, wie sein goldenes Licht durch alle Chakras strömt, sie öffnet und auf einer fünfdimensionalen Frequenz schwingen lässt.

11. Bitten Sie Erzengel Metatron das perfekte Maß an Licht in Ihrem Körper und Ihren Feldern ständig aufrechtzuerhalten – bei Tag und bei Nacht.

12. Bedanken Sie sich bei ihm.

13. Entspannen Sie sich noch einmal und ruhen Sie sich aus.

Schritt 5

Die Große Zentralsonne

Unsere Sonne, dieser wunderschöne Glanz am Himmel, der unser Leben hier auf der Erde nährt und wärmt, ist ein Stern in materieller Form. Aber nicht nur das: Die Sonne ist ein sich seiner selbst bewusstes, sich entwickelndes Überwesen mit einem ganz spezifischen Plan, um den Aufbau und den Fortschritt unseres galaktischen Raumes zu unterstützen.

Die gegenwärtigen physischen, mentalen, emotionalen und spirituellen Veränderungen in Individuen und auf dem Planeten sind während der entscheidenden Momente durch erstaunliche magnetische und radioaktive Triggerreize der Sonne verstärkt worden. Diese fallen mit astrologischen Konstellationen zusammen, die von den alten Zivilisationen, die das Kommen des Wassermann-Zeitalters vorhersahen, sehr präzise vorausgesagt wurden.

Während unsere Sonne Licht und Schönheit auf uns herniederstrahlt, wird sie selbst von einer anderen Quelle gespeist, von einem größeren »Lieferanten«: der Großen Zentralsonne. Diese existiert jenseits des Spektrums unserer dreidimensionalen Realität und ist der Geburtsort allen kosmischen Lichts und Wissens, aller kosmischen Weisheit und Materie in den uns bekannten und unbekannten Universen. Gegenwärtig liegt es allerdings weit jenseits unseres Vorstellungsvermögens, dieses Konzept zu verstehen.

Wir wissen aber, dass diese Quelle die schöpferische Kraft hinter aller spirituellen Materie ist und dass die Große Zentralsonne die Energie des Quells auf ein neundimensionales Niveau absenkt. In ihrem Licht werden auf der spirituellen Ebene alle Dinge erschaffen. Hier wurden Metatron und Schechina, die männlichen und weiblichen Gegensätze des Göttlichen, Geist und Materie, geboren. Sie verschmolzen miteinander, um Leben in physischer Form auf unserem Planeten zu erschaffen. In der Bibel werden Metatron und Schechina Adam und Eva genannt.

Die Große Zentralsonne birgt in sich die Energie des kosmischen Herzens und des Reichs der Engel. Viele der Außerirdischen, höheren Kräfte und Lichtwesen, die gegenwärtig auf die Erde strömen, um uns zu helfen, stammen von dort.

Obwohl wir nicht in der Lage sind, das Licht der Großen Zentralsonne wahrzunehmen, können wir es doch empfangen und mit Gewissheit fühlen. Die Große Zentralsonne überflutet uns alle ständig mit hochfrequentem Gotteslicht, um uns zu helfen, zu aufgestiegenen Meistern zu erblühen.

Uns wird gegenwärtig eine ganze Reihe intensiver Lektionen auferlegt, die uns helfen sollen, die jetzige vierdimensionale Realität zu transzendieren. Es wird damit gerechnet, dass eine bedeutende Anzahl Menschen 2015 in die fünfte Dimension eintritt.

Wie bereits erwähnt ist der mächtige Erzengel Metatron für das universelle Licht verantwortlich, das vom Kern der Großen Zentralsonne aus verteilt wird. Die Große Zentralsonne gebar einst Orion, das Sternbild von Erzengel Metatron. Orion ist seine wahre Heimat und seine Werkstatt, in der er die atomaren Lichtstrukturen aller Dimensionen erschafft, die sich spiralförmig bis in die am weitesten entfernten Winkel des Universums ausdehnen.

Wir teilen dieses große ätherische Licht mit unseren Sternensamenbrüdern und -schwestern von den Plejaden, von Andromeda, dem Sirius, der Lyra und den vielen anderen Planeten, Sternen und Galaxien, die etwas zum genetischen Aufbau des menschlichen Lebens beigetragen haben.

Während wir unseren glorreichen Aufstiegsprozess bewältigen und das Licht der Großen Zentralsonne durch das Portal unserer Sonne einströmt, wird es zur neuen Nahrungsquelle des Körpers, damit dieser seine höhere kristalline Lichtform annehmen kann, die wir in Zukunft haben werden.

Erzengel Metatron möchte Ihnen diese kurze Visualisierungsübung anbieten, um Sie mit der unmittelbaren Schwingungsfrequenz der Großen Zentralsonne vertraut zu machen. Er wird die Lichtfrequenz absenken, da diese für uns in unserer gegenwärtigen Form viel zu stark ist.

Eine Visualisierungsübung, um sich mit der Großen Zentralsonne zu verbinden

Während dieser Reise wird jede Ihrer Körperzellen schmelzen und sich im Einklang mit dem Fluss, der uns umgibt und durchströmt, neu bilden. Sie können absolut sicher sein, dass Sie sich dabei in den Armen des Schöpfers befinden werden. Sie können in diesem Kokon so lange bleiben, wie Sie möchten, und diese Schwingungsfrequenz absorbieren.

1. Bereiten Sie einen Raum vor, in dem Sie sich entspannen können und nicht gestört werden. Zünden Sie eine Kerze an, wenn es Ihnen möglich ist.
2. Sitzen Sie ruhig da und atmen Sie gleichmäßig mit der Absicht, sich mit der Großen Zentralsonne zu verbinden.
3. Erden Sie sich, indem Sie sich vorstellen, dass Wurzeln aus Ihren Füßen bis tief hinein in die Erde dringen.
4. Bitten Sie Erzengel Michael, seinen dunkelblauen Schutzmantel um Sie zu legen.
5. Nehmen Sie wahr, dass ein strahlendes goldenes Licht von oben in Ihre Aura einströmt.
6. Werden Sie sich langsam bewusst, dass Sie nach oben getragen und in einer Säule des Lichts gehalten werden. Sie

werden von einem strahlenden Engel begleitet, einem Mitglied von Metatrons Licht.

7. Sie durchqueren den Himmel und reisen in den Weltraum.

8. Sie werden sich nun einer neuen Lichtquelle bewusst, die sich mit Ihrer atomaren Struktur verbindet und im Einklang mit jeder Zelle Ihres Körpers schwingt.

9. Sie werden sich bewusst, dass Sie nicht länger ein getrennter Organismus sind. Sie sind das Licht. Das Licht sind Sie.

10. Auch Ihre Lichtsäule ist geschmolzen und eins mit dem universellen Glühen geworden, das Sie umgibt.

11. Erzengel Metatron flüstert Ihnen zu: »Willkommen im Licht der Großen Zentralsonne, deinem Schöpfer, deiner Essenz, deinem universellen Kern. Hier hat dein Funke seinen Anfang gehabt. Hier ist der Ausgangspunkt deiner großen Reise. Dies ist der Torweg zur Hand des Quells.«

12. Atmen Sie tief ein und aus. Nehmen Sie das Licht in sich auf.

13. Bringen Sie dieses große Licht zurück zu allen, mit denen Sie Ihr Leben teilen.

Wenn Sie von Ihrer Reise zurückgekehrt sind, wird jede Zelle Ihres Körpers in einem ätherischen schillernden und umwerfend schönen Licht erstrahlen. Dies ist Ihr Geschenk, das Sie an jede Seele, der Sie begegnen, mit der Sie sprechen, an die Sie denken und mit der Sie sich auf irgendeine Weise verbinden, weitergeben. Es wird das Licht in Ihren eigenen Zellen behutsam entzünden und Sie daran erinnern, wer Sie in Wirklichkeit sind.

Schritt 6

Die Elementardrachen

Drachen sind vierdimensionale Elementarwesen, die uns als Gefährten und Freunde zur Seite stehen und stets bereit sind, uns zu helfen und uns zu beschützen. Sie können sich in verschiedenen Dimensionen bewegen, das heißt: Sie bewegen sich zwischen den unterschiedlichen Bandbreiten und verändern dabei ihre Schwingungsfrequenz. Für uns bedeutet das, dass sie sehr niedrige dreidimensionale Energien, die uns blockieren, umwandeln können. Daher sind sie für den Klärungsprozess, der uns auf den Aufstieg vorbereitet, von ungeheurer Bedeutung.

Alle Drachen stammen aus Lemuria. Da die Lemurer die Erde und die Natur so sehr liebten, dienten die Drachen ihnen, indem sie die Schwingungsfrequenz des Planeten sehr hoch und rein hielten. Drachen sind seit jener Zeit immer dagewesen, um uns zu helfen.

Drachen können klein sein, aber sie können auch enorm groß werden, wenn dies nötig ist. Außerdem verändern sie ihre Farbe, je nach der Energie, die wir gerade brauchen.

Wie die Engel so haben auch die Drachen Namen. Wir können einen Drachen nach seinem Namen fragen und er wird uns in den Sinn kommen. Das erzeugt eine persönliche Bindung zwischen uns und dem betreffenden Drachen.

Feuerdrachen

Feuerdrachen stehen unter dem Befehl des Elementarmeisters Thor. Das Element Feuer als Ganzes untersteht aufgrund der wunderbaren Eigenschaft der Läuterung, die er repräsentiert, dem Erzengel Gabriel. Da Feuer Negativität umwandelt, sind die Feuerdrachen perfekte Gefährten für all jene Menschen, die herausfordernde spirituelle Arbeit leisten.

Sie können die Feuerdrachen bitten, die Negativität in Ihren Chakras zu verbrennen, besonders wenn Sie schwierige Lektionen zu bewältigen haben. Das wird es Ihnen ermöglichen, die in der Herausforderung enthaltene Botschaft klar zu erkennen. Wenn es Ihnen nicht gut geht, entweder körperlich oder emotional, leisten die Drachen hervorragende Arbeit, indem sie alles reinigen, was Sie in Ihre Zentren aufgenommen haben mögen. Da viele Lichtarbeiter sehr sensibel und offen sind, gestatten sie manchmal unwissentlich niederen Energien, in ihre Aura einzutreten. Feuerdrachen werden heroische Arbeit leisten, diese Energien aufzulösen, wenn Sie sie nur darum bitten.

Sie können die Feuerdrachen auch in Kriegsgebiete schicken, wo sie sich wie Spezialeinsatzkräfte in die schweren Schwingungen stürzen, um sie zu verbrennen.

Sollte Ihr Sternzeichen ein Feuerzeichen sein, haben Sie einen persönlichen Feuerdrachen an Ihrer Seite. Je nach Ihrer Lebensaufgabe kann es aber auch sein, dass Ihnen, selbst wenn Sie unter einem anderen Sternzeichen geboren wurden, ein Feuerdrache zugeteilt wurde. Feuerdrachen kommen aber auch zu allen, die diese Form der spirituellen Unterstützung benötigen. Immer mehr Menschen arbeiten mit ihnen, während sich die Übergangsphase der Erde intensiviert.

Luft-, Wasser- und Erddrachen arbeiten intensiver mit den Strukturen, die uns umgeben. Auch sie werden uns helfen, wenn wir sie anrufen.

Wasserdrachen

Eigentlich sind dies Wasserschlangen, die blau, grün oder silbern schimmern und weibliche Energie besitzen. Unter dem Befehl der großen Meister Neptun und Odin, die wiederum Poseidon unterstehen, sind Wasserschlangen die Hüter der fünfdimensionalen Aufzeichnungen der Meere. Sie helfen, die heilige Geometrie des Wassers aufrechtzuerhalten.

Luftdrachen

Der Elementarmeister der Luft ist Dom. Er befehligt die Luftdrachen, den Oberbefehl haben aber die Einhörner inne.

Die Luftdrachen arbeiten mit dem Wind, um das Alte wegzublasen und es dem Neuen zu ermöglichen, an seine Stelle zu treten. Sie wirken buchstäblich als frische Brise über Städten oder anderen Orten, an denen die Energie stagniert und feststeckt.

Einhörner befinden sich an der Spitze von Stürmen, Windböen und Hurrikanen. Gefolgt werden sie von den Luftdrachen, die helfen, die geometrischen Strukturen der Ersatzenergie an Ort und Stelle zu bringen. Sie erzeugen Energiespiralen, um so sicherzustellen, dass die höheren Schwingungen an die Stelle der alten niederen treten können.

Erddrachen

Die Elementarmeisterin der Erde heißt Taia. Unter dem Oberbefehl von Gaia befehligt sie die Erddrachen. Diese mächtigen Elementarwesen beschützen die Leylinien. Sie können sie zum Brennen bringen, um sie zu reinigen – besonders nach schweren Störungen wie Erdbeben.

Wie man mit den Drachen arbeitet

Um mit den Drachen arbeiten zu können, muss man wie bei allen anderen Wesen aus anderen Welten, die hierhergeschickt wurden, um uns zu helfen, die goldene Regel einhalten: Wir müssen sie um Hilfe bitten. Diese wird Ihnen gewährt werden, wenn es in Ihrem höchsten Interesse ist.

Falls Sie Albträume haben sollten – mit anderen Worten: wenn Sie die niedere Astralebene betreten, auf der Emotionen und sorgenvolle Gedankenformen gespeichert werden –, können Sie einen Feuerdrachen bitten, Sie zu begleiten und Sie während des Schlafes zu beschützen. Der Feuerdrache wird die niederen Frequenzen verbrennen, bevor Ihr Geist sie durchquert. Das kann besonders bei sehr sensiblen Kindern außerordentlich hilfreich sein.

Wenn Sie Hilfe bei künstlerischen oder anderen kreativen Unternehmungen brauchen oder auch nur Hilfe im allgemeinen Fluss des Lebens, können Sie einen Wasserdrachen anrufen und ihn bitten, Ihr Gefährte und Helfer zu werden.

Wenn Sie wirklich bereit sind, sich weiterzuentwickeln, oder wenn Sie eine festgefahrene Situation auflösen möchten, können Sie die Luftdrachen bitten, das Alte wegzublasen und etwas Höheres an seine Stelle zu setzen.

Sie können einen wichtigen Dienst leisten, indem Sie die Erddrachen bitten, die Leylinien zu schützen. Das kann sogar verhindern, dass es zu Erdbeben kommt. Wenn Sie heilige Orte aufsuchen, können Sie ebenfalls die Erddrachen zu Hilfe rufen, um dort die Frequenz hoch und stabil zu halten.

Wie Sie einem Drachen dienen

Wie bei allem auf der Erde, so fließt auch hier die Energie in beide Richtungen. Daher ist es angebracht, den Drachen auch etwas zu geben, wenn Sie etwas empfangen möchten.

- Drachen lieben Heilung, denken Sie daher in Ihren Heilmeditationen an sie. Zünden Sie ab und zu eine Kerze für sie an oder halten Sie eine Heilzeremonie für sie ab. Das wird helfen, sie zu inspirieren und zu ermächtigen, denn sie schätzen es ebenso wie wir, anerkannt zu werden. Elementarwesen haben Gefühle wie wir.
- Erzählen Sie anderen Menschen von ihnen.
- Schreiben Sie etwas über sie. Besonders Kinder lieben Drachengeschichten.
- Kaufen Sie eine Drachenfigur.

Denken Sie immer daran, sich bei den Drachen zu bedanken, wenn Sie sie um Hilfe gebeten haben. Sie können dies zum Beispiel mit der folgenden Zeremonie tun.

Danksagungszeremonie für die Drachen

1. Stellen Sie einen kleinen Tisch in die Mitte eines Zimmers und bedecken Sie ihn mit einer hübschen Decke, wenn Ihnen dies möglich ist.
2. Zünden Sie eine Kerze an und stellen Sie sie in die Mitte des Tisches.
3. Während Sie dies tun, sprechen Sie die folgenden Worte:

»Ich weihe dieses Feuer den Feuerdrachen und bedanke mich für alles, was sie tun.«

4. Stellen Sie nun eine kleine Schüssel mit Wasser auf den Tisch.
5. Während Sie dies tun, halten Sie die Hände darüber und segnen Sie das Wasser mit den folgenden Worten:

»Ich segne dieses Wasser und bedanke mich bei den Wasserdrachen für alles, was sie tun.«

6. Legen Sie eine Feder oder ein Blatt auf den Tisch.
7. Segnen Sie sie mit den Worten:

»Ich segne die Luft und bedanke mich bei den Luftdrachen für alles, was sie tun.«

8. Nehmen Sie einen Stein oder einen Kristall in die Hand.
9. Sprechen Sie:

»Ich segne diesen Stein/Kristall und bedanke mich bei den Erddrachen für alles, was sie tun.«

10. Legen Sie ihn auf den Tisch.
11. Nehmen Sie die Kerze in die Hand und gehen Sie im Uhrzeigersinn dreimal um den Tisch herum.
12. Blasen Sie die Kerze dann aus und die Drachen werden vor Freude tanzen.

Fünfdimensionale goldene Drachen

Während des Kosmischen Moments erschien eine Gruppe fünfdimensionaler goldener Drachen. Diese Wesen repräsentieren nicht die Elemente, wie es die vierdimensionalen Drachen tun. Sie sind gekommen, um unseren Aufstieg zu unterstützen und zu schützen. Wenn zum Beispiel irgendwo eine heilige Zeremonie oder eine spirituelle Versammlung abgehalten wird, werden diese goldenen Wesen sie umkreisen, damit die Energie im Kreis auf der fünfdimensionalen Frequenz bleibt.

Vor Kurzem öffnete sich das kosmische Portal von Honolulu und eine wahre Flut von Drachen strömte hervor, die bereit sind, uns beim Aufstiegsprozess zu helfen. Außerdem hat sich mittlerweile das kosmische Portal von Andorra geöffnet, das ebenfalls ein großes Drachenportal ist. Als Folge davon verbreitet sich die Drachenenergie in ganz Europa.

Briefe an die Drachen

Nachfolgend finden Sie einige Beispielbriefe, die Sie den Drachen schreiben können. Verändern oder erweitern Sie sie ganz nach Ihren Wünschen. Bitte denken Sie daran, dass diese Briefe eine machtvolle Form der Kommunikation und Aktivierung sind. Drachen haben starke Persönlichkeiten und möchten individuell angesprochen werden. Außerdem legen Sie großen Wert auf gute Manieren!

Ein Brief, um die Feuerdrachen zu aktivieren

Sie können dies auch mündlich tun, aber es ist wirksamer, einen Brief zu schreiben. Hier ist ein Beispiel. Die beste Art, dem Drachen die Energie des Briefes zu senden, besteht darin, das Papier sorgfältig zu verbrennen.

Geliebter Feuerdrache,

ich rufe dich jetzt an, um dich zu bitten, mir bei meiner Aufstiegsreise auf diesem Planeten zu helfen. In diesem Augenblick und von nun an benötige ich dringend deinen liebevollen Dienst.

Ich bitte dich, die Energie um mich herum jederzeit klar und fünfdimensional zu halten – nicht nur während des Tages, wenn ich wach bin, sondern auch in den inneren Welten.

Ich bitte dich, mich überallhin zu begleiten und mich auf Störungen und auf das Absinken meiner Schwingungsfrequenz aufmerksam zu machen, wenn ich zu beschäftigt und abgelenkt bin.

Ich weiß, dass dies viel Arbeit ist, und bitte dich in aller Demut um deine Hilfe.

Schließlich bitte ich dich, mein Heim und die physischen, mentalen, emotionalen und spirituellen Energien meiner Familie zu beschützen. (Setzen Sie hier die entsprechenden Namen ein.)

Wenn ich auf meinem spirituellen Weg vorankomme, kommst du auch auf deinem voran. Gemeinsam werden wir das Licht bringen, wenn die Erde und die Menschheit auf eine neue Ebene aufsteigen.

Unsere Beziehung wird immer auf Gegenseitigkeit aufgebaut sein. Was immer du von mir als Gegenleistung erwarten magst, bitte mich darum. Wisse, dass mein Heim auch das deine ist.

Mit bedingungsloser Liebe und in großer Dankbarkeit

(Unterschrift)

Brief an einen Erddrachen

Natürlich können Sie sich auch mündlich an einen Drachen wenden, aber ein Brief besitzt größere Macht und mehr Energie.

Geliebter Erddrache,
ich danke dir dafür, dass du die Erde unter meinem Heim klar und sicher hältst. Ich möchte, dass meine Wohnung ein fünfdimensionales Portal strahlenden Lichts ist, und bitte dich, dafür die Grundlage zu bereiten. Bitte arbeite mit den Feuerdrachen daran, alle niederen Energien unter meinem Heim zu verbrennen.
Ich bitte dich, die Leylinien zwischen den heiligen Stätten in meinem Land (oder der Welt) klar und rein zu halten.
Ich danke dir für deine Hilfe.
Mit all meiner Liebe und Dankbarkeit
(Unterschrift)

Brief an einen Luftdrachen

Geliebter Luftdrache,
bitte arbeite mit mir gemeinsam daran, meine Aura jederzeit klar zu halten und sie funkeln zu lassen.
Ich bitte dich, eine Energiespirale durch mein Heim zu leiten, die unermüdlich das, was dort ist, durch frische höhere Energie ersetzt. Leite sie jeden Tag durch alle Zimmer meines Hauses, damit sie alle ätherischen Spinnweben und allen ätherischen Staub fortbläst.
Ich bitte dich auch, der ganzen Welt diesen Dienst zu erweisen.
Ich danke dir für deine Hilfe.
Mit all meiner Liebe und Dankbarkeit
(Unterschrift)

Brief an einen Wasserdrachen

Geliebter Wasserdrache,

ich bitte dich, durch die Gewässer der Welt zu schwimmen, sie zu klären, zu reinigen und zu läutern, damit die Liebe ungehindert überall hinströmen kann.

Ich bitte dich, jeden Tropfen Wasser, der in mein Haus eintritt, zu reinigen – auch die Feuchtigkeit in der Luft.

Bitte segne und läutere das Wasser in meinen Körperzellen und sorge dafür, dass alles Wasser, das sich außerhalb und innerhalb von mir befindet, auf einer fünfdimensionalen Frequenz schwingt.

Ich danke dir für deine Hilfe.

Mit all meiner Liebe und Dankbarkeit

(Unterschrift)

Schritt 7

Das Reich der Elementarwesen

Das Reich der Elementarwesen ist ein unverzichtbarer Teil des göttlichen Plans für die Erde und steht in enger Verbindung zum Reich der Engel. Die Elementarwesen sind die jüngeren Brüder der Engel. Diese kleinen, ätherischen Wesen werden Elementarwesen genannt, weil sie nicht aus allen vier Elementen bestehen. Manche von ihnen, wie die Feen, bestehen nur aus einem einzigen Element.

- Feen und Sylphen sind Elementarwesen der Luft.
- Kobolde, Pixies und Elfen sind Elementarwesen der Erde.
- Feuerdrachen und Salamander sind Elementarwesen des Feuers.
- Undinen und Meerjungfrauen sind Elementarwesen des Wassers.
- Wichtel und Faune sind gemischte Elementarwesen.

Bis zum Kosmischen Augenblick im Jahr 2012 befanden sich die Elementarwesen zwischen der dritten und fünften Dimension. Da sich die Schwingungsfrequenz des Planeten seither stark erhöht hat, sind die dreidimensionalen Elementarwesen, die dem Planeten seit Urzeiten gedient haben, in die vierte Dimension aufgestiegen. Jene Elementarwesen, die erst kürzlich auf die Erde gekommen sind, wie die Kyhils, die die Wasserverschmutzung beseitigen, und die Esaks, die blockierte Energie im Land auflösen, hatten noch nicht die Gelegenheit, ihre Herzen dem vierdimensionalen Paradigma zu öffnen, aber sie werden es bald tun.

Sobald die fünfdimensionalen Elementarwesen – gewisse Feen, Kobolde und einige Drachen – ihre Initiationen auf unserem Planeten hinter sich haben, erhalten sie die Möglichkeit, in die siebte Dimension aufzusteigen, um Teil des Reiches der Engel zu werden.

Die Elementarwesen steigen sehr schnell auf, während sie die Infrastruktur der Erde vorbereiten, indem sie sich um Bäume und Pflanzen kümmern und so die Schwingung des Bodens und des Landes erhöhen.

Die Erdelementarwesen hüten die heiligen geometrischen Strukturen im Boden. Da das goldene Zeitalter näher rückt, wachen die Erddrachen auf. Sie erhellen die Weisheit, die in Kristallen enthalten ist, die zu Zeiten Lemurias tief in der Erde vergraben wurden. Diese Kristalle aktivieren heilige geometrische Lichtcodes, die dann in die Merkaba der Erde hineinprojiziert werden. Die Erddrachen arbeiten gegenwärtig an der Aktivierung der planetarischen Merkaba.

Die wunderbaren, weisen und großherzigen fünfdimensionalen Kobolde haben inzwischen die Drachenenergielinien verankert, die die ganze Welt in Form eines Gitternetzes umspannen. Eine Drachenlinie ist eine Linie aus fließender Energie, die die alten Leylinien ersetzt, aber noch nicht die siebendimensionale Frequenz des neuen Kristallgitters besitzt.

Die Bäume sind Hüter des örtlichen Wissens und der Weisheit. Die Kobolde leiten das Wissen, die Weisheit und andere Energien weiter, die in den Bäumen der Welt gespeichert sind, und speisen sie in dieses Gitternetz ein, um es für das neue Zeitalter zu programmieren. Sie haben zudem damit begonnen, das Licht aus anderen Sternensystemen, das in unseren großen Wäldern gespeichert ist, ebenfalls in dieses Gitternetz einzuspeisen. Dies ist aber nur ein Bruchteil des Lichts, das durch die Drachenlinien fließen wird, wenn die Infrastruktur des neuen Zeitalters fertiggestellt ist.

Während die Erdelementarwesen, also Elfen, Pixies und Kobolde, ihre Schwingungsfrequenz erhöhen, aktivieren sie die Codes
im Boden und heben so die Schwingung an, in der die Pflanzen
wachsen. Als Folge davon erhöht sich auch die Schwingungsfrequenz unserer Nahrung.

Während dieser intensiven Schöpfungsphase heben die Elementarwesen unter Führung der Elementarmeister und deren Befehlshaber die Schwingungsfrequenz der gesamten Natur an.

- Der Elementarmeister der Luft ist Dom, der von den Einhör-
  nern beaufsichtigt wird.
- Der Elementarmeister des Feuers ist Thor, der von Erzengel
  Gabriel beaufsichtigt wird.
- Die Elementarmeisterin der Erde ist Taia, die von Gaia beauf-
  sichtigt wird.
- Verantwortlich für den gesamten Prozess ist Erzengel Gabriel,
  der sich mit Pan, einem neundimensionalen Meister, und
  Erzengel Purlimiek, dem Engel der Natur, abspricht.
- Erzengel Metatron ist der oberste Befehlshaber.

Da sich die Schwingungsfrequenz der Natur erhöht, hebt sie
durch den Prozess der harmonischen Übertragung auch die
menschliche Frequenz auf der Zellebene an. Zudem erleuchtet das
Licht der Sonne die Zellen unseres Körpers. Durch diese beiden
Faktoren verändert sich die Struktur unserer DNA von einer zwei-
strängigen zu einer zwölfsträngigen, wie wir sie während des goldenen Zeitalters von Atlantis hatten. Auf diese Weise werden uns
die gewaltigen Begabungen, Talente und Kräfte, die wir damals
hatten, zurückgegeben.

Immer mehr Einhörner strömen nun aus dem Herzen des
Quells auf die Erde. Die siebendimensionalen Einhörner waren
die Ersten, die zurückkamen, um uns mit ihrem Licht und ihrer
Liebe regelrecht zu überfluten. Nun segnen uns auch die neundi-

mensionalen Einhörner mit ihrer Gegenwart. Sie kommen durch Erzengel Christiels Sternentor zu uns, das sich hoch im Äther über Tibet befindet.

Erde

Die Erddrachen ruhen über der Erde und ihr Licht, das die Codes der Liebe und Weisheit des Quells enthält, wird in einem Strahl in den Boden geleitet. Die Feen verankern es, die Kobolde bringen es zur Hohlerde, damit es von dort aus im Kristallgitter verteilt werden kann.

Wasser

Die Wasserdrachen, die eigentlich Wasserschlangen sind, bewahren die neue Schwingungsstruktur in den Gewässern der Erde. Die planetarischen Gewässer wurden während des Kosmischen Moments durch ein Einströmen des Lichts von galaktischer Intensität erleuchtet, wodurch das Christusbewusstsein im Wasser erhöht und reines goldenes Licht hinzugefügt wurde. Das setzte den Prozess des planetarischen Wandels in Gang, da Wasser überall hinfließt und alles durchdringt.

Der große Meister Neptun singt seine fünfdimensionalen Harmonien und bewahrt die Resonanz des Christusbewusstseins im Wasser. Das ermöglicht es den Undinen, den Wasserelementarwesen, die Harmonie der Frequenz des Christusbewusstseins in den Meeren aufrechtzuerhalten und diese Frequenz durch die energetischen Gezeitenströme zu verbreiten, die von den Mondzyklen bestimmt werden.

Bei jedem Vollmond werden unglaubliche Schwingungen, welche die reine Liebe der Engel und die Codes von Helios widerspiegeln, in die Meere, Flüsse und Seen des Planeten hineinprojiziert. Bei jedem neuen Vollmond erhöht sich die Schwingungsfrequenz des Wassers noch mehr. Das gilt auch für das Wasser, das in den menschlichen Körperzellen enthalten ist.

Feuer

Feuer ist die machtvollste alchemistische Wandlungskraft auf diesem Planeten. Es wurde auf der Erde immer eingesetzt, um dreidimensionale Schwingungen in höhere umzuwandeln. Dies geschieht gegenwärtig überall auf der Erde in einer Art Schnellverfahren, mit dem Überreste verdichteter Energie beseitigt werden.

Die Feuerelementarwesen, die unter der Führung von Thor, dem Elementarmeister des Feuers, stehen, also Salamander und Feuerdrachen, räumen uns sehr schnell alle Hindernisse aus dem Weg, um sicherzustellen, dass das Christusbewusstsein möglichst überall hinfließen kann.

Zudem werden die Feuerdrachen in Gebiete mit sehr dichter Energie geschickt. Aufgabe der Menschen ist es, in Gedanken jene Brücken zu erbauen, die es den Feuerdrachen ermöglichen, diese Gebiete zu betreten. Wenn sie die niederen Schwingungen umgewandelt haben, können wir die Einhörner und die Engel von Erzengel Christiel anrufen und sie bitten, den gereinigten Gebieten Hoffnung und Inspiration zu bringen.

Eine Visualisierungsübung, um gemeinsam mit den Elementarwesen Teile des Planeten zu läutern

———— ◆ ————

1. Bereiten Sie einen Platz vor, an dem Sie sich entspannen können und nicht gestört werden. Wenn Sie möchten, können Sie diese Übung auch draußen in der Natur ausführen.

2. Setzen Sie sich still hin und atmen Sie ruhig mit der Absicht, sich mit den Elementarwesen zu verbinden, um die Schwingungsfrequenz der Welt anzuheben.

3. Erden Sie sich, indem Sie sich vorstellen, dass Wurzeln durch Ihre Füße bis tief hinein in die Erde dringen.

4. Bitten Sie Erzengel Michael, Sie in seinen dunkelblauen Schutzmantel zu hüllen.

5. Rufen Sie Thor, den Meister des Feuers, an und bitten Sie ihn, die Feuerdrachen und Salamander zu Ihnen zu schicken. Senden Sie diese dann in Gebiete, die höheres Licht brauchen. Visualisieren Sie, wie sie die niederen Energien verbrennen.

6. Rufen Sie Dom, den Meister der Luft, an und bitten Sie ihn, die Luftelementarwesen, die Sylphen, Feen und Luftdrachen zu schicken, um die Flammen der Umwandlung anzufachen.

7. Rufen Sie Neptun, den Meister des Wassers, an und bitten Sie ihn, nicht nur die Undinen, sondern auch Regen zu schicken, um das Gebiet zu reinigen, bis es blitzsauber ist. Sehen Sie, wie der schimmernde Regen in die Erde dringt.

8. Rufen Sie Taia, die Meisterin der Erde, an und bitten Sie sie, die Erddrachen zu schicken, um die neue Schwingung in diesem Gebiet zu verbreiten.

9. Rufen Sie die Einhörner und die Engel von Erzengel Christiel an und bitten Sie sie, das Gebiet permanent mit dem Christuslicht, mit Hoffnung, Inspiration und reiner Liebe zu erleuchten.

10. Danken Sie den Elementarmeistern und den Elementarwesen für ihre Hilfe.

11. Öffnen Sie die Augen in dem Wissen, dass Sie mithilfe der Elementarwesen den Aufstieg des Planeten beschleunigt haben.

Schritt 8

Das Intergalaktische Konzil

Das Intergalaktische Konzil besteht aus zwölf mächtigen Wesen, die Entscheidungen in Bezug auf die Evolution der Erde treffen. Sie beschließen Experimente – wie das von Atlantis – und beaufsichtigen sie. Damals wollten sie sehen, ob die Menschen einen physischen Körper und Emotionen haben und dennoch die Verbindung zum Quell aufrechterhalten könnten.

Da sich unsere Frequenz in den letzten Jahren so sehr erhöht hat, können heute sowohl Individuen als auch Gruppen über den Erzengel Butyalil Kontakt zum Intergalaktischen Konzil aufnehmen und es um Hilfe für den Planeten oder für Projekte bitten, die für die Gesundheit, das Wohlergehen oder den Fortschritt der Menschheit wichtig sind. Wir können ihm aber auch unsere Dienste anbieten, um der Welt oder dem Universum zu helfen.

Es folgt nun eine Aufstellung der gegenwärtigen Mitglieder des Konzils.

Meister Marko

Der große Meister Marko repräsentiert die höchste galaktische Konföderation im Sonnensystem. Er bewahrt alle technologischen Informationen der Vereinigten Universen in einem riesigen, sehr hochfrequenten Quarzkristallschädel und lädt zukunftsweisende Ideen in den Geist jener Menschen herunter, die bereit sind, die fünfdimensionalen Technologien auf den Planeten zurückzubringen. Die Informationen dafür sind bereits im Äther und in den

Seelensternchakras derjenigen gespeichert, die auf diese Weise dienen. Ein Beispiel für entsprechende Erfindungen sind Digitalka-
meras, welche die sechsdimensionale Frequenz der Engel in Form
von Orbs einfangen können.

Der wissenschaftliche Mainstream entdeckt gerade erst die
Existenz paralleler Welten. Sobald einmal allgemein akzeptiert
worden ist, dass Wissenschaft und Spiritualität Hand in Hand arbeiten müssen, werden die Wissenschaftler bereit sein, Informationen einer höheren Ordnung zu empfangen. Meister Marko beobachtet diese Entwicklung sehr sorgfältig mit der Hilfe der Serafim Serafina.

Kommandant Aschtar

Kommandant Aschtar ist der siebendimensionale Kommandeur
der Intergalaktischen Flotte, deren Raumschiffe im Weltraum um
die Erde herum patrouillieren, um uns zu beschützen und zu unterstützen. Aufgrund ihrer hohen Schwingungsfrequenz sind diese
Raumschiffe für uns aber nicht sichtbar.

Kommandant Aschtar arbeitet eng mit Erzengel Metatron zusammen, um den Aufstiegsprozess zu unterstützen. Er wartet darauf, Millionen Seelen willkommen zu heißen, wenn sie ihren Aufstieg bewältigt haben. Er kümmert sich auch um das große
interdimensionale Zweiwegportal von Machu Picchu in Peru. Seine Mutterschiffe kommen durch dieses Portal auf die Erde. Seine
Rolle im Intergalaktischen Konzil besteht darin, das Gleichgewicht der Universen zu bewahren und die Balance und Harmonie
zwischen ihnen sicherzustellen.

Meister Hilarion

Meister Hilarion, der Meister des fünften Strahls, des orangefarbenen Strahls der Technologie und Wissenschaft, arbeitet eng mit Meister Marko und Kommandant Aschtar zusammen. Die drei sorgen gemeinsam dafür, dass die richtigen Informationen in den Geist jener Menschen heruntergeladen werden, die bereit sind, mit ihnen zu arbeiten. Beispiele dafür sind die neuen Kommunikationstechnologien, die Orb-Fotografie, die Kristalltechnologie und die saubere Energiegewinnung.

Wenn Sie ein Konzept für eine spirituell orientierte Technologie haben, um der Menschheit zu helfen, sollten Sie wissen, dass Meister Hilarion oder einer von Erzengel Raphaels Engeln, die mit ihm zusammenarbeiten, dieses Konzept in Ihr Bewusstsein gepflanzt haben. Sie können ihn bitten, Ihnen bei der Verwirklichung zu helfen und den Fortschritt zu überwachen.

Saint Germain

Saint Germain, der kürzlich zum Herrn der Zivilisation, einem hochrangigen Posten innerhalb der geistigen Hierarchie, befördert wurde, ist außerdem zusammen mit den Erzengeln Gabriel und Zadkiel der aufgestiegene Hüter der kosmischen violetten Diamantflamme. Diese Flamme besitzt die Macht, niedere Energien in sehr hohe Frequenzen umzuwandeln.

Saint Germains Rolle im Intergalaktischen Konzil besteht darin, die Menschheit zu zivilisieren. Er bewahrt die göttlichen fünfdimensionalen Baupläne für die Gemeinschaften und goldenen Städte des kommenden goldenen Zeitalters. Er stellt die Lebensweise wieder her, derer sich die Menschen während des goldenen Zeitalters von Atlantis erfreuten, nur auf höherer Ebene.

Jesus

Jesus in seiner neuen neundimensionalen Rolle als Bringer der kosmischen Liebe verbreitet das Christuslicht der dreiunddreißig Schwingungen auf dem ganzen Planeten. (Dreiunddreißig ist die Zahl, die auf der Frequenz des Christusbewusstseins schwingt.) Seine Chakras sind mit dem kosmischen Herzen verbunden und er beaufsichtigt die Herzaktivierung der ganzen Welt.

Seine Rolle im Intergalaktischen Konzil besteht darin, die Samen der reinen Liebe überall dort zu pflanzen, wo sie wachsen können. Er arbeitet mit Erzengel Christiel zusammen, der die Menschheit zu einer höheren Liebe erweckt.

Guanyin

Guanyin, auch als Göttin der Barmherzigkeit bekannt, hatte eine zweitausendjährige Inkarnation in China und gewaltigen Einfluss auf die Welt. Sie ist außerdem Herrin des Karmas für den sechsten Strahl des liebevollen, hingebungsvollen Dienens und arbeitet mit Erzengel Uriel zusammen.

Ihre Rolle im Intergalaktischen Konzil besteht darin, überall die göttlich weibliche Weisheit zu verbreiten, Frauen zu ermächtigen und es den Männern zu ermöglichen, mehr in Kontakt mit ihrer weiblichen Seite zu kommen. Sie hilft zudem, das Gleichgewicht der aufsteigenden Erde zu gewährleisten. Sobald dieses auf unserem Planeten einmal hergestellt ist, ändert sich ihre Rolle im Intergalaktischen Konzil und sie wird sich auf den Aufstieg eines anderen Planeten konzentrieren.

Kuthumi

Kuthumi ist gegenwärtig der Weltenlehrer und verantwortlich für alle Lehrinstitutionen der inneren Welten. Zudem beaufsichtigt er die Universität der Hohlerde für planetarische Führer und bereitet uns auf der Erde auf höhere Führungsqualitäten vor. Er arbeitet mit Erzengel Jophiel, dem Erzengel der Weisheit, zusammen und hilft uns, unsere Kinder mit anderen Augen zu betrachten, damit wir pädagogische Systeme zulassen können, welche die besonderen Wesen fördern, die nun unserer Obhut anvertraut worden sind.

El Morya

El Morya ist der Meister des ersten Strahls des göttlichen Willens und der Schöpfung. Seine Rolle im Intergalaktischen Konzil besteht darin, unseren göttlichen Willen zu stärken, damit wir das neue goldene Zeitalter aktiv erschaffen können. Gemeinsam mit Erzengel Michael bewahrt er den fünfdimensionalen Plan für jene Menschen, die sich in der zukünftigen Gesellschaft als Männer inkarnieren, damit diese die männliche Energie in perfekter Balance mit ihrer göttlich weiblichen Energie zum Ausdruck bringen können.

Gemeinsam mit Erzengelin Credo berührt El Morya zudem alle Frauen und hilft ihnen, ihre männlichen und weiblichen Energien ins Gleichgewicht zu bringen. Er bewahrt die kollektive Vision der fünfdimensionalen Machtverteilung, damit das männlich-weibliche Gleichgewicht perfekt ist.

Gegenwärtig hilft er dabei, die existierende Egostruktur abzubauen, von der die Erde seit dem Untergang von Atlantis umgeben ist.

Serapis Bey

Serapis Bey ist Meister des vierten Strahls der Harmonie und Balance und arbeitet eng mit Erzengel Gabriel zusammen. Er war ein großer Priester-Avatar in Atlantis und hütet für das Intergalaktische Konzil die weiße Aufstiegsflamme von Atlantis, die den Höhepunkt der Reinheit repräsentiert, die durch Harmonisierung mit dem Christusbewusstsein erlangt werden kann. Außerdem arbeitet er mit Maitreya zusammen, um die verschiedenen Bruderschaften in den Universen zu beaufsichtigen.

Überall auf dem Planeten befinden sich Pyramiden, die verschiedene Resonanzen der Aufstiegsflamme enthalten. Wenn wir eine bestimmte Frequenz erreicht haben, wird Serapis Bey sie alle zu einer herrlichen Aufstiegsflamme vereinigen. Diese wird dann die kristalline Matrix der aufgestiegenen Gaia bilden. Mit anderen Worten: Sie wird den neuen Energiekörper unseres Planeten aktivieren. Wenn die Menschen die oberen Ebenen der fünften Dimension erreicht haben, wird Serapis Bey eingreifen, um ihnen zu helfen, ihre Frequenz auf diesem hohen Niveau zu halten.

Paul der Venezianer

Paul der Venezianer ist der Meister des dritten Strahls der Kreativität und des künstlerischen Ausdrucks. Er arbeitet gemeinsam mit Erzengel Chamuel daran, Liebe in die Schöpfungen der Menschen einfließen zu lassen. Seine Energie strömt durch Schriftsteller, Künstler und schöpferische Geister aller Art, damit deren Werke das Aufstiegslicht durchscheinen lassen. Solche Werke, die in reiner Liebe entstanden sind, werden die Aufstiegsenergie so lange verbreiten, wie sie existieren und niemals ihre Resonanz verlieren.

Die Aufgabe von Paul dem Venezianer im Intergalaktischen Konzil besteht darin, uns zu helfen, die Bedeutung der Kreativität zu verstehen. Kreativität ist nämlich die Grundlage der Manifestierung in unserer neuen Welt.

Maria Magdalena

Meisterin Nada diente dem Intergalaktischen Konzil jahrhundertelang und konzentrierte sich dabei sehr stark auf die Erde. Nun verbreitet sie die kosmische Liebe im Universum. Maria Magdalena wurde befördert und hat mit Unterstützung von Portia, der Göttin der Gerechtigkeit, Nadas Platz eingenommen.

Maria Magdalena arbeitet mit Erzengel Uriel daran, Spiritualität in jene Religionen zu bringen, deren Bewusstsein sich erhöhen muss, um die fünfdimensionale Frequenz zu erreichen. Ihre Aufgabe im Intergalaktischen Konzil besteht darin, die Vision der vereinigten Liebe aufrechtzuerhalten.

Maitreya

Maitreya ist der Meister der Großen Weißen Bruderschaft. Die Maitreya-Energie stellt den Plan des Friedens auf Erden dar. Seine Aufgabe im Intergalaktischen Konzil ist es, die Vision des Friedens aufrechtzuerhalten. Er arbeitet mit den Einhörnern und Erzengel Christiel zusammen, um diesen Frieden auf unserem Planeten zu einer Realität werden zu lassen.

Eine Visualisierungsübung, um sich mit dem Intergalaktischen Konzil zu verbinden

———————•◆•———————

Wenn Sie das Intergalaktische Konzil aufsuchen möchten, können Sie Erzengel Butyalil bitten, Sie zu seinem Tempel in den inneren Welten zu bringen. Wenn Sie sich zu einem der Mitglieder des Konzils besonders hingezogen fühlen, können Sie auch zu diesem persönlich Kontakt aufnehmen.

Um sich auf diesen Kontakt vorzubereiten, sprechen Sie während des Tages die Namen der Meister des Intergalaktischen Konzils aus. Erforschen Sie, wer sie sind, und spüren Sie ihre individuelle Resonanz.

1. Bereiten Sie einen Platz vor, an dem Sie sich entspannen können und nicht gestört werden. Zünden Sie eine Kerze an, wenn es Ihnen möglich ist.
2. Sitzen Sie still da und atmen Sie ruhig mit der Absicht, das Intergalaktische Konzil aufzusuchen.
3. Erden Sie sich, indem Sie sich vorstellen, dass Wurzeln aus Ihren Füßen bis tief hinein in die Erde reichen.
4. Bitten Sie Erzengel Michael, Sie in seinen dunkelblauen Schutzmantel zu hüllen.
5. Bitten Sie Erzengel Butyalil, zu Ihnen zu kommen und Sie in sein reines weißes Licht zu hüllen. Atmen Sie diese hochfrequente Energie ein.
6. Erzengel Butyalil nimmt Sie nun mit zum Intergalaktischen Konzil. Augenblicklich sind Sie umgeben von zwölf unbeschreiblichen erleuchteten Wesen in einem blendend klaren Licht.

   Seien Sie sich bewusst, dass ihr Licht Sie für die höheren Frequenzen öffnet.
7. Einer der Meister tritt vor. Sie erkennen ihn.

8. Er legt eine Hand auf Ihr Kronenchakra und die andere auf Ihr Herz. Ihre Chakras vereinigen sich zu einer Lichtsäule.

9. In jedem Ihrer zwölf Chakras befindet sich eine Facette jedes Meisters des Konzils. Sie werden diese Energie während Ihrer Aufstiegsmission in sich tragen.

10. Sie haben nun die Erlaubnis, das Intergalaktische Konzil jederzeit aufzusuchen, wenn Sie dem Planeten helfen möchten. Sie sind einer seiner Repräsentanten auf Erden und können diese Macht nutzen, um dem Universum zu helfen.

11. Öffnen Sie die Augen, atmen Sie tief durch und verbreiten Sie Ihr wunderschönes Licht.

Es kann sogar sein, dass Sie bereits vor dieser Visualisierungsübung ein Repräsentant des Intergalaktischen Konzils auf der Erde gewesen sind. Vielleicht wissen Sie darum oder Sie leisten heldenhafte Arbeit während des Schlafes, ohne sich dessen auch nur im Geringsten bewusst zu sein.

Bitten Sie das Intergalaktische Konzil, der Welt zu helfen

Da wir einen freien Willen besitzen, kann das Intergalaktische Konzil nicht direkt auf unser Bewusstsein einwirken. Aber es kann die Energie um uns herum verändern. Das ähnelt dem Auswechseln des Bodens, in dem eine Pflanze wächst, damit sie besser gedeihen kann. Sie können das Konzil bitten, die Energie zu verändern, um so all jenen zu helfen, die in dieser Zeit auf der Erde leben.

Hier sind einige Beispiele, um was Sie bitten können. Je mehr Menschen an dieser Petition teilnehmen und ihr ihre eigene Energie hinzufügen, desto schneller wird sich der ganze Planet entwickeln.

Bedingungslose Liebe

Bedingungslose Liebe, welche die Schwingung der Dreiunddreißig des Christusbewusstseins aufweist, wird letzten Endes in Übereinstimmung mit der höheren kristallinen Matrix, der neuen hochfrequenten Struktur des Planeten, vollständig hergestellt sein. Wenn wir diesen Prozess beschleunigen, wird die ganze Welt glücklich sein und bald herzliche Liebe und Akzeptanz ausstrahlen. Wir können das Intergalaktische Konzil darum bitten, uns zu helfen, zu Gefäßen des Christusbewusstseins zu werden. So können wir diese Liebe schneller in die kristalline Matrix einspeisen. Jeder Mensch, der dies tut, übernimmt Verantwortung für seinen

Teil bei der Transformation der Erde in einen Planeten der Liebe. Das ist das neue Agape-Paradigma (Agape ist die reine, bedingungslose Liebe).

Weltweiter Friede

Weltweiter Friede wird verwirklicht sein, wenn das göttlich Weibliche auf dem Planeten ein vollkommenes Gleichgewicht erreicht hat. Wir können das Intergalaktische Konzil bitten, die göttlich weiblichen Energien überall auf der Welt zu verstärken. Bei Vollmond können wir diese Energie noch besser anziehen. Es ist wichtig, gleichzeitig Erzengel Sandalphon anzurufen und ihn zu bitten, die Macht der Turmaline und Hämatite in der Erde zu stärken, damit alle Menschen geerdet bleiben.

Es gibt noch andere Faktoren, die wichtig sind, um den Friedensprozess zu beschleunigen:

- Wir können das Intergalaktische Konzil um Ausschüttung von riesigen Energiemengen bitten, um den Planeten mit der kosmischen violetten Diamantflamme zu sättigen und die Macht der sieben kosmischen Pyramiden zu stärken, die ursprünglich die Kuppel über Atlantis bildeten und nun überall auf der Erde verteilt sind.

- Wir können Guanyin, Meisterin Nada, Maria Magdalena und Portia anrufen und sie bitten, einen Diamanten im Energiefeld jeder Frau auf Erden zu platzieren, sodass sich alle Frauen von Herz zu Herz zu einer unverbrüchlichen Schwesternschaft zusammenschließen können, um sich gegenseitig zu unterstützen und zu ermächtigen. Das wird es den Frauen ermöglichen, ihre rechtmäßige Rolle einzunehmen und das göttlich Männliche und das göttlich Weibliche auf dem Planeten ins Gleichgewicht zu bringen.

- Wir können außerdem darum bitten, dass mehr Feuerdrachen auf die Erde kommen, um die niederen Energien zu verbrennen, und dass die Menschen inspiriert werden, die Drachen in jene Gebiete zu schicken, in denen sie gebraucht werden.

Kinder und Erziehung

Die Kristallpyramiden, die einst die Kuppel über dem goldenen Atlantis bildeten, sind nun um das ganze Universum herum positioniert worden. Einige von ihnen befinden sich in strategisch wichtigen Positionen über den heiligen Stätten der Erde – wie Sedona, Mount Shasta, Uluru und Tibet –, um die Schwingungsfrequenz dort hoch zu halten.

Viele Menschen haben erkannt, dass es an der Zeit ist, ihre Kinder als Individuen zu behandeln und sie auf eine Weise großzuziehen und zu erziehen, dass ihre physischen, emotionalen, mentalen und spirituellen Bedürfnisse erfüllt und unterstützt werden. Die Zeit ist gekommen, sich zu verpflichten, Generationen glücklicher, erleuchteter, friedvoller Kinder aufzuziehen, die in der Lage sind, ihr Potenzial auf bestmögliche Weise zu entwickeln.

Wir können darum bitten, dass uns eine Kristallpyramide geschickt wird, die das Wissen dazu und die entsprechende Weisheit enthält. Wir können darum bitten, dass sie über der Erde positioniert wird, sodass ihr Licht alle Menschen in immer stärker werdenden Wellen überflutet. Gleichzeitig können wir darum bitten, dass Erzengel Sandalphon der Menschheit Erdungsenergie schicken möge, damit wir die neue Lebensweise aktivieren können.

Tiere

Wir können uns für das gewaltige Portal für Tiere bedanken, das sich 2012 in Yellowstone öffnete, und das Intergalaktische Konzil bitten, auf allen Kontinenten Portale für Tiere zu platzieren, welche die gelbe Energie von Erzengel Fhelyai, dem Engel der Tiere, ausstrahlen, um das Bewusstsein der Menschheit gegenüber Tieren zu erhöhen und den Tieren zu helfen, ein stärkeres Selbstwertgefühl und Selbstvertrauen zu entwickeln.

Neue spirituelle Technologien

Wir können darum bitten, dass Samen einer neuen spirituellen Technologie, die den Planeten auf fünfdimensionale Weise mit Energie versorgen soll, in die Köpfe jener Menschen gesät werden, die bereit für diese Arbeit sind. Samen benötigen perfekten Boden und ausreichend Nährstoffe, um zu wachsen. Daher können wir darum bitten, dass um jeden Gedankensamen die Energien platziert werden, die es ihm ermöglichen, sich zu vermehren und zu gedeihen.

Es gibt viele andere angemessene Bitten, die Sie an das Intergalaktische Konzil richten können, aber wir haben die genannten bereits mit den Mitgliedern des Konzils abgesprochen. Wenn eine ausreichende Anzahl Menschen diese Bitten stellt, wird das Konzil diese und andere Wünsche auf eine Weise erfüllen, die im höchsten Interesse aller Wesen liegt.

Eine Visualisierungsübung, um eine Petition an das Intergalaktische Konzil zu richten

———•———

1. Bereiten Sie einen Platz vor, an dem Sie sich entspannen können und nicht gestört werden. Zünden Sie eine Kerze an, wenn es Ihnen möglich ist.

2. Setzen Sie sich still hin und atmen Sie ruhig ein und aus. Stellen Sie sich vor, Sie würden das Intergalaktische Konzil aufsuchen, um es zu bitten, den Aufstieg des Planeten zu beschleunigen.

3. Erden Sie sich, indem Sie sich vorstellen, dass Wurzeln aus Ihren Füßen bis tief hinein in die Erde dringen.

4. Bitten Sie Erzengel Michael, Ihnen seinen dunkelblauen Schutzmantel umzulegen.

5. Seien Sie sich bewusst, dass Erzengel Butyalil als reines weißes Licht vor Ihnen steht, oder schauen Sie sich in Ihrer Vorstellung einen seiner Orbs an. Treten Sie in seine Energie ein und atmen Sie diese ein. Ihre latent vorhandene Fähigkeit, sich intergalaktisch zu verbinden, wird dadurch aktiviert.

6. Eingehüllt in Erzengel Butyalils reines weißes Licht steigen Sie durch die Dimensionen auf, bis Sie das ätherische Schloss des Intergalaktischen Konzils, sein Refugium, vor sich sehen.

7. Rufen Sie die zwölf erleuchteten Meister entweder in Gedanken oder laut an. Spüren Sie, wie sie auf Sie zukommen und grüßen Sie jeden Einzelnen von ihnen. Sie bilden einen hochfrequenten Kreis, von dem Sie nun ein Teil sind.

8. Bringen Sie Ihre Petition entweder in Gedanken oder mit Worten vor und warten Sie dann schweigend ab, während die Mitglieder über Ihr Ansinnen beratschlagen.

9. Einer von ihnen spricht nun zu Ihnen. Normalerweise ist Jesus der Sprecher. Er ist über alle Maßen weise und gütig und

liebt uns bedingungslos. Er versteht die Menschheit sehr gut und die Erde hat für ihn höchste Priorität. Er wird Sie wissen lassen, ob Ihre Bitte für den Planeten im Rahmen der göttlichen Ordnung gewährt wurde, das heißt, ob Ihre Bitte auf eine Weise erfüllt wird, dass sie sich im Fluss mit der Energie des Quells befindet.

10. Im Zentrum des Kreises erscheint nun eine Lichtkugel. In ihr können Sie sehen, wie sich die Energie der Petition zu diesem Thema sammelt.

11. Jesus lässt Sie nun durch ein diamantenes Fenster schauen. Sie blicken auf die Erde herab und sehen, welche Auswirkungen es haben wird, wenn Ihre Bitte vollständig erfüllt worden ist.

12. Die Zwölf verbeugen sich vor Ihnen und bedanken sich dafür, dass Sie Ihr Licht eingesetzt haben, um dem Planeten zu helfen.

13. Danken Sie ihnen.

14. Treten Sie nun wieder in Erzengel Butyalils reines weißes Licht ein und kehren Sie an Ihren Ausgangspunkt zurück.

Schritt 10

Die kosmische violette Diamantflamme

Während des Niedergangs von Atlantis gab es eine machtvolle violette Flamme, welche die große Macht besaß, niedere Energien in sehr hohe Schwingungen umzuwandeln. Doch sie wurde missbraucht, woraufhin das Intergalaktische Konzil sie zurückzog, damit sie nicht länger von den Massen genutzt werden konnte. Anlässlich der Harmonischen Konvergenz 1987 richteten Erzengel Zadkiel und Saint Germain eine Petition an den Quell und baten um die Rückgabe der Flamme. Dann gaben sie diese wieder der ganzen Menschheit zurück. Ein paar Jahre später wurde sie zur silber-violetten Flamme, da ihr das silberne Licht der Gnade und der göttlich weiblichen Energie hinzugefügt worden war. Etwas später verdienten wir uns das Recht, dass sich die goldene Flamme der Weisheit mit ihr vermischte, sodass sie nun zur golden- und silber-violetten Flamme wurde.

Gegenwärtig haben Erzengel Zadkiel und Saint Germain die golden- und silber-violette Flamme der Umwandlung noch einmal heraufgestuft. Wenn wir sie nun als kosmische violette Diamantflamme einsetzen, klärt sie das Alte vollständig und verwandelt es in das reine, strahlende Licht des Quells.

Engel sagen uns häufig, wir sollten unser Augenmerk darauf richten, wie weit wir schon gekommen sind, und uns darüber freuen, wie viel wir erreicht haben, statt immer nach vorn zu schauen und uns zu fragen, was wohl noch alles vor uns liegt und was wir noch erreichen müssen. Die kosmische violette Diamantflamme der Umwandlung soll uns daran erinnern, wie viel wir auf unserer ruhmreichen Reise zum Aufstieg bereits erreicht haben.

ICH BIN

ICH-BIN-Gebete sind eine sehr hohe Form der Affirmation oder Anrufung. Damit bitten wir unsere Monade oder ICH-BIN-Gegenwart, mit dem Wesen oder der Energie zu verschmelzen, die wir anrufen. Die folgenden Anrufungen wurden Diana von Erzengel Zadkiel geschenkt, als sie vor vielen Jahren am Strand spazieren ging. Sie wurden von Rosemary Stephenson auf wundervolle Weise vertont.

>>ICH BIN die Gold und Silber violette Flamme.
ICH BIN die Flamme der Barmherzigkeit.
ICH BIN die Flamme der Freude.
ICH BIN die Flamme der Umwandlung.
ICH BIN Saint Germain.
ICH BIN Erzengel Zadkiel.<<

Seither hat sich die Frequenz auf dem Planeten erheblich erhöht. Die gold- und silber-violette Flamme hat sich weiterentwickelt und die Erzengel Gabriel und Zadkiel haben ihre Energien vereint, um die kosmische violette Diamantflamme zu erschaffen. Gnade und Harmonie der silbernen Flamme sind in ihr immer noch ebenso enthalten wie die Weisheit, Liebe und Heilkraft des goldenen Strahls, aber die erhöhten Frequenzen haben das bisherige Licht transzendiert.

Heute kann Erzengel Gabriels großer kosmischer Diamant, der von Erzengel Zadkiels violettem Licht erleuchtet wird, über uns und über jedem Menschen oder Ort platziert werden. Er wird das Alte in das Herz des Quells bringen, wo es geklärt wird. Seine Energie wandelt nicht nur um, sondern trennt auch das Alte mit der schneidenden Kraft und Klarheit eines Diamanten ab und erhebt alles in die fünfte Dimension oder darüber hinaus.

Hier ist eine neue Affirmation, die zur Melodie der früheren, wenn Sie diese kennen, gesungen werden kann:

»ICH BIN die kosmische violette Diamantflamme.

ICH BIN die Flamme der Barmherzigkeit.

ICH BIN die Flamme der Freude.

ICH BIN die Flamme der Einheit.

ICH BIN Saint Germain.

ICH BIN Erzengel Zadkiel.«

Wie man die kosmische violette Diamantflamme einsetzt

Wir können die kosmische violette Diamantflamme auf vielerlei Weise einsetzen.

- Wir können sie anrufen und darum bitten, dass der Pfad vor uns gereinigt und geklärt werden möge. Aufgrund der Präzision ihres Lichtes kann sie die Frequenz potenzieller Probleme zerstören und die entsprechenden Bereiche anschließend anheben, sodass sich erst gar keine Schwierigkeiten manifestieren. Wenn wir die Feuerdrachen anrufen und sie bitten, uns mit Feuer den Weg zu bahnen, und wenn wir diesem Feuer die kosmische violette Diamantflamme folgen lassen, haben wir eine unglaublich effektive Armee des Lichts, die uns vorausmarschiert.

- Wir können diese Flamme über uns selbst visualisieren, um alle niederen Energien in oder um uns umzuwandeln. Diese Energien werden in einen strahlenden Diamanten verwandelt. Das wirkt sich auch auf physische Krankheiten und Blockaden aus.

- Wir können sie jenen Menschen schicken, die krank oder deprimiert sind. Aber wir sollten immer unsere Intuition nutzen, ob dies wirklich die richtige Energie für sie ist oder nicht. Sie ist unglaublich machtvoll und kann für manche Menschen einfach zu stark sein.

- Wenn es in einer Beziehung an Harmonie mangelt, kann die kosmische violette Diamantflamme die Negativität wie mit Klingen aus Eis durchschneiden. Der dadurch entstandene klare Raum gibt den »Kontrahenten« Gelegenheit, sich die Situation von einer höheren Warte aus anzuschauen.

- Es ist immer hilfreich, diese Flamme auszusenden, um die Energie des Krieges zu läutern. Wenn Sie das tun, achten Sie bitte darauf, dass die Flamme in den betroffenen Gebieten tief eindringt, um die Leylinien und den Boden zu erleuchten.

- Da sich die Schwingungsfrequenz der Menschheit und des Planeten erhöht, müssen wir die Kommunikationsnetzwerke heilen und klären. Eine sehr effektive Methode besteht darin, die kosmische violette Diamantflamme durch Telefonleitungen und das Internet zu schicken.

- Es gibt viele Seelen, die noch nicht ins Licht gegangen sind und die Astralebene regelrecht verstopfen. Wir können ihnen nicht nur helfen, indem wir Lichtsäulen erschaffen, durch die sie gehen können, oder indem wir die Engel bitten, sie ins Licht zu geleiten. Wir können ihnen auch sehr effektiv helfen, indem wir visualisieren, dass die kosmische violette Diamantflamme die Astralebene erfüllt, damit die feststeckenden Seelen das Licht zu suchen beginnen. Die Erzengel Gabriel und Zadkiel werden jene Verlorenen dann nach Hause geleiten.

Feuer und Eis

Symbol des neuen goldenen Zeitalters ist die heilige geometrische Form des Metatronwürfels oder seines sechszackigen Sterns. Wenn Sie dieses Symbol in Verbindung mit der kosmischen violetten Diamantflamme einsetzen, verfügen Sie über ein sehr machtvolles

Instrument des Aufstiegs. Sie kombinieren dann das Feuer Erzengel Metatrons mit dem Eis eines Diamanten.

Eine Visualisierungsübung zur Arbeit mit dem Metatronstern

1. Der Metatronstern hat sechs Zacken. Visualisieren Sie einen Mittelpunkt, von dem aus sechs Linien wie Speichen ausgehen: eine nach oben, eine nach unten und zwei zu jeder Seite.
2. Sehen Sie im Zentrum einen großen Diamanten, der in violettem Licht erstrahlt.
3. Rufen Sie ihn an, um die Schwingungsfrequenz unseres wunderschönen Planeten und all seiner Bewohner, seiner Wälder, Meere und inneren Welten anzuheben.

Eine Visualisierungsübung, um mit der kosmischen violetten Diamantflamme zu arbeiten

1. Bereiten Sie einen Platz vor, an dem Sie sich entspannen können und nicht gestört werden. Zünden Sie eine Kerze an, wenn es Ihnen möglich ist.
2. Sitzen Sie still da und atmen Sie gleichmäßig mit der Absicht, mit der kosmischen violetten Diamantflamme zu arbeiten.
3. Erden Sie sich, indem Sie sich vorstellen, dass Wurzeln aus Ihren Füßen bis tief hinein in die Erde dringen.
4. Bitten Sie Erzengel Michael, Sie in seinen dunkelblauen Schutzmantel zu hüllen.

5. Stellen Sie sich Ihr Herz als Mittelpunkt vor, von dem ein aus Metatrons Feuerlinien bestehender Stern ausgeht.

6. Rufen Sie die kosmische violette Diamantflamme an und sehen Sie, wie dieser riesige, violett schimmernde Diamant über Ihren Energiefeldern platziert wird. Ruhen Sie in dieser Energie, die Sie läutert.

7. Bitten Sie die kosmische violette Diamantflamme, den Weg vor Ihnen bei Tag und bei Nacht zu klären.

8. Wenn es stimmig zu sein scheint, stellen Sie sich die kosmische violette Diamantflamme über einer Person vor, die krank oder deprimiert ist. Spüren Sie, wie sich die Stimmung dieser Person aufhellt.

9. Platzieren Sie den sechszackigen Metatronstern und die kosmische violette Diamantflamme über Gebiete mit niederer Energie sowie auf der Astralebene.

10. Schicken Sie sie in die Leylinien, in die Kommunikationsnetzwerke, ins Internet und in die Telefonleitungen überall auf der Welt.

11. Stellen Sie sich eine riesige kosmische violette Diamantflamme über dem gesamten Planeten vor, die von Tausenden Engeln der Erzengel Gabriel und Zadkiel gehalten wird. Sie singen das hohe Lied der Läuterung ins Herz des Quells.

12. Bedanken Sie sich bei den Erzengeln und öffnen Sie die Augen.

Stimmen Sie sich auf die Weisheit der Sterne ein

Verschiedene Aspekte unserer Chakras schwingen mit unterschiedlichen Frequenzbereichen und verbinden uns mit einer Vielzahl von Dimensionen. Die Planeten, Sterne und Galaxien sind selbst Chakras des Kosmos. Wenn unsere zwölf fünfdimensionalen Chakras erwacht und voll funktionsfähig sind, können wir jedes von ihnen mit einem ihm entsprechenden Stern verbinden und beginnen, die Codes des Lichts, die dieser ausstrahlt, herunterzuladen. Tun wir dies, können wir zu einem intergalaktischen Meister werden. Während dieses Prozesses und danach werden wir von Serafina, einer der mächtigen Serafim, überwacht und beaufsichtigt.

Genau wie bei den Menschen sind auch bestimmte Aspekte der Planeten, Sterne und Galaxien vollständig aufgestiegen und strahlen eine besonders hochfrequente Energie aus. Sie bewahren den göttlichen Plan und die göttliche Vision für unser Universum. Andere sind nur teilweise aufgestiegen, was bedeutet, dass nur ihre aufgestiegenen Aspekte siebendimensionales Licht ausstrahlen.

Es ist wichtig zu lernen, wie wir unsere Chakras mit den Sternen verbinden können, weil in den kommenden Jahren immer mehr Lichtarbeiter auf der intergalaktischen Ebene arbeiten werden. Die Verbindung zu den Sternen ist unverzichtbar, wenn wir zu einem aufgestiegenen Meister werden wollen.

Hat sich erst einmal eine ausreichende Anzahl Menschen mit dem Herzen der Sterne verbunden, wird dies dazu führen, dass sich ein hochfrequentes Portal in Nordchina öffnet. Sobald es einmal offen ist, wird es die reine weiße Liebe des Quells ausstrahlen, um allen Bewohnern des Planeten zu helfen und Gaia bei ihrem Übergang ins goldene Zeitalter zu unterstützen.

Wenn Sie Ihre Chakras mit den Sternen verbinden, werden Sie nicht nur zu einem gewaltigen galaktischen Meister – Ihre Aura dehnt sich aus, bis sie das ganze Universum umfasst. Um diese Verbindung zu aktivieren, müssen Ihre zwölf Chakras offen sein und in hellem Licht erstrahlen. Der Prozess verläuft folgendermaßen:

Die Chakras mit den Sternen verbinden

1. Bereiten Sie einen Platz vor, an dem Sie sich entspannen können und nicht gestört werden. Zünden Sie eine Kerze an, wenn es Ihnen möglich ist.
2. Sitzen Sie still da und atmen Sie ruhig ein und aus. Nehmen Sie sich vor, Ihre Chakras mit dem Herzen der Sterne zu verbinden.
3. Erden Sie sich, indem Sie sich vorstellen, dass aus Ihren Füßen Wurzeln bis tief hinein in die Erde dringen.
4. Bitten Sie Erzengel Michael, Ihnen seinen dunkelblauen Schutzmantel umzulegen.

Der Erdstern

1. Konzentrieren Sie sich auf Ihr Erdsternchakra unter den Fußsohlen.
2. Rufen Sie Erzengel Sandalphon an und bitten Sie ihn, dieses Chakra zu öffnen und die schwarzweiße Kugel zu erleuchten, die Ihr Fundament ist und Ihr göttliches Potenzial in sich trägt.

3. Schicken Sie Licht von dort zum planetarischen Erdsternchakra in London und visualisieren Sie dort die brennende weiße Aufstiegsflamme.
4. Stellen Sie sich eine Verbindung von Ihrem Erdsternchakra
   zum Planeten Neptun vor.
5. Spüren Sie, wie die Lichtcodes, welche die Weisheit von Atlantis und Lemuria enthalten, vom Neptun aus in Ihr Erdsternchakra fließen.
6. Heben Sie die Schwingungsfrequenz an und verbinden Sie
   sich mit Toutillay, dem aufgestiegenen Aspekt Neptuns.
7. Spüren Sie, wie Sie die höhere Schwingung dieses Namens
   durchströmt, während sie dreimal Toutillay sagen. »Toutillay.
   Toutillay. Toutillay.«
8. Beginnen Sie damit, das kosmische Licht für dieses Universum herabzuziehen.
9. Spüren Sie, wie es Ihr Erdsternchakra erleuchtet.

Das Basischakra

1. Konzentrieren Sie sich auf Ihr Basischakra, rufen Sie Erzengel Gabriel an und bitten Sie ihn, es zu öffnen und zu erleuchten, sodass es sich in eine wunderschöne schimmernde Platinkugel verwandelt.
2. Senden Sie Licht von dort aus zum planetarischen Basischakra in Nordchina und visualisieren Sie dort eine brennende
   Aufstiegsflamme.
3. Stellen Sie sich nun eine Verbindung von Ihrem Basischakra
   zum Saturn vor.
4. Heben Sie die Schwingungsfrequenz an und verbinden Sie
   sich mit Quishy, dem aufgestiegenen Aspekt des Saturns.
5. Spüren Sie, wie die höhere Schwingung von Quishy Sie
   durchströmt, während Sie den Namen dreimal aussprechen.
   »Quishy. Quishy. Quishy.«

6. Quishy strahlt die Energie der spirituellen Disziplin aus, die Ihnen dabei hilft, Ihr göttliches Potenzial zu verwirklichen. Diese Energie ermöglicht Ihnen zudem, sich Ihres irdischen Daseins zu erfreuen, indem Sie sie mit Ihrer ursprünglichen göttlichen Essenz verbinden. Entspannen Sie sich und absorbieren Sie dieses Licht.

Das Sakralchakra

1. Konzentrieren Sie sich auf Ihr Sakralchakra, rufen Sie Erzengel Gabriel an und bitten Sie ihn, es zu öffnen und zu erleuchten, sodass es sich in eine wunderbar leuchtende, rosafarbene Kugel verwandelt.
2. Schicken Sie Licht von dort aus zum planetarischen Sakralchakra in Honolulu und visualisieren Sie dort eine brennende Aufstiegsflamme.
3. Stellen Sie sich nun vor, dass zwischen Ihrem Sakralchakra und Sirius eine Verbindung besteht.
4. Erhöhen Sie die Schwingungsfrequenz und verbinden Sie sich mit Lakumay, dem aufgestiegenen Aspekt des Sirius.
5. Spüren Sie, wie die höheren Schwingungen von Lakumay Sie durchströmen, während Sie dreimal den Namen sagen. »Lakumay. Lakumay. Lakumay.«
6. Lakumay schickt reine transzendente Liebe in Ihr Sakralchakra. Entspannen Sie sich und nehmen Sie es auf.

Das Nabelchakra

1. Konzentrieren Sie sich jetzt auf Ihr Nabelchakra, rufen Sie Erzengel Gabriel an und bitten Sie ihn, es zu öffnen und zu erleuchten, damit es sich in eine herrlich glühende orangefarbene Kugel verwandelt.

2. Schicken Sie Licht von dort aus zum planetarischen Nabelchakra auf den Fidschi-Inseln im Pazifik und stellen Sie sich vor, dass dort eine Aufstiegsflamme brennt.

3. Stellen Sie sich nun vor, dass Ihr Nabelchakra mit der Sonne verbunden ist, die bereits vollständig aufgestiegen ist.

4. Spüren Sie die höhere Schwingung der Sonne durch Sie hindurchfließen, während Sie dreimal sagen: »Sonne. Sonne. Sonne.«

5. Spüren Sie, wie das gold-orangefarbene Licht Ihr Nabelchakra erweckt, sodass Sie in die Welt hinausgehen und den Menschen ein Wohlgefühl geben können.

6. Diese Energie wird Sie für die Gegenwart von Wesen anderer Planeten öffnen und es Ihnen ermöglichen, deren Weisheit zu akzeptieren.

Entspannen Sie sich und spüren Sie, wie die Energie Ihr Nabelchakra erleuchtet.

Das Solarplexuschakra

1. Konzentrieren Sie sich auf Ihr Solarplexuschakra, rufen Sie Erzengel Uriel an und bitten Sie ihn, es zu öffnen und zu erleuchten. Daraufhin verwandelt es sich in eine herrlich anzusehende Kugel aus sattem Gold.

2. Schicken Sie Licht von dort in das planetarische Solarplexuschakra in Südafrika und stellen Sie sich vor, dass dort eine Aufstiegsflamme brennt.

3. Stellen Sie sich nun vor, dass Ihr Solarplexuschakra mit dem Zentrum der Erde verbunden ist.

4. Erhöhen Sie die Frequenz und verbinden Sie es mit Pilchay, dem aufgestiegenen Aspekt der Erde.

5. Spüren Sie die höhere Schwingung Pilchays durch Sie hindurchströmen, während Sie dreimal den Namen aussprechen. »Pilchay. Pilchay. Pilchay.«

6. Spüren Sie, wie das goldene Licht Ihr Solarplexuschakra erweckt, sodass Sie Zugang zur kosmischen Weisheit bekommen, die nur darauf wartet, in Sie einströmen zu dürfen. Entspannen Sie sich und fühlen Sie, wie das Licht Ihr Solarplexuschakra erleuchtet.

Das Herzchakra

1. Konzentrieren Sie sich auf Ihr Herzchakra, rufen Sie Erzengel Chamuel an und bitten Sie ihn, es zu öffnen und zu erleuchten, bis es zu einem strahlend weißen Licht geworden ist, dem ein Hauch blassrosafarbenen Lichts beigegeben ist.
2. Senden Sie Licht von dort zum planetarischen Herzchakra im englischen Glastonbury und visualisieren Sie, dass dort eine Aufstiegsflamme brennt.
3. Stellen Sie sich nun vor, dass Ihr Herzchakra mit der Venus, dem kosmischen Herzchakra, verbunden ist. Die Venus ist bereits aufgestiegen und bringt uns Liebe direkt von Gott.
4. Spüren Sie, wie Sie die Schwingung der Venus durchströmt, während Sie dreimal den Namen sagen. »Venus. Venus. Venus.«
5. Spüren Sie, wie reines weißes Licht in Ihr Herzchakra strömt.
6. Entspannen Sie sich in der Gewissheit, dass Sie offen für die Liebe Gottes sind.

Das Halschakra

1. Konzentrieren Sie sich auf Ihr Halschakra, rufen Sie Erzengel Michael an und bitten Sie ihn, es zu öffnen und es zu erleuchten, bis es zu einer majestätisch anzusehenden, königsblauen Kugel geworden ist.

2. Senden Sie Licht von dort zum planetarischen Halschakra im ägyptischen Luxor und visualisieren Sie dort eine brennende Aufstiegsflamme.

3. Stellen Sie sich nun vor, dass Ihr Halschakra mit dem Merkur verbunden ist.

4. Erhöhen Sie das Energieniveau und verbinden Sie das Halschakra mit Telephony, dem aufgestiegenen Aspekt des Merkurs.

5. Spüren Sie die höhere Schwingung von Telephony durch Sie hindurchströmen, während Sie dreimal den Namen aussprechen. »Telephony. Telephony. Telephony.«

6. Spüren Sie, wie das prachtvolle blaue Licht Ihr Halschakra erweckt.

7. Ziehen Sie sich Ihre Gabe der telepathischen Kommunikation mit den Meistern und Engeln des goldenen Strahls herab.

8. Ziehen Sie die Energie zu sich, um mit Menschen, aber ebenso mit Tieren, Bäumen und allen anderen Lebensformen kommunizieren zu können.

9. Entspannen Sie sich und gestatten Sie den Eigenschaften des goldenen Zeitalters von Atlantis – wie Levitation, Teleportation, Telekinese und telepathische Heilung –, zu Ihnen zurückzukehren.

Das Dritte-Auge-Chakra

1. Konzentrieren Sie sich auf Ihr Drittes-Auge-Chakra, rufen Sie Erzengel Raphael an und bitten Sie ihn, es zu öffnen und es zu erleuchten, bis es zu einer vollkommen klaren Kristallkugel geworden ist.

2. Schicken Sie Licht von dort in das planetarische Dritte-Auge-Chakra in Afghanistan und visualisieren Sie dort eine brennende Aufstiegsflamme.

3. Stellen Sie sich nun vor, dass Ihr Drittes-Auge-Chakra mit Jupiter verbunden ist.

4. Erhöhen Sie das Energieniveau und verbinden Sie Ihr Drittes-Auge-Chakra mit Jumbay, dem aufgestiegenen Aspekt des Jupiters. Der Name *Jumbay* bedeutet so viel wie »Riesenhaftigkeit« oder »erweiterte Sicht, die Alles-Was-Ist umfasst«.

5. Spüren Sie die höhere Schwingung von Jumbay durch Sie hindurchströmen, während Sie dreimal den Namen sagen. »Jumbay. Jumbay. Jumbay.«

6. Spüren Sie, wie Sie das kristallklare Licht mit kosmischem Überfluss überflutet, sodass Ihr physisches, mentales, emotionales und spirituelles Leben bereichert wird.

7. Das Licht bringt Ihnen auch die Codes und Symbole, dank derer Sie sich der gewaltigen Weisheit, Freude und Ausdehnung öffnen können, die es Ihnen ermöglichen wird, sich mit der Weisheit des goldenen Atlantis zu verbinden. Entspannen Sie sich und absorbieren Sie dieses Licht.

Das Kronenchakra

1. Konzentrieren Sie sich auf Ihr Kronenchakra, rufen Sie Erzengel Jophiel an und bitten Sie ihn, es zu öffnen und die tausend Kristalle oder Blütenblätter Ihrer Krone zu erleuchten.

2. Senden Sie von dort aus Licht in das planetarische Kronenchakra in Machu Picchu in Peru und visualisieren Sie, dass dort eine Aufstiegsflamme brennt.

3. Stellen Sie sich nun vor, dass Ihr Kronenchakra mit Uranus verbunden ist.

4. Erhöhen Sie das Energieniveau und verbinden Sie es mit Curonay, dem aufgestiegenen Aspekt des Uranus.

5. Spüren Sie, wie Sie von der höheren Schwingung von Curonay durchströmt werden, während Sie dreimal den Namen aussprechen. »Curonay. Curonay. Curonay.«

6. Spüren Sie, wie das kristallklare Licht die Kraft der göttlichen Transformation in Ihre Krone fließen lässt, sodass es Ihnen möglich wird, sich auf höherer Ebene zu öffnen und höhere Erleuchtung zu empfangen.

7. Entspannen Sie sich und nehmen Sie dieses Licht in sich auf.

Das Kausalchakra

1. Konzentrieren Sie sich auf Ihr Kausalchakra, rufen Sie Erzengel Christiel an und bitten Sie ihn, es zu öffnen und die prachtvolle, reine weiße Kugel des Friedens zu aktivieren.

2. Senden Sie von dort aus Licht in das planetarische Kausalchakra in Tibet und visualisieren Sie dort eine brennende Aufstiegsflamme.

3. Stellen Sie sich nun vor, dass Ihr Kausalchakra mit dem Mond verbunden ist, der bereits aufgestiegen ist.

4. Spüren Sie, wie die Schwingung des Mondes durch Sie hindurchströmt, während Sie dreimal den Namen sagen. »Mond. Mond. Mond.«

5. Spüren Sie, wie das schimmernde weiße Licht, das alle höheren göttlich weiblichen Eigenschaften in sich trägt – wie Mitgefühl, Liebe, Zusammengehörigkeit, Fürsorglichkeit, Empathie, Nähren, Zusammenarbeit – in Ihr Kausalchakra strömt. Es ermöglicht es Ihnen, sich in allen Situationen eine höhere, umfassendere Sichtweise anzueignen. Es ermächtigt Menschen dazu, in einem tieferen Sinne zusammenzuarbeiten.

6. Entspannen Sie sich und absorbieren Sie diese Energie.

Das Seelensternchakra

1. Konzentrieren Sie sich auf Ihr Seelensternchakra, rufen Sie Erzengel Mariel an und bitten Sie ihn, es zu öffnen und es zu erleuchten, bis es zu einer hochfrequenten Kugel magentafarbenen Lichts geworden ist.
2. Senden Sie Licht von dort in das planetarische Seelensternchakra im indischen Agra und visualisieren Sie, dass dort eine Aufstiegsflamme brennt.
3. Stellen Sie sich nun vor, dass Ihr Seelensternchakra mit dem Orion verbunden ist, der bereits aufgestiegen ist.
4. Spüren Sie, wie Sie die Schwingung des Orion durchströmt, während Sie dreimal den Namen sagen. »Orion. Orion. Orion.«
5. Spüren Sie, wie das magentafarbene Licht, das alle Schlüssel und Codes der kosmischen Weisheit enthält, in Ihr Seelensternchakra strömt.
6. Entspannen Sie sich und nehmen Sie diese Energie in sich auf.

Das Sternentorchakra

1. Konzentrieren Sie sich jetzt auf Ihr Sternentorchakra, jene riesige, goldorange glühende Lichtkugel über Ihrem Kopf, rufen Sie Erzengel Metatron an und bitten Sie ihn, es zu öffnen und es zu erleuchten.
2. Senden Sie Licht von dort zum planetarischen Sternentorchakra in der Arktis und stellen Sie sich vor, dass dort eine Aufstiegsflamme brennt.
3. Stellen Sie sich nun vor, dass Ihr Sternentorchakra mit dem Mars verbunden ist.
4. Erhöhen Sie das Energieniveau und verbinden Sie Ihr Sternentorchakra mit Nigellay, dem aufgestiegenen Aspekt des Mars.

5. Spüren Sie, wie die höhere Schwingung von Nigellay durch Sie hindurchströmt, während Sie dreimal den Namen aussprechen. »Nigellay. Nigellay. Nigellay.«

6. Spüren Sie, wie das goldorangene Licht, das von den göttlich männlichen Eigenschaften des friedvollen Kriegers erfüllt ist, in Sie einströmt. Es verstärkt in Ihnen Mut, konstruktives Handeln, Stärke voller Sanftmut, inspirierende Führerschaft und die Macht, die Schwachen zu beschützen.

7. Entspannen Sie sich und absorbieren Sie dieses Licht.

Werden Sie ein Botschafter der Erde

Wenn Sie intergalaktisch wirken und ein Botschafter der Erde werden möchten, ist diese Übung für Sie gedacht:

1. Bereiten Sie einen Raum vor, in dem Sie sich entspannen können und nicht gestört werden. Entzünden Sie eine Kerze.

2. Sitzen Sie still da und atmen Sie gleichmäßig mit der Absicht, ein Botschafter der Erde zu werden.

3. Erden Sie sich, indem Sie sich vorstellen, dass aus Ihren Füßen Wurzeln bis tief in die Erde dringen.

4. Bitten Sie Erzengel Michael, Ihnen seinen dunkelblauen Schutzmantel umzulegen.

5. Spüren Sie, wie sich Ihre prachtvoll schimmernde Aura bis zu den Sternen erstreckt.

6. Verbinden Sie sich mit dem Regenbogenlicht Serafinas, der mächtigen Serafim, und spüren Sie, dass ihr Licht sich mit dem Ihren verbindet.

7. Stellen Sie eine Verbindung zur Hohlerde her, indem Sie Ihre goldenen Wurzeln bis in das diamantene Zentrum des Planeten wachsen lassen.

8. Stellen Sie sich vor, dass Sie groß, geerdet, stark und sich Ihrer Macht als universelles Wesen bewusst sind.

9. Fragen Sie Serafina, ob Sie während des Schlafes als Botschafter der Erde dienen dürfen. Sagen Sie in Gedanken oder laut:

»*Geliebte Serafim Serafina, ich bitte dich von ganzem Herzen und ganzer Seele darum, dir und dem Universum dienen zu dürfen, indem ich ein Botschafter der Erde werde.*«

10. Ihr Wunsch wurde gehört und die geistige Hierarchie schüttet ihren Segen über Ihnen aus. Entspannen Sie sich und empfangen Sie ihn.

Schritt 12

Bauen Sie Ihren kristallinen Lichtkörper auf

Während sehr langer Zeit haben wir in kohlenstoffbasierten Körpern gelebt, die auf einer niedrigeren Schwingungsfrequenz operieren. Der Grund war, dass wir die dritte Dimension mit ihrer Polarität von Dunkelheit und Licht gründlich verstehen lernen und die niederen Sinne erfahren sollten.

Die meisten Menschen, die sich auf dem Weg des Aufstiegs befinden, leben gegenwärtig in der vierten Dimension, also auf einer Ebene, auf der sich ihr Herzchakra öffnet und sie vollständig akzeptieren lernen, dass sie sich auf einer ewigen Reise der Seele befinden. Ihre Zellen können bis zu neunundsiebzig Prozent Licht halten.

Während des Kosmischen Moments am 21. Dezember 2012 wurde im Äther der neue kristalline Lichtkörper für all jene Menschen aktiviert, die diese Menge an Licht halten können. Dieser Lichtkörper ist eine komplexe, sechszackige Kristallmerkaba, die aussieht wie zwei sich überlappende Pyramiden, sodass ein dreidimensionaler sechszackiger Stern entsteht, der unsere Energiefelder auf einer höheren Frequenz hält.

Dieser kristalline Lichtkörper ist der Plan des Menschen, zu dem wir im neuen goldenen Zeitalter werden sollen. Er wird für all jene Menschen Realität werden, die fünfdimensional sind oder sich auf den oberen Stufen der vierten Dimension befinden und deren Seelen möchten, dass sie Teil des neuen goldenen Zeitalters sind.

Der Zweck dieses kristallinen Lichtkörpers besteht darin, dass er mehr Licht halten kann als ein auf Kohlenstoffbasis aufgebauter

Körper. Das Licht enthält die Liebe, das Wissen und die Weisheit des Universums.

Um unseren kristallinen Lichtkörper aufbauen zu können, müssen wir in der Lage sein, mehr Licht aufzunehmen. Dies kann auf die folgende Weise geschehen:

- Essen Sie leicht verdauliche, frische, biologisch angebaute Nahrung.
- Trinken Sie reines Wasser.
- Segnen Sie alles, was in Ihren Körper eingeht.
- Bewegen Sie sich regelmäßig, aber in Maßen.
- Tun Sie, was Ihnen Freude bereitet.
- Halten Sie Ihr Heim materiell und energetisch sauber und sorgen Sie dafür, dass die Stimmung darin leicht und froh ist.
- Atmen Sie tief und nehmen Sie sich die Zeit, um zu meditieren und sich mit Ihrem Höheren Selbst zu verbinden.
- Praktizieren Sie die in diesem Buch enthaltenen Aufstiegsübungen.

Gegenwärtig können viele von uns in ihren Zellen mehr als achtzig Prozent Licht halten und dennoch einen physischen Körper haben. Aber unser Planet ist aufgestiegen und seine Harmonik verändert sich rapide. Im Verlauf der nächsten zwanzig Jahre, in denen die kristalline Matrix innerhalb der Erde verwirklicht sein wird, werden wir die physischen Veränderungen in unseren Körpern wahrnehmen, die uns auf die planetarischen Energien einstimmen.

Wenn sich der kristalline Lichtkörper im Prozess der Aktivierung befindet, wie das bei so vielen Menschen gegenwärtig der Fall ist, wird der physische Körper nicht mehr so viel Nahrung wie bisher brauchen. Licht, zum Beispiel in der Form von Sonnenstrahlen, wird als Nahrungsquelle vom Körper verwertet werden. Wir werden außerdem in der Lage sein, uns auf das Licht der Großen Zentralsonne einzustimmen und es zu absorbieren.

Wenn wir weiter in diese höheren Energien eintauchen, wird sich unser physischer Körper diesen größeren Möglichkeiten anpassen. Wir werden zum Beispiel unsere Körperform verändern. Wir werden längere Köpfe entwickeln, wie jene, die wir in Atlantis und Ägypten hatten, um Platz für das vergrößerte Gehirn und die Energie des Kausalchakras zu schaffen. Wir werden größer, dünner und androgyner werden.

Wenn wir dann im Äther arbeiten, werden wir auf einer siebendimensionalen Frequenz operieren. Unser kristalliner Lichtkörper wird aktiviert werden und vollständig von unseren zwölf fünfdimensionalen Chakras gelenkt. Dann werden wir als wandelnde Meister Zugang zu allem Licht haben, das wir benötigen, um uns selbst bei bester Gesundheit und in perfektem Zustand zu halten.

In den kommenden Jahren werden wir die Wahl haben, ob wir einen physischen Körper behalten möchten oder nicht, wenn wir auf der Erde leben und lernen.

Der kristalline Lichtkörper und der Aufstiegsprozess

Ein Verständnis des kristallinen Lichtkörpers ist ein wichtiger Teil des Aufstiegsprozesses. Es hilft uns nämlich, uns auf die Handlungen zu konzentrieren, die wir brauchen, um aufzusteigen. Und Energie fließt immer dorthin, wohin wir unsere Aufmerksamkeit richten.

Um uns die Kräfte, die dieser neue Lichtkörper besitzt, vollständig zu erschließen, müssen wir zuerst den Aufstiegsprozess durchmachen. Mit anderen Worten: Unsere Körperzellen müssen mindestens achtzig Prozent Licht halten können. In dem Augenblick, in dem das Licht in unseren Zellen dieses Niveau erreicht hat, sind wir aufgestiegen. Damit dies aber geschehen kann, müssen sich unsere zwölf Chakras schneller drehen, alle müssen perfekt aufeinander abgestimmt sein und sich in völliger Harmonie befinden.

Sobald der Aufstieg vollzogen ist, wird von uns erwartet, dass wir die volle Verantwortung für unsere Heilung und die Aufrecht-erhaltung unserer Gesundheit übernehmen. Unsere Auras werden viel größer sein und bei vielen eine Ausdehnung von bis zu zwei-unddreißig Kilometern erreichen. Gelegentlich wird eine Aura sogar die ganze Welt umhüllen.

Wenn sich unsere Energiefelder dermaßen erweitern, müssen wir sehr wachsam sein und darauf achten, dass sie klar, rein und geschützt sind. Dann teilen wir den energetischen Raum mit an-deren, die eine dichtere Schwingungsfrequenz aufweisen. Es wird uns überlassen sein, uns um unsere eigenen Energiesysteme zu kümmern.

Jeder aufsteigende Mensch wird auf der Zellebene einen Ton in den Menschen seiner Umgebung erzeugen, der den Aufbau des Lichtkörpers in den anderen aktiviert. Der Aufstiegsprozess wird also über die Ausstrahlung intensiviert.

Den Lichtkörper aufbauen

1. Bereiten Sie einen Platz vor, an dem Sie sich entspannen können und nicht gestört werden. Zünden Sie, wenn es Ih-nen möglich ist, eine Kerze an.
2. Setzen Sie sich still hin und atmen Sie ruhig ein und aus. Tun Sie dies mit der Absicht, sich einen Lichtkörper zu er-schaffen.
3. Erden Sie sich, indem Sie sich vorstellen, dass aus Ihren Füßen Wurzeln bis tief hinein in die Erde reichen.
4. Bitten Sie Erzengel Michael, Sie in seinen dunkelblauen Schutzmantel zu hüllen.

5. Visualisieren Sie, dass Sie im Zentrum Ihrer kristallinen Merkaba sitzen, also in Ihren persönlichen sechszackigen Stern, diesen ineinander verschlungenen Pyramiden.

6. Bitten Sie Erzengel Metatron, die Merkaba für Sie auf der siebendimensionalen Frequenzebene zu erleuchten.

7. Bitten Sie ihn dann, eine Säule reinen Lichts von der Großen Zentralsonne zu senden und diese durch Ihre Chakras bis in die Hohlerde zu leiten.

8. Visualisieren Sie, dass sich diese Säule bis zu einem Radius von zweiunddreißig Kilometern ausdehnt und hell erstrahlt.

9. Sehen Sie sich selbst rein und klar wie einen Kristall erstrahlen.

10. Bitten Sie darum, dass Ihre Merkaba auf der fünfdimensionalen Frequenz um Sie herum verankert wird.

11. Bitten Sie Ihr Höheres Selbst und Erzengel Metatron, einen achtzig- bis fünfundachtzigprozentigen Lichtanteil in der Merkaba zu gewährleisten, und passen Sie diesen entsprechend Ihren Bedürfnissen an.

12. Bedanken Sie sich bei Erzengel Metatron.

Schritt 13

Lichtausstöße

Während sich der Aufstiegsprozess beschleunigt, setzt Erzengel Metatron große Mengen speziellen Lichts aus dem großen Lichtvorrat von Atlantis frei, der sich erst kürzlich mit dem enormen Aufstiegsreservoir über der großen Pyramide von Gizeh vermischte. Gemeinsam entfalten die beiden gewaltige Kraft.

Beim Untergang von Atlantis wurde der Inhalt des ursprünglichen Reservoirs von Erzengel Metatron gespeichert. Erst heute wurde er uns in Schüben von begrenztem Umfang speziell für den Aufstiegsprozess wieder zur Verfügung gestellt. Diese besonders hochfrequenten, konzentrierten »Lichtausstöße« ermöglichen es uns, auf unserem spirituellen Weg sehr schnell voranzuschreiten und unsere Lichtkörper aufzubauen.

Diese Lichtausstöße wirken sich besonders stark auf die Bildung unserer fünfdimensionalen Chakrasäule aus. Wenn dieses Licht aus dem großen Aufstiegsreservoir zu uns strömt, wird es zuerst vom Sternentor empfangen und durchströmt dann die Chakrasäule, bevor es von Erzengel Sandalphon in der Hohlerde verankert wird. Die Anrufung der Energie des großen Aufstiegsreservoirs stellt eine sehr effektive Methode dar, den fünfdimensionalen kristallinen Lichtkörper permanent zu erleuchten.

Im Jahr 2013 wurden vier spezielle Lichtausstöße von Erzengel Metatron und dem planetarischen Aufstiegskonzil genehmigt, das seinen Sitz in Luxor hat. Dieses Licht wurde als Antwort auf die Bitten menschlicher Lichtarbeiter freigegeben und mit jedem Lichtausstoß erhöhte sich das Energieniveau. Das Licht harmonisierte sich mit den Lichtcodes, deren Frequenz ständig ansteigt, und mit den vielen astrologischen Konstellationen, die 2013 für jene Menschen, die sich auf dem Aufstiegsweg befinden, zu einem so schwierigen Jahr machten.

Der erste Lichtausstoß fand im September 2013 statt und war speziell darauf ausgerichtet, den Lichtanteil im Vier-Körper-System auf achtzig Prozent zu erhöhen.

Der zweite Lichtausstoß im Oktober 2013 klärte ätherischen Müll aus der fünfdimensionalen Chakrasäule jener Menschen, die dazu bereit waren.

Der dritte Lichtausstoß fand im November 2013 statt und erleuchtete die fünfdimensionale Chakrasäule – besonders das Basis- und Sakralchakra jener Menschen, die bereit waren, ihre Lektionen im Schnelldurchgang zu lernen.

Der letzte Ausstoß des Jahres 2013 ereignete sich während der Wintersonnenwende am 21. Dezember. Dabei wurden die Lichtcodes auf sehr viel behutsamere Weise freigesetzt, sodass sie eine beruhigende und besänftigende Wirkung auf den Prozess hatten, den alle im Laufe des Jahres durchgemacht hatten.

Sie können um einen Lichtausstoß nur für sich persönlich bitten, indem Sie Erzengel Metatron anrufen und ihn bitten, Ihr Vier-Körper-System mit achtzig Prozent Licht zu füllen. Bitten Sie ihn im Rahmen des Gesetzes der Gnade zu diesem Zweck um einen besonderen Lichtausstoß. Dieser wird dazu führen, dass Sie auf der Frequenz eines aufgestiegenen Meisters erleuchtet werden. Sobald sich dieses Licht einmal in Ihren Energiefeldern befindet, obliegt es Ihrer Verantwortung, sich auf einen Ort oder eine Situation zu konzentrieren, die einer Umwandlung hin zu einer höheren Frequenz bedarf.

Seit Anfang 2014 hat das Licht, das aus dem Kern von Helios strömt, eine solche Intensität angenommen, dass keine weiteren Lichtausstöße angefordert oder gebraucht wurden. Die Integration dieses Lichts kann sehr anstrengend sein, da die Menschen es aufnehmen und verarbeiten und gleichzeitig ihr normales Leben weiterführen müssen. Da aber immer mehr Menschen fünfdimensional werden und in der Lage sind, mit den höheren Frequenzen umzugehen, ist es nun wieder angemessen, dass Lichtarbeiter um Lichtausstöße bitten, von denen alle Wesen profitieren können.

Dimensionale Paradigmen

Es gibt zurzeit drei dimensionale Paradigmen auf der Erde, die gleichzeitig nebeneinanderher existieren. Die Masse der Menschen lebt in der dreidimensionalen Realität. Ihre Seelen haben sich entschieden, jene Umstände zu erschaffen und zu erleben, die ihre Gedanken und Überzeugungen widerspiegeln. Es wird erwartet, dass im kollektiven Bewusstsein noch vor 2032 ein Licht angehen wird, dass es diesen Menschen ermöglicht, das Leben von einer höheren Warte aus zu sehen. Dann werden sie ihre Herzen und Seelen der vierten Dimension öffnen. Dieser plötzliche Wandel wird den gesamten planetarischen Aufstiegsprozess beschleunigen.

Zwischenzeitlich ist das vierdimensionale Paradigma in Form eines den ganzen Planeten umspannenden energetischen Gitters aktiviert worden. Gegenwärtig leben wir auf einem vierdimensionalen Planeten und Menschen überall auf der Welt beginnen, ein soziales Gewissen zu entwickeln und gesellschaftliche Verantwortung zu übernehmen. Dies ist eine zutiefst konstruktive Periode, während der uns die Energie unserer Gedanken beinahe augenblicklich gespiegelt wird. Von Menschen, die sich auf dem spirituellen Weg befinden, wird erwartet, dass sie diese Zeit nutzen, um die fünfdimensionale Realität zu erschaffen, die unser Ziel ist.

Es gibt bereits jetzt viele Menschen, die dem fünfdimensionalen Paradigma entsprechend leben, indem sie ständig eine spirituelle Einstellung und einen spirituellen Fokus aufrechterhalten. Gedanken erschaffen Realität und dieser Fokus verschafft den

Lichtarbeitern einen großen Vorteil, während sie dem letztendlichen Ziel des Aufstiegs entgegenstreben.

Erzengel Metatrons Licht abrufen

Dies ist eine sehr einfache, aber dennoch besonders wirksame Methode, um Erzengel Metatrons Licht aus dem Aufstiegsreservoir abzurufen.

1. Bereiten Sie sich wie gewohnt auf die Meditation vor.
2. Sitzen Sie still da und stellen Sie sich einen Ort oder eine Situation vor, die das reine Licht des Aufstiegs benötigen. Sie allein entscheiden, was Sie auswählen möchten.
3. Rufen Sie Erzengel Metatron an und bitten Sie ihn, das Aufstiegsreservoir zu öffnen und dessen reines Licht über dem von Ihnen gewählten Gebiet auszuschütten.
4. Sehen Sie, wie gold-orangenes Licht aus dem riesigen Reservoir oberhalb der großen Pyramide von Gizeh strömt.
5. Stellen Sie sich vor, dass Sie Erzengel Metatron helfen, den Strom des Lichts dorthin zu lenken, wo es gebraucht wird.
6. Ergreifen Sie die Hand von Erzengel Metatron und halten Sie das Gebiet in der höchsten Integrität.
7. Sehen Sie, wie alle fühlenden Wesen vom Licht berührt werden und wie sie glücklich, voller Freude und vom Einheitsbewusstsein erfüllt sind.
8. Segnen Sie ihren Weg zum Aufstieg und lassen Sie die Liebe Ihres Herzens in diesen Energiefluss einströmen.
9. Danken Sie Erzengel Metatron für diesen Lichtausstoß.
10. Öffnen Sie die Augen im Bewusstsein, dass Sie viele Leben berührt und etwas zum höchsten Wohl des Ganzen beigetragen haben.

Das Gesetz der Dankbarkeit und Segnung

Da die Erde von allen Welten im Universum jene ist, auf der man am schnellsten lernt, bietet das Leben auf der Erde die besten Chancen für spirituelles Wachstum, die überhaupt verfügbar sind. Die Seelen stehen im wahrsten Sinne des Wortes Schlange, um hierherzukommen.

Die ersten Seelen, die zu Beginn des atlantischen Experiments physische Körper annahmen, staunten ehrfürchtig angesichts all der Möglichkeiten, die ihnen hier geboten wurden. Obwohl auch sie durch den Schleier des Vergessens gegangen waren, empfanden sie doch unglaubliche Dankbarkeit für ihr Leben. Sie bedankten sich für ihre Nahrung, für das reine fließende Wasser, dafür, dass sie einen Baum berühren und seine Oberfläche und seine energetische Beschaffenheit fühlen durften. Sie waren dankbar für die Gefühle der Freude und auch des Kummers. Wie unglaublich, eine Blume riechen zu können! Wie wunderbar, eine Frucht kosten zu können! Ehrfurcht, Entzücken und Freude sind verschiedene Formen der Dankbarkeit. Und je dankbarer diese Seelen für ihr Leben auf Erden waren, desto mehr Gutes wurde über ihnen ausgeschüttet.

Als sie sich aber immer und immer wieder inkarnierten, hatten sie sich so sehr an das irdische Leben gewöhnt, dass sie die Wunder des Lebens nicht mehr wahrnehmen konnten. In der Folge wurden sie dichter und entfernten sich immer weiter vom Quell.

Jeder Gedanke und jede Energie, die wir aussenden, erzeugt ein Symbol im Äther. Bestimmte strahlende Energien bilden derma-

ßen vollkommene geometrische Figuren, dass sie als Schlüssel dienen, um die Türen zum Überfluss des Universums zu öffnen.
Dankbarkeit und Segnung sind neben anderen höheren Aufstiegseigenschaften wie Glauben, bedingungslose Liebe und Vertrauen
zwei dieser strahlenden Energien.

Wenn die heilige Geometrie unserer Gedanken perfekt den
göttlichen Gedanken entspricht, antwortet das Universum darauf,
indem es uns in Übereinstimmung mit den Wünschen unserer
Seele mit Reichtum überflutet.

Wie oben, so unten. Wenn ein Kind vor Freude strahlt, weil wir
ihm ein Geschenk machen, dehnt sich unser Herz vor Freude aus
und wir möchten ihm noch mehr Geschenke machen. Die heilige
Geometrie seiner freudigen Reaktion passt nämlich perfekt zur Frequenz unseres gebenden Herzens. Wenn es aber das Geschenk als
selbstverständlich hinnimmt, passt die Geometrie nicht mehr zusammen und wir verlieren das Interesse, ihm noch mehr zu schenken.

Das Universum reagiert ganz ähnlich. Wenn wir dankbar für
etwas sind, kommt mehr von dem zu uns. Wenn Sie beispielsweise einen kleinen Garten haben und einen größeren möchten, sollten Sie zunächst einmal das, was Sie haben, so schön wie möglich
machen. Anerkennen Sie jedes kleine Fleckchen Ihres Gartens
und seien Sie dankbar dafür. Das ist eine sichere Methode, um
vom Universum einen größeren Garten geschenkt zu bekommen.
Sie haben nämlich gezeigt, dass Sie ihn verdient haben, weil Sie
dankbar sind.

Wenn Sie einen interessanteren Job haben möchten, seien Sie
mit Herz und Seele bei Ihrem jetzigen. Ihre Begeisterung wird
Ihre Aura erleuchten und Ihnen die Arbeit bringen, die Ihre Seele
befriedigt.

Wenn Sie sich über mehr Wohlstand freuen würden, seien Sie
dankbar für alles, was Sie sich jetzt leisten können. Bedanken Sie
sich für jeden Euro auf Ihrem Bankkonto. Ihre Dankbarkeit wird
mehr davon anziehen.

Sie bekommen einen neuen Job. Sie bekommen ein Baby. Sie kaufen sich ein Haus. Wie reagieren Sie darauf? Sind Sie fähig, Ihr Herz zu öffnen und zu sagen: »Dankeschön, ich werde mein Bestes geben.« Verantwortung ist ein Geschenk, das Ihnen die Möglichkeit gibt, dem Universum eine Antwort zu geben, und eine Chance, ihm Ihre Dankbarkeit zu zeigen.

Aufrichtige Dankbarkeit ist ein Instrument des Überflusses. Seien Sie dankbar für alles, was Sie haben, dann wird mehr davon zu Ihnen kommen.

Zwei Erzengel können Ihnen dabei helfen, Ihre Chakras so weit auszudehnen, dass Sie fähig werden, aufrichtige Dankbarkeit zu empfinden. Bitten Sie Erzengel Chamuel, Ihr Herz so weit auszudehnen, dass Sie sich von Herzen für alle Ihre Erfahrungen bedanken können. Bitten Sie Erzengel Gabriel, die Frequenz Ihres Basis- und Ihres Sakralchakras auf die fünfte Dimension anzuheben, denn wenn Sie sich sicher und geborgen fühlen und vertrauen, sind Sie auch bereit, aufrichtigen Dank für alles zu empfinden, was Sie jetzt haben.

Ein Dankbarkeitsspaziergang

Ein Dankbarkeitsspaziergang ist eine einfache, aber wirksame Methode, um Ihre Augen gegenüber den großartigen und kostenlosen Geschenken zu öffnen, von denen Sie umgeben sind. Sie können diese Übung entweder tatsächlich oder nur in Gedanken ausführen.

Eine Visualisierungsübung: In Dankbarkeit gehen

1. Bereiten Sie einen Platz vor, an dem Sie nicht gestört werden und sich entspannen können. Zünden Sie eine Kerze an, wenn es Ihnen möglich ist.
2. Setzen Sie sich still hin und atmen Sie gleichmäßig mit der Absicht, einen inneren Dankbarkeitsspaziergang zu machen.
3. Erden Sie sich, indem Sie sich Wurzeln vorstellen, die aus Ihren Füßen tief hinein in die Erde reichen.
4. Bitten Sie Erzengel Michael, Ihnen seinen dunkelblauen Schutzmantel umzulegen.
5. Rufen Sie Erzengel Chamuel an und bitten Sie ihn, Ihr Herz zu berühren.
6. Stellen Sie sich vor, dass Sie ganz entspannt und mit einem Gefühl vollkommener Sicherheit im Sonnenschein auf einem wunderschönen Pfad spazieren gehen.
7. Sie begegnen einem Fremden und lächeln ihn an. Seien Sie dankbar für die Begegnung.
8. Auf einem Zweig sitzt ein Vogel und singt sein frohes Lied. Schenken Sie ihm Ihre ganze Aufmerksamkeit und hören Sie ihm aufmerksam zu.
9. Ein Hund bellt. Was versucht er mitzuteilen?
10. Sie tauchen Ihre Hand in das fließende Wasser eines Baches und erfreuen sich am Fluss der Liebe des Universums.
11. Spüren Sie das Gras unter Ihren Füßen und stimmen Sie sich auf das Lied der Erde ein.
12. Berühren Sie einen Baum und staunen Sie über die Textur der Rinde. Machen Sie sich bewusst, dass die Baumwurzeln ein Netzwerk um den ganzen Planeten bilden, und geben Sie Ihre Liebe hinein.
13. Schauen Sie zum Himmel empor und erkennen Sie voller Ehrfurcht die gewaltige Ausdehnung des Kosmos.

14. Lassen Sie sich so viel Zeit, wie Sie möchten, um die Wunder der Natur zu erleben und sich an ihnen zu erfreuen.

Dankbarkeit für materielle Dinge

Mit dieser Übung können Sie Ihre Dankbarkeit für die materiellen Dinge ausdrücken, die Ihr Leben leichter und angenehmer machen – zum Beispiel für Ihr Auto, Ihr Haus und so weiter.

1. Bereiten Sie einen Platz vor, an dem Sie nicht gestört werden und sich entspannen können. Zünden Sie eine Kerze an, wenn es Ihnen möglich ist.
2. Setzen Sie sich still hin und atmen Sie gleichmäßig mit der Absicht, wirklich dankbar für Ihre materiellen Segnungen zu sein.
3. Erden Sie sich, indem Sie sich Wurzeln vorstellen, die aus Ihren Füßen bis tief hinein in die Erde reichen.
4. Bitten Sie Erzengel Michael, Ihnen seinen dunkelblauen Schutzmantel umzulegen.
5. Rufen Sie Erzengel Gabriel an und bitten Sie ihn, seinen fünfdimensionalen Diamanten in Ihr Basis- und Ihr Sakralchakra einzufügen.
6. Drehen Sie in Gedanken einen Wasserhahn auf und seien Sie dankbar für das fließende Wasser.
7. Danken Sie für die Nahrung in Ihren Küchenschränken.
8. Bedanken Sie sich für Ihre Freunde und Ihre Familie.
9. Danken Sie für Ihr Heim.
10. Bedanken Sie sich für das, was Sie auf Ihrem Bankkonto haben.
11. Benennen Sie alles Gute in Ihrem Leben.

Segnungen

Das Gesetz der Segnung funktioniert auf ganz ähnliche Weise wie das Gesetz der Dankbarkeit. Sie müssen ein offenes Herz haben, um Segnungen empfangen oder gewähren zu können. Wenn Sie jemanden von Herzen segnen, hat dies energetische Auswirkungen auf den Empfänger. Wenn Sie jemandem aufrichtig Gutes wünschen und ihm Ihr Herz öffnen, strömt goldenes Licht, das geometrische Symbole der Liebe enthält, von Ihnen zu dem anderen. Diese Symbole überlagern etwas in der anderen Person und lösen es auf, sodass sie frei wird. Zudem erleuchten sie auch Ihr eigenes Herz.

Wenn Sie voller Großzügigkeit und mit offenem Herzen jemanden segnen, der Sie verletzt oder Ihnen Schaden zugefügt hat, dann setzt das einen Prozess unglaublicher göttlicher Alchemie in Gang. Die goldene Energie, die Sie ausgesendet haben, löst Ihren Schmerz und zudem die dreidimensionalen Energien des anderen Menschen auf. Eine solche Segnung ist eines der größten Aufstiegsgeschenke, das Sie einem anderen Menschen überhaupt machen können.

Wenn Sie jemand verletzt oder Ihnen Schaden zugefügt hat, beginnen Sie, indem Sie sich vornehmen, ihm zu vergeben. Rufen Sie dann die Erzengel Chamuel und Gabriel an und bitten Sie sie, Ihnen zu helfen, den Segen in Ihrem Herzen zu fühlen. Allmählich werden Sie ihn wirklich im Herzen fühlen.

Wenn Ihnen jemand finanziellen Schaden zufügt, segnen Sie ihn mit Reichtum und stellen Sie sich vor, dass Geld zu ihm strömt. Erzengel Gabriel wird dafür sorgen, dass das Geld, das Sie verloren haben, vervielfacht zu Ihnen zurückkehrt – vermutlich aber aus einer anderen Quelle.

Wenn jemand Ihr Eigentum beschädigt, stimmen Sie sich auf die zugrunde liegenden Ursachen ein. Segnen Sie ihn dann mit Selbstliebe, einem guten Selbstwertgefühl, Liebe, Überfluss oder mit irgendetwas, das er Ihrem Gefühl nach braucht, um glücklich zu sein. Stellen Sie sich vor, dass er bekommt, was er braucht. Legen Sie Leidenschaft in die von Ihnen ausgesandte Vision, bis Sie spüren, dass er Liebe und Wohlwollen in seinem Herzen akzeptiert hat. Sie werden sich daraufhin besser fühlen. Ihr Licht wird heller erstrahlen. Und irgendetwas wird sich auch im anderen verändert haben.

Wenn Sie andere voller Gnade segnen, werden die Codes der Liebe, die darin enthalten sind, die latent vorhandenen Möglichkeiten in den anderen aktivieren. Segnungen sind ein Weg zum Frieden auf Erden.

Wenn Sie bereit sind, jemanden zu segnen, der Sie oder Ihre Lieben verletzt hat, haben Sie das ultimative Opfer gebracht, das ein großer Schritt auf dem Weg des Aufstiegs ist: das Opfer des Egos. Der Täter spürt Ihre Barmherzigkeit und seine Aura wird von bedingungsloser Liebe erleuchtet. Er empfängt einen Schub der Liebe direkt ins Herz und kann sich so für den Aufstieg öffnen. Und Sie steigen auf höhere Stufen des spirituellen Wachstums auf und verspüren ein tieferes Gefühl inneren Friedens.

Da sich Bewusstsein durch harmonische Übertragung verbreitet, übertragen Sie auch Heilung und Gnade auf die Menschen, denen Sie begegnen.

Eine Segnung

1. Bitten Sie Erzengel Chamuel, Ihr Herz zu segnen. Spüren Sie, wie es sich öffnet.
2. Bitten Sie Erzengel Gabriel, Ihre Seele zu segnen. Spüren Sie, wie diese sich ausdehnt.
3. Segnen Sie die Bäume mit Glück.
4. Segnen Sie Blumen und Pflanzen mit Vitalität.

5. Segnen Sie die Tiere mit Liebe.
6. Segnen Sie Kriegstreiber mit Frieden.
7. Segnen Sie kranke Menschen mit strahlender Gesundheit.
8. Segnen Sie Orte, an denen Menschen ihren Müll abladen, oder niedere Energien mit göttlichem Frieden und göttlicher Liebe.
9. Segnen Sie einsame Menschen mit Freundschaft.
10. Segnen Sie arme Menschen mit Wohlstand.
11. Segnen Sie die Führer der Welt mit Integrität.

Schritt 15

Der Aufstiegsweg der Liebe und Güte

Es gibt viele Wege zum Aufstieg, aber einer übertrifft sie in seiner Schlichtheit alle: der Weg der Liebe und Güte. Dieser Weg ist die Grundlage aller Wege. Wenn wir ihn gehen, werden uns die Engel der Liebe, des Friedens und der Freude in ihre Schwingen hüllen und es uns ermöglichen, die von uns benötigten Eigenschaften aufrechtzuerhalten. Das Buddhabewusstsein und das Bewusstsein des friedvollen spirituellen Kriegers sind Lichter auf diesem Weg.

Es gibt Menschen, die ein einfaches Leben führen, niemals das Wort »Aufstieg« gehört haben und nichts von den Erzengeln wissen, und doch steigen sie in aller Glorie auf. Viele von ihnen wandeln auf dem Weg der Liebe und Güte. Manche von ihnen leben in ärmlichen Verhältnissen und teilen großzügig und voller Freude das wenige, was sie haben. Manche haben große Familien und gehen voller Freude arbeiten, um ihre Kinder ernähren und ihnen ihre ganze Liebe schenken zu können. Andere gehen in die Welt hinaus und dienen selbstlos jenen, denen es nicht so gut geht wie ihnen selbst. Wenn diese großherzigen Menschen sterben und hinübergehen, sagen ihre Freude und Angehörigen Dinge wie: »Er hätte sein letztes Hemd gegeben, um anderen zu helfen« oder »Sie hätte alles für andere Menschen getan.«

Nachfolgend führe ich einige der Eigenschaften auf, die wir als Grundlage dieses Weges kultivieren können: Liebe, Güte, Höflichkeit, Warmherzigkeit, aufmerksames Zuhören, Liebenswürdigkeit, Großzügigkeit, Offenheit und Vertrauen. All diese Eigenschaften beruhen auf dem Bewusstsein der Liebe und des Reichtums.

Der Schlüssel zu diesem Weg besteht darin, sich zu fragen: »Wie würde ich mich verhalten, wenn ich ein Engel wäre?« Dieser Weg entwickelt unsere ätherischen Flügel, die nichts weiter sind als das Licht, das aus unserem Herzzentrum strahlt.

Liebesbewusstsein

Wir leben im Liebesbewusstsein, wenn sich alle Blütenblätter unseres Herzens vollständig geöffnet haben und wir glauben, dass es alle Wesen verdient haben, geliebt und umsorgt zu werden. Dann akzeptieren wir alle genauso, wie sie sind. Wir tragen in uns das Licht des göttlich Weiblichen, das es uns automatisch ermöglicht, anderen zuzuhören, für andere zu sorgen, Empathie mit ihnen zu empfinden und auf alle Menschen und in allen Situationen mit Güte und Weisheit zu reagieren. Dann verstehen wir auch, was Einheit wirklich heißt.

Reichtumsbewusstsein

Wir haben das Reichtumsbewusstsein gemeistert, wenn wir vollkommen darauf vertrauen, dass all unsere Bedürfnisse vom Universum erfüllt werden. Dann befinden wir uns im Fluss und wissen, dass es niemals Lücken im Strom des Überflusses geben wird. Wenn wir im Reichtumsbewusstsein leben, kehrt alles, was wir aus freien Stücken geben, vervielfacht zu uns zurück. Wir teilen alles und arbeiten in allen Bereichen zusammen. Unser Herz strahlt die Großzügigkeit des Geistes und des Reichtums aus. Diese Eigenschaften sind unverzichtbare Grundlagen für die fünfdimensionalen Gemeinschaften, die sich im neuen goldenen Zeitalter bilden werden.

Wie Sie diese Eigenschaften entwickeln

Gott und seine Engel schenken uns diese Eigenschaften nicht einfach. Sie schicken uns aber Menschen und Situationen, die es uns ermöglichen, Liebe und Güte zu praktizieren.

Wenn wir Großzügigkeit üben sollen, werden sie uns Menschen schicken, die in Not sind. Werden wir ihnen unser Herz öffnen und ihnen helfen oder verschließen wir unser Herz und unser Portemonnaie? Werden wir unseren gesunden Menschenverstand benutzen und differenzieren oder geben wir einfach, ohne zuerst nachzudenken? Sobald wir bereit sind oder uns fest vorgenommen haben, diesen Weg zu gehen, werden ausreichend Gelegenheiten vorhanden sein, um uns selbst zu testen.

Jedes Mal, wenn wir uns entscheiden, auf jemanden gütig, liebenswürdig, höflich oder vernünftig zu reagieren, erleuchtet dieses Verhalten unseren Weg etwas mehr. Wenn wir Eigenschaften wie Liebe, Warmherzigkeit, Anständigkeit, Ehrlichkeit und Großzügigkeit entwickeln und praktizieren, wird unser Licht immer heller erstrahlen.

Aufstieg durch Fürsorglichkeit und Pflege

Bevor wir auf die Welt kommen, haben unser Höheres Selbst und das unserer Familienmitglieder gemeinsam mit unseren Führern und Engeln die Lebensumstände unserer Familie festgelegt. Dazu gehört auch, dass sich einige Familienmitglieder um andere kümmern sollen. Es gibt Menschen, die ihr ganzes Leben zum Beispiel der liebevollen Pflege behinderter oder kranker Angehöriger widmen. Gelegentlich hat dies karmische Ursachen, aber es wird immer mehr zum Normalfall, dass die kranke Person dem Pflegenden auf der Seelenebene angeboten hat, ihm bei seinem Aufstieg behilflich zu sein.

Alzheimer

Es gibt viele Gründe, warum ein Mensch diese Krankheit be-kommt. Einer davon kann karmisch bedingt sein, ein anderer kann in der Entscheidung liegen, sich von der Verantwortung, die uns das Leben auferlegt, zurückzuziehen. Es kann auch sein, dass sich die betreffende Person entschieden hat, vom Herz her zu leben, statt vom Kopf. Es kann aber auch sein, dass dadurch der Pflege-person oder dem Angehörigen die Möglichkeit gegeben werden soll, Liebe und Güte zu praktizieren.

Grenzen

Wenn wir andere pflegen und den Weg der Liebe und Güte gehen, müssen wir unbedingt darauf achten, dass wir uns sehr klar darü-ber sind, wo unsere Grenzen liegen. Wir müssen eine bestimmte Energie aussenden und so handeln, dass wir mit Respekt und Ehr-erbietung behandelt werden. Auch müssen wir uns selbst treu blei-ben, während unser Herz warm und offen bleibt.

Dies ist der Aufstiegsweg des friedvollen spirituellen Kriegers, der das Buddhabewusstsein besitzt. Bitten Sie Erzengel Gabriel, Ihnen die nötige Klarheit und spirituelle Disziplin zu schenken, die Sie für diesen Weg brauchen.

Eine Visualisierungsübung für den Weg der Liebe und Güte

—•—

Sie können Erzengel Chamuel anrufen und ihn bitten, dafür zu sor-gen, dass Ihr Herz auch in den schwierigsten Zeiten offen bleibt. Wenn Sie sich auf diesem Weg befinden, sind die Engel der Liebe und des Friedens immer bei Ihnen und überfluten Sie mit ihrer un-erschöpflichen Liebe.

1. Bereiten Sie einen Platz vor, an dem Sie nicht gestört werden und sich entspannen können. Zünden Sie eine Kerze an, wenn es Ihnen möglich ist.

2. Setzen Sie sich still hin und atmen Sie gleichmäßig mit der Absicht, den Aufstiegsweg der Liebe und Güte zu gehen.

3. Erden Sie sich, indem Sie sich Wurzeln vorstellen, die aus Ihren Füßen bis tief hinein in die Erde reichen.

4. Bitten Sie Erzengel Michael, Ihnen seinen dunkelblauen Schutzmantel umzulegen.

5. Legen Sie eine Hand aufs Herz und rufen Sie die Engel der Liebe und des Friedens an.

6. Spüren Sie, wie Sie von ihnen in wunderschönes, sanftes goldenes Licht gehüllt werden.

7. Rufen Sie Erzengel Gabriel an und bitten Sie ihn, Ihnen zu helfen, Klarheit über Ihren Weg zu gewinnen, Ihre Grenzen zu erkennen und die spirituelle Disziplin zu erlangen, um diesen Weg ehrenvoll gehen zu können.

8. Spüren Sie, wie Erzengel Chamuel das goldene Zentrum Ihres Herzens stärkt.

9. Seien Sie sich Ihrer Grenzen bewusst, aber auch Ihrer göttlichen Herrlichkeit.

10. Denken Sie an einen Menschen, der für Sie problematisch ist.

11. Schauen Sie ihm in die Augen und verstehen Sie den Schmerz, der seinem Verhalten zugrunde liegt.

12. Antworten Sie mit Liebe und Güte.

13. Schauen Sie ihm wieder in die Augen. Was sehen Sie nun?

14. Wenn Sie Angst sehen, wiederholen Sie die Übung so oft wie nötig. Wenn Sie eine liebevolle Reaktion sehen, ist Ihre Energie wirklich von Liebe und Güte erfüllt.

15. Danken Sie den Engeln und öffnen Sie die Augen.

Schritt 16

Der Weg von Akzeptanz, Vergebung und Friedfertigkeit

Akzeptanz, Vergebung und Friedfertigkeit sind engelhafte Eigenschaften und integrale Bestandteile des Christus-Buddha-Bewusstseins. Unter diesem Begriff versteht man die Verschmelzung und Verstärkung des Christusbewusstseins und des Buddhabewusstseins. Diese Eigenschaften sind primäre Eigenschaften der bedingungslosen Liebe. Wenn wir uns auf dem Aufstiegsweg befinden, müssen wir sie gegenüber allen fühlenden Wesen im ganzen Universum ausdrücken, da von uns als Teil des Aufstiegswegs erwartet wird, dass wir diese Eigenschaften des offenen Herzens integrieren und manifestieren.

Akzeptanz, Vergebung und Friedfertigkeit stellen zudem den wesentlichen Kern des fünfdimensionalen Lebens im neuen goldenen Zeitalter dar, auf das wir uns zubewegen. Werden diese Eigenschaften von allen akzeptiert, werden wir von innerer Freude erfüllt sein und es wird Frieden auf Erden herrschen. Wenn dieser Wirklichkeit wird, werden sich alle Wesen eines neuen Selbstvertrauens und Selbstwertgefühls erfreuen und Mensch und Tier werden harmonisch zusammenleben. Diese Idylle rückt immer näher. Je mehr wir diese Eigenschaften leben und uns diese goldene Zukunft vorstellen, desto schneller wird sie Realität werden.

Akzeptanz

Akzeptanz bedeutet, alle fühlenden Wesen genauso anzuerkennen, wie sie sind, und sich ihnen gegenüber ohne Erwartungen
und Urteile zuvorkommend zu verhalten. Wenn wir akzeptiert
werden, fühlen wir uns wertgeschätzt und haben keine Angst, uns
so zu zeigen, wie wir sind. Fühlen wir uns frei, unsere Seeleneigen-
schaften zum Ausdruck zu bringen, blühen wir auf. Unsere Aura
dehnt sich aus, da wir keine Geheimnisse haben und keine Gefühle verbergen müssen.

Herrscht in einer Familie Akzeptanz vor, sind alle Familienmitglieder frei, sie selbst zu sein. Das hat einen magischen Effekt, da
sich alle sicher fühlen. Dasselbe gilt für Länder und Kulturen.
Werden Menschen genauso akzeptiert, wie sie sind, und integriert, entsteht daraus allgemeines Glück.

Da gegenwärtig persönliches, Familien- oder Ahnenkarma in
der Flut hochfrequenter Energie, die auf den Planeten einströmt,
hinweggewaschen wird, löst sich das Alte auf und wird durch aufrichtige Liebe und Akzeptanz ersetzt.

Akzeptanz ist eine Funktion aller Chakras, aber insbesondere
des Sakralchakras. Rosafarbenes Licht strömt nun von Lakumay,
dem aufgestiegenen Aspekt des Sirius, in die Sakralchakras jener
Menschen ein, die dafür bereit sind. Dadurch werden alte Energien
auf einer sehr tiefen Ebene geheilt.

Sie können eine einfache Übung ausführen, um einen Zustand
der Akzeptanz und Harmonie zu erreichen. Bitten Sie Erzengel
Gabriel, den diamantenen Plan Ihres fünfdimensionalen Sakralchakras in Ihren Bauch zu legen.

Vergebung

Eine der größten Prüfungen, die wir in einem menschlichen Körper bestehen können, ist die Prüfung der bedingungslosen Liebe. Um sie zu bestehen, müssen wir Vergebung praktizieren. Dabei kann uns die Erkenntnis helfen, dass uns niemand irgendetwas antun kann – es sei denn, wir hätten dem auf der Seelen- oder irgendeiner unterbewussten Ebene zugestimmt.

Solange wir in einem menschlichen Körper sind, können wir immer nur einen Ausschnitt des Ganzen sehen. Unsere tapfere, schöne und liebevolle Seele, die von einer höheren Warte aus operiert, bereitet Prüfungen vor, um zu sehen, ob wir bereit sind, Schwierigkeiten zu überwinden und aufzusteigen.

Für uns ist es häufig sehr schwer zu vergeben, weil die Muster des Missbrauchs, unter denen wir leiden, bereits in anderen Leben erschaffen wurden und sehr tief in uns verwurzelt sind. Wenn wir aber an alten Gedanken und Emotionen festhalten, kann das den Energiefluss in jedem der sieben dreidimensionalen Chakras stören. Vergebung hingegen macht uns frei. Sie heilt uns auf der physischen, mentalen, emotionalen und spirituellen Ebene. Vergebung ist ein Akt der Selbstliebe, der unseren Geist befreit und es ihm ermöglicht zu fliegen. Vergebung ermöglicht es uns, die Dinge von einer anderen Warte aus zu betrachten.

Es ist nun an der Zeit, das Alte aufzulösen, damit sich die fünfdimensionale Chakrasäule vollständig herabsenken kann. Hier ist ein sehr machtvolles Vergebungsgebet, das Diana ursprünglich für ihr Buch *Discover Atlantis* geschrieben hatte.

Vergebungsaffirmation

Ich vergebe allen, die mich in diesem Leben oder
irgendeinem anderen, in diesem Universum, dieser
Dimension, dieser Welt oder Existenzebene oder
irgendeiner anderen jemals bewusst oder unbewusst
verletzt oder mir Schaden zugefügt haben.
Ich gewähre ihnen Gnade.
Ich bitte um Vergebung für alles, das ich in diesem
Leben oder irgendeinem anderen, in diesem Universum,
dieser Dimension, dieser Welt oder Existenzebene oder
irgendeiner anderen jemals bewusst oder unbewusst
getan habe, um andere zu verletzen oder ihnen Schaden
zuzufügen.
Ich erbitte ihre Gnade.
Ich vergebe mir selbst für alles, das ich in diesem Leben
oder irgendeinem anderen, in diesem Universum, dieser
Dimension, dieser Welt oder Existenzebene oder irgendeiner anderen jemals bewusst oder unbewusst getan habe,
um andere zu verletzen oder ihnen Schaden zuzufügen.
Ich nehme die Gnade an.
Ich bin frei. Alle Ketten und Einschränkungen fallen von
mir ab. Ich stehe in meiner vollen Macht als Meister da.

Friedfertigkeit

Friedfertigkeit ist der einzig wahre Weg zu völliger Sicherheit auf
Erden. Wenn unsere Aura vollständig von Frieden erfüllt ist und
wir eins mit allen und allem sind, sind wir friedfertig, ohne Harm.
Wir strahlen dies aus und alle Menschen und anderen Geschöpfe,
die uns begegnen, spüren es und fühlen sich bei uns sicher. Frieden zieht Frieden an. Friedfertigkeit zieht Liebe an.

Niemand kann in unsere Aura eindringen, es sei denn, wir gestatten es ihm aufgrund unserer Angst oder unseres mangelnden Selbstvertrauens. Wenn Sie aber ein sehr hochfrequentes Wesen sind, das einem anderen die Gelegenheit geben möchte, Ihre Gnade zu erfahren, kann Ihre Seele dem Betreffenden gestatten, in Ihre Aura einzutreten.

Vögel und Tiere strömten zu Franz von Assisi, weil er Friedfertigkeit ausstrahlte und sie wussten, dass sie bei ihm sicher waren. Tiere können die Aura deuten und liefern daher gute Hinweise darauf, welche Energie ein Mensch ausstrahlt. Im goldenen Zeitalter von Atlantis waren alle Tiere, Vögel, Bäume und Pflanzen ungefährlich. Sie entwickelten erst Verteidigungsmechanismen, als die Schwingungsfrequenz absank.

Sie können Erzengel Gabriel bitten, Ihnen die Erfahrung wahrer Friedfertigkeit zu ermöglichen, indem er den diamantenen Plan Ihres fünfdimensionalen Chakras in Ihr Basiszentrum legt.

Wenn der fünfdimensionale Plan Ihren dreidimensionalen überlagert, heben die höheren Frequenzen automatisch die niederen auf die Ebene der Perfektion an. Hier ist eine Übung, die Ihnen helfen kann, auf Ihrem Weg der Akzeptanz, Vergebung und Friedfertigkeit voranzukommen.

Eine Visualisierungsübung, um Akzeptanz, Vergebung und Friedfertigkeit zu entwickeln

1. Suchen Sie sich einen Ort, an dem Sie still werden können und nicht gestört werden.
2. Erden Sie sich, indem Sie sich vorstellen, dass Wurzeln aus Ihren Füßen bis tief hinein in die Erde dringen.
3. Rufen Sie die Erzengel Gabriel, Uriel, Chamuel, Michael, Raphael und Jophiel an.

4. Sagen Sie ihnen, dass Sie die Eigenschaften der Akzeptanz, Vergebung und Friedfertigkeit in Ihren sieben dreidimensionalen Chakras verankert haben möchten.

5. Bitten Sie Erzengel Jophiel, die fünfdimensionale Schablone Ihres Kronenchakras an Ort und Stelle zu platzieren. Sie strahlt die Eigenschaften von Akzeptanz, Vergebung und Friedfertigkeit aus.

6. Bitten Sie Erzengel Raphael, die fünfdimensionale Schablone Ihres Drittes-Auge-Chakras an Ort und Stelle zu platzieren. Sie strahlt die Eigenschaften von Akzeptanz, Vergebung und Friedfertigkeit aus.

7. Bitten Sie Erzengel Michael, die fünfdimensionale Schablone Ihres Halschakras an Ort und Stelle zu platzieren. Sie strahlt die Eigenschaften von Akzeptanz, Vergebung und Friedfertigkeit aus.

8. Bitten Sie Erzengel Chamuel, die fünfdimensionale Schablone Ihres Herzchakras an Ort und Stelle zu platzieren. Sie strahlt die Eigenschaften von Akzeptanz, Vergebung und Friedfertigkeit aus.

9. Bitten Sie Erzengel Uriel, die fünfdimensionale Schablone Ihres Solarplexuschakras an Ort und Stelle zu platzieren. Sie strahlt die Eigenschaften von Akzeptanz, Vergebung und Friedfertigkeit aus.

10. Bitten Sie Erzengel Gabriel, die fünfdimensionale Schablone Ihres Sakralchakras an Ort und Stelle zu platzieren. Sie strahlt die Eigenschaften von Akzeptanz, Vergebung und Friedfertigkeit aus.

11. Bitten Sie Erzengel Gabriel, die fünfdimensionale Schablone Ihres Basischakras an Ort und Stelle zu platzieren. Sie strahlt die Eigenschaften von Akzeptanz, Vergebung und Friedfertigkeit aus.

12. Bitten Sie darum, dass Ihre sieben Chakras aufleuchten, und sehen Sie zu, wie sie in die Erde sinken.

13. Ziehen Sie die zwölf Chakras in Ihre fünfdimensionale Chakrasäule herab.

14. Rufen Sie dann die Einhörner an und bitten Sie sie, ihr Licht in die zwölf fünfdimensionalen Chakras strömen zu lassen, bis sich diese zu einer Säule aus Licht vereinen.

15. Stellen Sie sich vor, dass Sie gnadenvoll und friedfertig handeln.

Schritt 17

Die Liebe des Quells in uns

Als Ihr ursprünglicher göttlicher Funke, die Monade oder ICH-BIN-Gegenwart, den Quell verließ, bekam sie eine Energiekugel mit auf den Weg, die das Licht der Engel und die Liebe des Quells auf der zwölfdimensionalen Ebene enthielt.

Dann war es an der Monade, verschiedene Aspekte ihrer selbst auszusenden: Es waren einhundertvierundvierzig. Dies sind Seelen, die auf einer langsameren Frequenz operieren. Die Frequenz der Kugel aus Engellicht und Quellliebe wurde auf eine siebendimensionale Stufe abgesenkt und in jede Seele einprogrammiert. Manche dieser Seelen sind das Höhere Selbst verkörperter Menschen.

Die Erde ist ein ganz besonderer Ort. Um sich hier inkarnieren zu können, muss eine Seele mindestens siebendimensional sein. Daher tragen alle Wesen auf Erden das Licht der Engel in ihren Seelen. Während der Geburt oder der frühen Kindheit durchtrennen die meisten Menschen die Verbindung zu ihrem Höheren Selbst.

Wenn Sie die oberen Stufen der fünften Dimension erreichen, verschmilzt Ihre Merkaba mit Ihrer Seelenenergie. Das bedeutet Folgendes: Solange Sie die höheren Stufen der fünften Dimension aufrechterhalten, haben Sie auch die Energie der Engel und die göttliche Liebe in Ihren Feldern. Auf dieser Stufe haben Sie Zugang zum Engellicht in sich.

Auf der vierten, dritten oder noch niedrigeren Stufe der fünften Dimension müssen Sie die Engel anrufen und sie bitten, Ihnen zu helfen und Sie zu beschützen. Wenn Sie Meisterschaft über die oberen Stufen der fünften Dimension erlangt haben, verfügen Sie über Ihre eigene Engelenergie, die Ihren höheren Willen ausführt und Sie beschützt. Auf dieser Stufe können Sie die dunkelblaue Energie Erzengel Michaels in sich selbst finden und sie ausstrahlen, um sich selbst zu stärken und zu beschützen. Sie können Ihr eigenes inneres Erzengel-Gabriel-Licht anrufen, um Klarheit zu gewinnen und geläutert zu werden. Sie können Ihren eigenen Erzengel-Raphael-Aspekt zum Zwecke der Heilung oder des Überflusses anrufen oder den inneren Erzengel Jophiel für Weisheit, Erzengel Uriel für Ermächtigung oder jede andere Engel- oder Erzengelenergie, um das Licht Ihres innersten Kerns dazu einzusetzen, im Interesse Ihres höchsten Wohls aktiv zu werden.

Wenn die entsprechenden Erzengelenergien in Ihren zwölf Chakras verankert sind und sich auf einer sehr hohen Schwingungsfrequenz drehen, wird Ihr Licht sehr hell. Sie können auch andere Erzengelenergien in Ihren Feldern verankern. Wenn Sie sich zum Beispiel besonders mit Tieren verbunden fühlen, können Sie Ihren inneren Erzengel Fhelyai anrufen. Seine göttlichen Codes innerhalb Ihrer Energiefelder werden Tiere, die in Ihrer Nähe sind, unterstützen, trösten und beschützen. Ihre Gedankenformen enthalten ebenfalls die Erzengel-Codes, die Sie dann auf die Tiere übertragen können.

Wenn Sie auf diese Weise mit Ihren inneren Erzengeln verbunden sind, werden Sie zu einem strahlenden, glorreichen Meister und Lichtwesen.

Eine Visualisierungsübung, um sich
mit den inneren Erzengeln zu verbinden

Diese Übung soll Ihnen helfen, die Erzengel wieder in Ihren Chakras oder Energiefeldern zu verankern. Wir schlagen vor, dass Sie zuerst die Feuerdrachen anrufen und sie bitten, alle niederen Schwingungen in Ihnen umzuwandeln.

Ihre Chakras gleichen ineinandergreifenden Zahnrädern. Sobald eines anfängt, sich schneller zu drehen, müssen es die anderen ebenfalls tun. Wir schlagen vor, dass Sie an der Basis beginnen und sich bis zum Sternentor hocharbeiten. Wenn diese elf Räder bereit sind, platzieren Sie Ihr Erdsternchakra mit der Energie von Erzengel Sandalphon darunter. Aktivieren Sie dann den Erdstern durch Klänge – und alle Ihre Chakras werden sich exponentiell schneller drehen. Sie selbst werden zu einem Leuchtfeuer werden.

1. Bereiten Sie einen Platz vor, an dem Sie sich entspannen können und nicht gestört werden. Zünden Sie, wenn es Ihnen möglich ist, eine Kerze an.

2. Setzen Sie sich still hin und atmen Sie ruhig ein und aus. Tun Sie dies mit der Absicht, sich mit dem Licht des Quells und der Engel in sich zu verbinden.

3. Erden Sie sich, indem Sie sich vorstellen, dass aus Ihren Füßen Wurzeln bis tief hinein in die Erde reichen.

4. Bitten Sie Erzengel Michael, Sie in seinen dunkelblauen Schutzmantel zu hüllen.

5. Rufen Sie Ihre Feuerdrachen herbei und bitten Sie sie, eine Feuerwand um Sie herum zu errichten. Bitten Sie sie dann, einen Feuerstoß von Ihrem Erdstern aus durch Ihre Chakrasäule hindurchzuschicken, der alle niederen Energien verbrennt.

6. Konzentrieren Sie sich auf Ihr Basischakra und rufen Sie Erzengel Gabriel an. Spüren Sie, wie sein reines weißes Licht

das Chakra erfüllt und dort verankert wird. Gestatten Sie dem Chakra, sich allmählich in platinfarbenes Licht zu verwandeln.

7. Konzentrieren Sie sich auf Ihr Sakralchakra und rufen Sie wieder Erzengel Gabriel an. Spüren Sie, wie sein reines weißes Licht das Chakra erfüllt und dort verankert wird. Gestatten Sie dem Chakra, sich allmählich in leuchtend rosafarbenes Licht zu verwandeln.

8. Konzentrieren Sie sich auf Ihr Nabelchakra und rufen Sie noch einmal Erzengel Gabriel an. Spüren Sie, wie sein reines weißes Licht das Chakra erfüllt und dort verankert wird. Gestatten Sie dem Chakra, sich allmählich in strahlend orangefarbenes Licht zu verwandeln.

9. Konzentrieren Sie sich auf Ihr Solarplexuschakra und rufen Sie Erzengel Uriel an. Spüren Sie, wie sein goldenes Licht das Chakra erfüllt und dort verankert wird. Gestatten Sie dem Chakra, sich allmählich in sattgoldenes Licht zu verwandeln.

10. Konzentrieren Sie sich auf Ihr Herzchakra und rufen Sie Erzengel Chamuel an. Spüren Sie, wie sein rosafarbenes Licht das Chakra erfüllt und dort verankert wird. Gestatten Sie dem Chakra, sich allmählich in weißes Licht mit einem Hauch von Rosa zu verwandeln.

11. Konzentrieren Sie sich auf Ihr Halschakra und rufen Sie Erzengel Michael an. Spüren Sie, wie sein dunkelblaues Licht das Chakra erfüllt und dort verankert wird. Gestatten Sie dem Chakra, dunkelblaues Licht auszustrahlen.

12. Konzentrieren Sie sich auf Ihr Drittes-Auge-Chakra und rufen Sie Erzengel Raphael an. Spüren Sie, wie sein smaragdgrünes Licht das Chakra erfüllt und dort verankert wird. Gestatten Sie dem Chakra, allmählich so klar wie eine Kristallkugel zu werden.

13. Konzentrieren Sie sich auf Ihr Kronenchakra und rufen Sie Erzengel Jophiel an. Spüren Sie, wie sein gelbes Licht das

Chakra erfüllt und dort verankert wird. Gestatten Sie dem Chakra, allmählich kristallklar zu werden.

14. Konzentrieren Sie sich auf Ihr Kausalchakra und rufen Sie Erzengel Christiel an. Spüren Sie, wie sein reines weißes Licht das Chakra erfüllt und dort verankert wird. Gestatten Sie dem Chakra dann, weißes Licht auszustrahlen.

15. Konzentrieren Sie sich auf Ihr Seelensternchakra und rufen Sie Erzengel Mariel an. Spüren Sie, wie sein magentafarbenes Licht das Chakra erfüllt und dort verankert wird. Gestatten Sie dem Chakra dann, magentafarbenes Licht auszustrahlen.

16. Konzentrieren Sie sich auf Ihr Sternentorchakra und rufen Sie Erzengel Metatron an. Spüren Sie, wie sein goldorangenes Licht das Chakra erfüllt und dort verankert wird. Gestatten Sie dem Chakra dann, goldorangenes Licht auszustrahlen.

17. Richten Sie Ihre Aufmerksamkeit nun auf Ihr Erdsternchakra und rufen Sie Erzengel Sandalphon an. Spüren Sie, wie sein silbergraues Licht das Chakra erfüllt und dort verankert wird. Gestatten Sie dem Chakra dann, silbergraues Licht auszustrahlen.

18. Um das Erdsternchakra zu aktivieren, summen Sie einen tiefen Ton in das Chakra.

19. Spüren Sie, wie es beginnt, sich sehr schnell auf einer fünfdimensionalen Frequenz zu drehen, sodass sich auch alle anderen Chakra-Zahnräder mit dieser Frequenz drehen.

20. Während Sie zu einem Leuchtfeuer fünfdimensionalen Lichts werden, tönen, singen oder summen Sie alle Ihre Chakras in Harmonie.

Sie können sich auch auf alle anderen Engel oder Erzengel konzentrieren. Sobald Sie ihren Namen genannt haben, werden sie in Ihren Energiefeldern aktiv, und die Drehung Ihrer zwölf Chakras wird es ihnen ermöglichen, ihre Frequenz vollständig dort zu verankern.

Eine Kugel der äußeren Erzengel

Eine Möglichkeit, Kontakt zu Ihren äußeren Erzengeln herzustellen, besteht darin, sich selbst in eine Erzengelkugel zu stellen. Dies ist sehr einfach. Hier ist eine Übung, wie Sie eine solche Kugel herstellen können.

Wie man eine Erzengelkugel macht

1. Bereiten Sie einen Platz vor, an dem Sie nicht gestört werden und sich entspannen können. Zünden Sie eine Kerze an, wenn es Ihnen möglich ist.
2. Setzen Sie sich still hin und atmen Sie gleichmäßig mit der Absicht, sich mit einer Erzengel-Kugel zu umgeben.
3. Erden Sie sich, indem Sie sich Wurzeln vorstellen, die aus Ihren Füßen bis tief hinein in die Erde reichen.
4. Bitten Sie Erzengel Michael, Ihnen seinen dunkelblauen Schutzmantel umzulegen.
5. Stellen Sie sich vor, dass sich um Sie herum eine Lichtkugel bildet.
6. Rufen Sie Erzengel Michael an und bitten Sie ihn, den Raum vor Ihnen auszufüllen. Sehen Sie, wie sein dunkelblaues Licht diesen Raum erfüllt und Ihnen Kraft, Mut und Schutz schenkt.
7. Rufen Sie Erzengel Uriel an und bitten Sie ihn, den Raum rechts von Ihnen auszufüllen. Sehen Sie, wie sein goldgelbes Licht diesen Raum erfüllt und Ihnen Selbstvertrauen, Selbstwertgefühl und Selbstermächtigung schenkt.
8. Rufen Sie Erzengel Gabriel an und bitten Sie ihn, den Raum hinter Ihnen auszufüllen. Sehen Sie, wie sein reines weißes Licht diesen Raum erfüllt und Ihnen Reinheit, Klarheit und Freude schenkt.

9. Rufen Sie Erzengel Raphael an und bitten Sie ihn, den Raum links von Ihnen auszufüllen. Sehen Sie, wie sein smaragdgrünes Licht diesen Raum erfüllt und Ihnen Heilung und Reichtum schenkt.

10. Rufen Sie Erzengel Sandalphon an und bitten Sie ihn, den Raum unter Ihren Füßen auszufüllen. Sehen Sie, wie sein silbergraues (oder schwarzweißes) Licht diesen Raum erfüllt, sodass Sie geerdet sind und Ihr volles Potenzial verwirklichen können.

11. Rufen Sie Erzengel Metatron an und bitten Sie ihn, den Raum über Ihrem Kopf auszufüllen. Sehen Sie, wie sein goldorangenes Licht diesen Raum erfüllt und Sie wie eine Sonne erleuchtet.

12. Rufen Sie den goldenen Christusstrahl an und bitten Sie ihn, das Zentrum dieser Kugel mit goldenem Licht zu erfüllen. Sie können auch Erzengel Chamuel anrufen und ihn bitten, das Zentrum mit dem rosafarbenen Licht der Liebe zu erfüllen. Oder Sie bitten Mutter Maria, das Zentrum mit dem türkisfarbenen Licht des göttlich Weiblichen zu erfüllen.

13. Sie können auch alle anderen Erzengel in diese Kugel bitten, wenn Sie dies wünschen.

14. Entspannen Sie sich und baden Sie in diesem schönen Licht der Erzengel, das Ihnen Kraft schenkt.

Schritt 18

Der Einfluss des Mondes

Die himmlische Schönheit des Mondes ist seit Jahrtausenden verehrt worden, da die Energie des Mondes unglaublich machtvoll ist und alle lebenden Wesen auf diesem Planeten beeinflusst. Der Mond ist nicht nur für die Gezeiten und die persönlichen Energiezyklen verantwortlich, sondern hat auch einen tiefen, durchdringenden Einfluss auf unseren gegenwärtigen Aufstiegsprozess. Der Mond nimmt die männliche Energie der Sonne und spiegelt sie der Erde als wunderschöne, göttlich weibliche Energie wider. Seit dem Kosmischen Moment am 21. Dezember 2012 strömt immer mehr göttlich weibliche Energie vom Mond zu uns und erleuchtet die DNA in uns allen während unseres Aufstiegs.

Während des goldenen Zeitalters von Atlantis befanden sich die männlichen und weiblichen Energien in einem perfekten Gleichgewicht. Als diese Zivilisation unterging, begann die männliche Energie die Oberhand zu gewinnen. Die Männer übernahmen überall die Herrschaft und beraubten die Frauen ihrer Macht. Auf einer spirituellen Ebene gestatteten die Frauen es ihnen.

Die männliche Seite des Menschen wird von der linken Hirnhälfte und ihrer Logik dominiert. Die traditionelle Rolle des Mannes ist es, stark zu sein und zu beschützen, Nahrung für die Familie zu beschaffen und jagen zu gehen. Daher besitzt der Mann ein umfassenderes Bild der Gegend, in der er lebt, als die Frau. Metaphysisch gesprochen erweitert die männliche Energie den geistigen Horizont, greift Ideen auf, verwirklicht sie und strebt nach Wissen. Die linke Gehirnhälfte steht für Technologie, Wissenschaft und Kommunikationsmittel. Nimmt die männliche Energie aber zu sehr überhand, beruht die gesellschaftliche Struktur nur noch auf Macht, sie wird gewinnorientiert, hierarchisch und aggressiv. Daher muss sie durch die schöpferische, liebevolle weibliche Energie ausgeglichen werden.

Die weibliche Seite wird der rechten Hirnhälfte zugeordnet, sie ist schöpferisch und spirituell verbunden. Die traditionelle Rolle der Frau besteht darin, ein Heim zu schaffen, Kinder zu gebären, für die Familie zu sorgen und sie zu umhegen. Daher sind Weisheit, Mitgefühl, Loyalität, Verantwortlichkeit der Rasse gegenüber, Intuition und Empfänglichkeit weibliche Eigenschaften. Metaphysisch gesehen empfängt die Frau neue Ideen und behütet sie, bis sie bereit sind, eigene Früchte zu tragen. Gewinnt die weibliche Energie die Oberhand in einer Gesellschaft, führt dies zu Stagnation und Trägheit, sodass die Menschen ihr volles Potenzial nicht verwirklichen können. Daher muss die weibliche Energie durch die klar denkende, entschlossene und handlungsorientierte männliche Energie ausgeglichen werden.

Gegenwärtig erhellt die Energie des Mondes die rechte Hirnhälfte aller Erdenbewohner, damit wir alle die weiblichen Eigenschaften entwickeln. Wenn diese vollständig akzeptiert werden und immer mehr Individuen und Kulturen die männlichen und weiblichen Eigenschaften in gleichem Maß entwickeln, werden Frieden und Sicherheit auf dem Planeten herrschen. Arbeiten das Männliche und das Weibliche in göttlicher Harmonie zusammen, werden kreative Ideen und spirituelle Technologien geboren und auf perfekte Weise entwickelt werden.

Luna, die Meisterin des Mondes, initiiert gegenwärtig viele Menschen und Gesellschaften in den weiblichen Aspekt, damit sie Eigenschaften wie Friedfertigkeit und bedingungslose Liebe zum Ausdruck bringen können.

Einer der machtvollsten lunaren Einflüsse der letzten Jahre drückt sich in der Aufgabe des Mondes aus, die Codes von Helios, der Großen Zentralsonne, die durch unsere eigene Sonne fließen, widerzuspiegeln und zu verstärken. Diese Lichtcodes werden von unseren Zellen empfangen, um unsere DNA zu erleuchten, die sich seit dem Untergang von Atlantis im Schlafzustand befindet. Wir empfangen diese intensive Neuprogrammierung Tag und Nacht und werden dies so lange tun, bis wir Harmonie mit der höheren Kristallmatrix von Gaia erlangt haben.

Als Supermond bezeichnet man einen Vollmond, der mit der größten Annäherung des Mondes an die Erde zusammenfällt. Supermonde erscheinen größer und heller als normale Monde und verursachen stärkere Gezeiten. Sie beeinflussen die Zellen unseres Körpers auf dynamische Weise, indem sie ihre DNA im Licht des silbernen Strahls baden.

Seit 2012 hat die Anzahl der Supermonde zugenommen. 2014 gab es fünf davon. Sie haben besonders starken Einfluss, wenn sie mit bedeutsamen astrologischen Konstellationen zusammenfallen. So verstärkten und intensivierten beispielsweise die Supermonde im Zeitraum des großen kardinalen Kreuzes das Licht des göttlich Weiblichen, das auf die Erde und in alle fühlenden Wesen strömte und den weltweiten Wandel beschleunigte.

Der besonders machtvolle Vollmond vom 18. August 2014 aktivierte den Fluss des Christusbewusstseins in den Gewässern des Planeten. Zudem aktivierte er das Aufstiegsreservoir des Wassermanns, ein Energiereservoir, das in Atlantis geschaffen wurde und heute auf der neundimensionalen Frequenz gehalten wird, damit seine Energie dort aufgenommen, aufgewertet und verteilt werden kann, wo sie gebraucht wird.

Da sich der Aufstieg unseres Planeten ins neue goldene Zeitalter beschleunigt, wurde uns versprochen, dass der Mond uns mit transzendenter Liebe aus den höheren Portalen des kosmischen Herzens überfluten wird.

Erzengel Christiel ist nicht nur Träger des höchsten und reinsten Christuslichts, er verbreitet seine Energie auch über den Mond. Er kehrte zurück, um der Erde zu dienen, als die Menschen begannen, ihre fünfdimensionalen Kausalchakras zu öffnen. Tatsächlich sieht das aktivierte Kausalchakra aus wie unser persönlicher himmlischer Körper oberhalb unseres Kopfes.

Wir können uns sehr leicht mit Erzengel Christiel verbinden, wenn der Mond zunimmt. Er hat auch die Wartung des Aufstiegsreservoirs des Wassermanns übernommen. Wird diese Energie angerufen, wird ihre neundimensionale Frequenz durch den Mond abgesenkt, sodass sie auf einer fünfdimensionalen Ebene aufgenommen werden kann.

Eine Visualisierungsübung, um sich mit den Energien des Mondes zu verbinden

Sollten Sie einen Mondstein besitzen, tragen Sie ihn während des Tages bei sich. Halten Sie ihn so oft wie möglich in der linken Hand, damit er in Verbindung mit den Energiesystemen Ihres ganzen Körpers treten kann.

1. Bereiten Sie sich auf die Meditation vor, indem Sie sich erden und schützen.
2. Visualisieren Sie sich selbst unter einem wunderschönen Vollmond und rufen Sie den mächtigen Erzengel Christiel an.
3. Spüren Sie, wie die erleuchtete weiße Präsenz Erzengel Christiels Ihre Aura und Felder erfüllt.
4. Erzengel Christiel nimmt Sie bei der Hand und führt Sie einen vom Licht des Mondes hell erleuchteten Pfad entlang zu einem prachtvollen Gebäude mit schneeweißen Wänden, das höher aufragt, als mit bloßem Auge zu erkennen ist.
5. Erzengel Christiel lädt Sie ein, in dieses Schloss des Mondes einzutreten. Während Sie es tun, treten weiche weiße Vorhänge und kunstvolle Lichtstrukturen in Ihr Blickfeld. Die

Decke weist hoch über Ihrem Kopf direkt in ihrem Zentrum ein Portal auf.

6. Sie setzen sich unter diese Öffnung und das Mondlicht strömt auf Sie herab, sodass Sie sich in einem glühenden Kreis aus reiner Mondenergie befinden.

7. Spüren Sie, wie dieses ruhige Licht des göttlich Weiblichen jede Ihrer Körperzellen erfüllt.

8. Sehen Sie, wie es auch Ihre mentalen, emotionalen und spirituellen Körper erleuchtet, bis Sie vollständig von dieser Energie erfüllt sind.

9. Spüren Sie, wie jeder Teil von Ihnen ein perfektes Gleichgewicht erlangt, wie sich Ihre männlichen und weiblichen Energien vermischen und sich in der Einheit des Christusbewusstseins vereinigen.

10. Bitten Sie das Licht, die DNA in Ihren Zellen zu aktivieren. Visualisieren Sie, wie die Zellen innerhalb der Stränge zum Leben erwachen und im Aufstiegslicht funkeln.

11. Schicken Sie dieses wunderschöne Licht in ein Gebiet, das ins Gleichgewicht gebracht werden muss. Bitten Sie Erzengel Christiels Engel, die dichten Energien dort zu erleuchten und über ihnen zu singen.

12. Die Zeit ist gekommen, das Schloss des Mondes und Erzengel Christiel zu verlassen. Danken Sie ihm und dem Mond für ihre liebevollen Geschenke.

13. Öffnen Sie die Augen und nehmen Sie das reine Licht des göttlich Weiblichen mit sich in den Alltag.

Erzengel Sandalphon

Erzengel Sandalphon wird auch »der hochgewachsene Engel« genannt, weil es heißt, seine Energie würde bis in den Himmel reichen. Er ist die Zwillingsflamme von Erzengel Metatron, das Al-
pha des Omegas. Seine Farben sind Schwarz und Weiß, aber er
wird häufig als grau oder silbern gesehen, zwei perfekte Mischun-
gen der beiden Farben. Seine Frequenz beinhaltet übersinnliche
Wahrnehmung und Spiritualität. Erzengel Sandalphons Symbol
ist das schwarzweiße Yin-Yang-Symbol, das die ausgeglichene Balance der männlichen und weiblichen Energie repräsentiert.

Damit wir vollkommene Harmonie mit unserem göttlichen Plan
erlangen können, überbringt Erzengel Sandalphon unsere Gebete
dem Quell und fügt ihnen seine Energie hinzu.

Erzengel Sandalphon und das Erdsternchakra

Erzengel Sandalphon ist für die Entwicklung des Erdsternchakras
zuständig, das gegenwärtig das wichtigste Chakra ist, da es die
Grundlage der Menschen bildet, zu denen wir werden: zur aufgestiegenen Wurzelrasse des sechsten goldenen Zeitalters auf Erden.

Das Jahr 2032 markiert den Beginn des sechsten goldenen
Zeitalters. Bis dahin muss unser Planet neu strukturiert sein, damit Menschen und Tiere ihre Körperzellen in ihre kristalline Form
umwandeln können. Das bedeutet, dass wir mehr Licht halten
können und leuchten werden. Dann werden wir auch bereit sein,
neue spirituelle Technologien zu entwickeln, auf außerirdisches

Wissen zuzugreifen und Hilfe aus den Reichen der Engel anzunehmen. Gegenwärtig sind die spirituellen Technologien schon bereit und warten nur darauf, dass wir die Schablonen abrufen, die es ihnen ermöglichen, manifestiert zu werden.

Erzengel Sandalphons ätherisches Refugium ist die magische Kristallhöhle beim wunderschönen blauen Lago de Atitlán in Guatemala. Dort können wir auf seine Weisheit zugreifen und mit ihm arbeiten, um unser Erdsternchakra zu aktivieren. Dieses muss vollständig aktiviert sein, damit wir eine solide Aufstiegsgrundlage für die fünfdimensionalen Chakras haben, die wir zurzeit entwickeln. Unter unseren Füßen gelegen ist das Erdsternchakra, unser persönlicher Garten Eden, der die Samen unseres Potenzials und unserer Lebensfreude enthält. Erzengel Sandalphon nährt dieses Chakra und hilft uns, es zu entwickeln, wenn wir so weit sind. Wird es aktiviert, kann sich unser Sternentor dem Quell öffnen. Außerdem können wir uns dann mit dem siebendimensionalen Zentrum des Planeten, der Hohlerde, verbinden.

Unsere vitale Energie oder Lebenskraft wird Kundalini genannt. Zehntausend Jahre lang wurde die Kundalini des Planeten in der Wüste Gobi vom aufgestiegenen Meister Sanat Kumara in Form männlicher Energie bewahrt. 2009 überführten sie die Ältesten der Maya in Erzengel Sandalphons Refugium nach Südamerika, wo dieser sie durch göttliche Alchemie in eine weibliche Energie umwandelte. Ganz Südamerika ist mit der Venus verbunden und trägt das göttlich Weibliche in seiner Essenz. Daher wurde eine Kundalinikugel hier von der Liebesenergie des kosmischen Herzens erfüllt. Die Kundalini unseres Planeten ist jetzt ein göttlich weiblicher Bauplan, der in unseren Erdsternchakras enthalten ist. Das wird die Grundlage für die Transformation und den Aufstieg aller Menschen im neuen goldenen Zeitalter sein. Steigt diese Kundalini in einem Menschen auf, beginnt der Aufstiegsprozess wirklich.

London im Vereinigten Königreich ist das Erdsternchakra des ganzen Planeten. Das Erwachen der zwölf fünfdimensionalen

Chakras des Planeten im Jahre 2012 erleuchtete das Gitternetz auf der ganzen Erde und verband die weibliche Kundalini mit London. Daher ist heute die göttlich weibliche Energie im aufgestiegenen Aspekt Londons enthalten.

Rufen Sie Erzengel Sandalphon an und bitten Sie ihn, Sie im siebendimensionalen Diamantkern der Hohlerde ebenso zu erden wie in Ihrem fünfdimensionalen Körper. Wenn Sie das getan haben, vervollständigt das die Antakarana-Brücke, die energetische Brücke, die durch uns hindurch bis zum Quell verläuft.

Der Engel der Musik

Wegen seines Wissens um die Harmonik der Schöpfung wird Erzengel Sandalphon auch als Engel der Musik bezeichnet. Er arbeitet mit Fekorm, dem großen Musikmeister, zusammen, der aus einem anderen Universum zu uns gekommen ist, um der Erde bei ihrem Übergang ins neue goldene Zeitalter zu helfen. Dadurch wird es uns möglich, uns mit der Musik der Sphären zu verbinden, also mit jenen Harmonien göttlicher Vollkommenheit, die durch die Bewegungen der Himmelskörper erzeugt werden. Das wird unsere Frequenz anheben, sodass wir auf unseren individuellen göttlichen fünfdimensionalen Plan zugreifen können.

Erzengel Sandalphons perfekte Balance männlicher und weiblicher Energien zeigt uns, dass er uns auf vollkommen ausgewogene Weise erdet und es uns so ermöglicht, nicht nur im Fluss, sondern auch in vollkommener Harmonie zu leben. Wird seine Energie vollständig integriert, wird die Musik unserer eigenen Schwingung Harmonien erschaffen, die uns vollkommenen Frieden bringen.

Erzengel Sandalphons
fünfdimensionale Blase

Sie können diesen mächtigen Erzengel anrufen und ihn bitten, Sie in eine fünfdimensionale Blase zu hüllen, die Ihr gesamtes Energiefeld auf eine höhere Frequenz bringen wird. Wenn Sie ihn darum bitten, platziert er Ihr eigenes Erdsternchakra über und um Sie herum und verankert es unter Ihren Füßen. Das ermöglicht es all Ihren Chakras, sich in der fünften Dimension korrekt auszurichten, und öffnet das höhere Potenzial jedes dieser Zentren.

Diese Übung ist sehr machtvoll. Daher sollten Sie Erzengel Sandalphon nur bitten, dies für eine andere Person zu tun, wenn diese Sie ausdrücklich darum gebeten hat, denn wenn ihr Energieniveau zu plötzlich ansteigt, kann sie sich ungeerdet fühlen, irritiert oder sogar krank werden.

Sie können allerdings Erzengel Sandalphons Engel bitten, am Eingangstor Ihres Grundstücks oder vor Ihrer Wohnungstür zu stehen und jeden, der eintritt, in eine fünfdimensionale Blase zu hüllen. Das wird die Frequenz aller Besucher einige Augenblicke lang anheben und es ihnen ermöglichen, die Dinge anders zu sehen oder ihre Meinung zu ändern, falls sie aus niederen Beweggründen gekommen sein sollten.

Eine Visualisierungsübung, um Erzengel Sandalphons fünfdimensionale Blase zu empfangen

1. Bereiten Sie einen Platz vor, an dem Sie sich entspannen können und nicht gestört werden. Zünden Sie, wenn es Ihnen möglich ist, eine Kerze an.
2. Setzen Sie sich still hin und atmen Sie ruhig ein und aus. Tun Sie dies mit der Absicht, Erzengel Sandalphons fünfdi-

mensionale Blase zu empfangen und sich mit der Note Ihres göttlichen Plans zu verbinden.

3. Erden Sie sich, indem Sie sich vorstellen, dass aus Ihren Füßen Wurzeln bis tief hinein in die Erde reichen.

4. Bitten Sie Erzengel Michael, Sie in seinen dunkelblauen Schutzmantel zu hüllen.

5. Bitten Sie Erzengel Sandalphon, Ihr Erdsternchakra zu aktivieren, bis Sie es silbergrau schimmernd unter sich sehen können.

6. Bitten Sie ihn, die fünfdimensionale Blase von Ihrem Erdstern über alle Ihre Energiefelder zu legen. Ihre Aura ist nun von silberner Farbe und reflektierend.

7. Nehmen Sie sich einen Augenblick lang Zeit, um ihre Resonanz in jeder Zelle Ihres Körpers, in Ihrer Aura und Ihren Feldern zu spüren.

8. Fühlen Sie sich geerdet und mit dem Herzen von Mutter Erde verbunden. Spüren Sie dann, wie ihre Energie in Sie einströmt und Ihre Blase vergrößert.

9. Stellen Sie sich vor, dass Sie auf beiden Füßen stehen und dass die Blase sich ausdehnt.

10. Sehen Sie, wie Sie erst Ihre Straße erfüllt und dann Ihr Land, wie sie sich über die Meere hinweg ausdehnt und schließlich den ganzen Planeten umhüllt.

11. Fühlen Sie, wie sich die musikalische Schwingungsresonanz aller fühlenden Wesen mit der Ihren verbindet. Sie sind jetzt eins mit Ihrem Planeten.

12. Nun können Sie auf die Note Ihres göttlich perfekten Plans zugreifen. Entspannen Sie sich und lassen Sie sie in jeder Zelle Ihres Körpers erklingen.

13. Bedanken Sie sich bei Erzengel Sandalphon und öffnen Sie die Augen.

Erzengel Gabriel

Erzengel Gabriel ist eine reine weiße Quelle der Erzengelenergie, da Weiß alle Farben des Farbspektrums beinhaltet. Er repräsentiert die höhere Form der Reinheit, die in den Herzen der Menschen lebt.

Zurzeit beaufsichtigt Erzengel Gabriel die Läuterung des Planeten und aller fühlenden Wesen auf ihm. Er ist für das Element Feuer zuständig und trägt die reine weiße Flamme, um alles durch die Umwandlung im Feuer auf die höchstmögliche Frequenz zu bringen. Obwohl er mit den Einhörnern der Luft, mit Gaia der Erde und mit Poseidon des Wassers kooperiert, ist er es doch, der den klaren Plan für das Licht bewahrt, das für den Planeten vorgesehen ist. Wenn Sie nach dem höheren Aufstieg streben, können Sie Erzengel Gabriel anrufen und ihn bitten, Sie bei der Klärung Ihrer eigenen Dichte und der des Planeten zu unterstützen.

Erzengel Gabriels Zwillingsflamme ist Erzengelin Elpis. Sie ist der Regenbogen in den Facetten eines Diamanten, beschert uns neue Chancen und schenkt uns Inspiration. Wenn Sie einen Regenbogen sehen und Ihr Herz einen Freudensprung macht, öffnet sie Ihnen neue Türen, damit Ihr Weg von Licht erhellt ist.

Erzengel Gabriel und das
Basis-, Sakral- und Nabelchakra

Erzengel Gabriel ist für die Entwicklung der Basis-, Sakral- und Nabelchakras der Menschen und des Planeten zuständig.

Das Basischakra

Das fünfdimensionale Basischakra ist platinfarben. Wenn wir diese Frequenz erreichen, ist unser Leben auf schimmernde Glückseligkeit und Freude gegründet und von dem unbedingten Vertrauen erfüllt, dass das Universum für uns sorgen wird. Zurzeit behindern Blockaden im Basischakra den Aufstiegsprozess vieler Menschen, weil sie immer noch von dem kollektiven Bewusstsein bezüglich Geld und Macht beeinflusst werden. Dieses Bewusstsein muss erweitert werden. Wenn wir Erzengel Gabriel darum bitten, wird er uns bei der Klärung unseres Basischakras helfen. Allerdings ist es auch gut möglich, dass er uns eine Lektion beschert, die uns bei dieser Klärung hilft.

Das planetarische Basischakra befindet sich in den Bergen Nordchinas. Wir können der Welt helfen, indem wir uns vorstellen, dass Erzengel Gabriels reines weißes Diamantlicht über dieser Gegend scheint.

Es besteht eine symbiotische Verbindung zwischen den Chakras des Planeten und denen der Menschheit. Wenn genügend Menschen Ihre Basischakras klären, wird das planetarische Basischakra in China erleuchtet werden – und umgekehrt. Wir können also etwas bewirken.

Das Sakralchakra

Das Sakralchakra des Planeten befindet sich in Honolulu. Auf der fünfdimensionalen Ebene hat es einen wunderschönen, blass schillernden Rosaton und ist von transzendenter Liebe erfüllt.

Aufgrund der Wiederkehr der fünfdimensionalen Energien wird Menschen in Beziehungen, die nicht ihrem höchsten Wohl dienen, die Gelegenheit gegeben, sich zu trennen oder eine höhere Frequenz zu erreichen. Viele Beziehungen werden transformiert und viele Zwillingsflammen- oder Seelengefährten-Beziehungen werden wieder aktiviert.

Wenn wir die karmischen Lektionen abgeschlossen haben, bekommen wir Gelegenheit, in Liebe und Gnade vorgeburtliche Entscheidungen zu treffen, was das Familienleben vollkommen transformieren wird. Wir können Erzengel Gabriel anrufen und ihn bitten, unser Familienkarma aufzulösen, damit unsere Familie frei wird.

Wenn wir unsere Schwingung auf die höhere fünfte Dimension anheben, muss unser physischer Körper vollkommen gesund sein. Wenn die Schwingung unseres Sakralchakras ansteigt, bringt uns Erzengel Gabriel den fünfdimensionalen Plan für vollkommene, strahlende sexuelle und emotionale Gesundheit. Wir können ihn anrufen und bitten, diesen Prozess zu beschleunigen. Allerdings sollten wir uns auch bewusst sein, dass in diesem Prozess eine Lektion enthalten sein mag.

Außerdem können wir Erzengel Gabriel bitten, die Schwingung dieses Chakras in der Menschheit insgesamt anzuheben.

Das Nabelchakra

Während des goldenen Zeitalters von Atlantis besaßen alle Menschen getrennte Nabel- und Sakralchakras. Als sich aber die fünfdimensionalen Chakras zurückzogen und durch dreidimensionale ersetzt wurden, verschmolzen die beiden Chakras. Gegenwärtig sind sie wieder dabei, sich zu trennen.

Das Nabelchakra ist von einem wunderbar hellen Orangeton, der Farbe der planetarischen Vereinigung. Wenn es vollständig fünfdimensional ist und in all seiner Pracht erstrahlt, werden wir einander und alle Kulturen und Religionen in völliger Akzeptanz willkommen heißen, da wir das planetarische Christusbewusstsein integriert haben.

Zu diesem Zeitpunkt werden auch fünfdimensionale Gemeinschaften und goldene Städte entstehen. Es wird keine Grenzen und keine Pässe mehr geben. Wir werden ineinander das Göttliche erkennen. Wir werden als Eins leben. Bitten Sie Erzengel Gabriel, Ihnen zu helfen, diese Vision für die Menschheit aufrechtzuerhalten.

Einfachheit

Einfachheit ist göttlich. Die Wahrheit ist immer klar, präzise und brillant. Erzengel Gabriel kann uns dabei helfen, die Einfachheit der Wahrheit herauszuarbeiten. Situationen und Lektionen sind häufig viel klarer, als sie zuerst erscheinen mögen. Wenn wir Dinge zum höchsten Wohl aller Wesen tun, wird Erzengel Gabriel dafür sorgen, dass sich eine einfache Lösung für alle Beteiligten herauskristallisiert. Er hält uns den Spiegel der Wahrheit vor, um uns die einfachste und müheloseste Art des Lebens aufzuzeigen.

Der Diamant der Klarheit

Wenn Sie nicht wissen, wie der nächste Schritt in Ihrem Leben aussehen soll, oder wenn Sie vor einer Wahl stehen und eine Entscheidung treffen müssen, setzen Sie sich still hin und bitten Sie Erzengel Gabriel darum, Ihnen Klarheit zu schenken. Er wird dann das Durcheinander beseitigen, sodass Sie die Situation von einer höheren Warte aus betrachten können, oder er wird Ihnen ein Zeichen schicken oder eine Gelegenheit präsentieren.

Da sich nun die Schleier der Illusion zu heben begannen, sind die Gedanken vieler Menschen konfuser geworden: Erinnerungen an frühere Leben vermischen sich mit Emotionen, die noch anerkannt, geklärt und aufgelöst werden müssen. Dieses Phänomen wird als paralleler Kopiereffekt bezeichnet, und es kann sehr verwirrend sein, wenn derartige Gedanken und Emotionen auftauchen. Erzengel Gabriel kann sie für Sie trennen und einen Diamanten der Klarheit über Ihnen platzieren. Sie müssen ihn nur darum bitten.

Erzengel Gabriels ätherisches Refugium

Erzengel Gabriels Refugium befindet sich über Mount Shasta, dem wunderschönen schneebedeckten Berg in der Kaskadenkette im Norden Kaliforniens. Hier können Sie auf seine Reinheit, Klarheit und Weisheit zugreifen und mit ihm arbeiten, um Ihr Basis-, Sakral- und Nabelchakra zu klären und zu aktivieren.

Ätherisch gesehen erinnert sein Refugium an einen Diamanten. Wenn Sie es während des Schlafes aufsuchen möchten, bitten Sie seine Engel, Sie abzuholen und Sie in Ihrem Geistkörper dorthin zu bringen, um die Klarheit, die Läuterung und das höhere Licht zu empfangen, die Sie brauchen. Es ist auch sinnvoll, während des Tages an Erzengel Gabriel zu denken, weil Ihnen das helfen wird, Ihre Schwingung seiner anzugleichen. So bereiten Sie sich auf Ihre nächtliche Verabredung vor.

Falls Sie sein Refugium während der Meditation aufsuchen möchten, schlage ich Ihnen folgende Visualisierungsübung vor.

Eine Visualisierungsübung, um Erzengel Gabriels Refugium aufzusuchen

1. Bereiten Sie einen Platz vor, an dem Sie nicht gestört werden und sich entspannen können. Zünden Sie eine Kerze an, wenn es Ihnen möglich ist.

2. Setzen Sie sich still hin und atmen Sie gleichmäßig mit der Absicht, Erzengel Gabriels ätherisches Refugium aufzusuchen.

3. Erden Sie sich, indem Sie sich Wurzeln vorstellen, die aus Ihren Füßen bis tief hinein in die Erde reichen.

4. Bitten Sie Erzengel Michael, Ihnen seinen dunkelblauen Schutzmantel umzulegen.

5. Bitten Sie Erzengel Gabriel, einen reinen Diamanten der Klarheit über Ihre Energiefelder zu platzieren, um Sie im höchsten Licht zu halten.

6. Bitten Sie ihn, alle roten Energien in Ihrem Basischakra zu aktivieren und im Gegenuhrzeigersinn herauszuschleudern. Ziehen Sie anschließend brillantes platinfarbenes Licht hinein.

7. Visualisieren Sie ein von Glückseligkeit und Freude erfülltes Leben.

8. Bitten Sie Erzengel Gabriel, alle dichten, schmutzigen Energien in Ihrem Sakralchakra zu aktivieren und im Gegenuhrzeigersinn herauszuschleudern. Lassen Sie dann herrliche, transzendente rosafarbene Liebe hineinfließen.

9. Visualisieren Sie, dass alle Bewohner der Erde bei bester Gesundheit sind und dass alle Familien auf der Welt in Liebe und Einheit miteinander verbunden sind.

10. Bitten Sie Erzengel Gabriel, den vollen Glanz Ihres Nabelchakras zu aktivieren.

11. Visualisieren Sie, wie Sie voller Freude Hand in Hand mit Erzengel Gabriel auf Ihrem goldenen Aufstiegsweg wandeln.

12. Bitten Sie Erzengel Gabriel, den Diamanten um Sie herum so weit auszudehnen, dass er die gesamte Welt umfasst.

13. Bitten Sie nun seine Engel darum, Sie mit in sein Refugium zu nehmen.

»Geliebter Erzengel Gabriel, ich bitte dich herzlich, mir deine reinen weißen Engel zu schicken, damit sie mich zu deinem ätherischen Refugium bringen.«

14. Wenn Sie einen besonderen Wunsch haben, äußern Sie ihn jetzt.

15. Entspannen Sie sich ganz tief und visualisieren Sie, dass Sie emporgehoben und zu einem riesigen schimmernden kosmischen Diamanten über Mount Shasta gebracht werden.

16. Verweilen Sie dort so lange, wie es für Sie nötig ist, bedanken Sie sich dann bei Erzengel Gabriel und kehren Sie an Ihren Ausgangspunkt zurück.

Erzengel Uriel

Erzengel Uriel, der das prachtvollste dunkle Gold der Weisheit ausstrahlt, arbeitet unermüdlich daran, niedere Frequenzen aufzulösen und die Menschheit zu befreien, auf dass sie in Freiheit und Glück leben möge. Wenn es karmisch gesehen angebracht ist, sucht er Flecken dichter Energie auf und wandelt diese um – er bringt sie zum Quell, wo sie aufgelöst wird. Rufen Sie ihn daher an, wenn eine Situation besonders schwierig wird.

In seinen gewaltigen Energiefeldern befindet sich ein rubinrotes Licht. Mit diesem greift er ein und beendet Situationen, die ihr schöpferisches Potenzial hin zum Guten überschritten haben. Wann immer es möglich ist, greift er ein, um Frieden zu stiften.

Wenn wir uns mit dem rubinroten Strahl verbinden, werden wir ein Kanal für Erzengel Uriel. Der Rubin ist die materielle Form dieses Strahls. Dieser rubinrote Strahl enthält auch Lila, das aus Rot, Königsblau und Gold besteht. Königsblau gibt uns die Macht, tiefe Weisheit und Wissen zu kommunizieren. Erzengel Uriel kann sein Licht durch diese Farbe auf uns übertragen und uns mit einem Energieschub ermöglichen, es zu absorbieren.

Mattes Gold enthält uralte Weisheit, auf die wir zugreifen können, wenn unsere Mitte friedlich und ruhig ist.

Rot gibt uns die körperliche Stärke und Ausdauer, die nötig sind, um diese Macht zu bewahren und sie anderen mitzuteilen. Es gibt uns die Energie und die Impulse, um zu handeln.

Erzengel Uriels Zwillingsflamme ist Erzengelin Aurora. Sie besitzt die Energie des Morgenlichts, das Ideen erhellt und einen Neuanfang inspiriert. Zurzeit stellt sie ihre Frequenz jenen Lichtarbeitern zur Verfügung, die wichtige neue Informationen aus der geistigen Welt erhalten, und hilft ihnen so, diese zu verifizieren. Sie schenkt uns Vertrauen in unsere Fähigkeit, uns mit der geistigen Welt zu verbinden, und sorgt dafür, dass alle erhaltenen Informationen aus der Quelle der Einheit zu uns kommen.

Erzengel Uriel und das Solarplexuschakra

Unser Solarplexuschakra zieht alle Ängste aus unserer Umgebung an. Es ist unser Alarmsystem, das wie eine riesige psychische Pumpe funktioniert und auf uns aufpasst. Es nimmt die niedere Energie der Angst auf und versucht sie umzuwandeln.

Alle Bauchgefühle werden im Solarplexus wahrgenommen. Zurzeit überprüfen die meisten übersinnlich begabten Menschen, die wichtige Informationen aus der geistigen Welt herunterladen, deren Wahrheitsgehalt durch den Solarplexus. Erzengel Uriel hilft ihnen jetzt, ihre Frequenz auf die des Herzens anzuheben, sodass die Verifizierung in Zukunft durch Wärme im Herzchakra geschehen wird. Unsere goldene Weisheit bildet dann den Kern unseres Herzzentrums.

Südafrika ist der Solarplexus unseres Planeten. Es absorbiert die dreidimensionale Angst der ganzen Welt und wandelt sie um. Wenn sich ein Solarplexus in vollkommener Harmonie befindet, schwingt er auf der Note B. Während der Fußballweltmeisterschaft in Südafrika erzeugten die Menschen mit ihren Vuvuzelas dieses B, um die Angst und die Anspannung der Welt umzuwandeln. Das wurde von Erzengel Uriel organisiert.

Unser Planet ist der Solarplexus des ganzen Universums und schwingt ebenfalls auf der Note B. Da wir die niederen Energien des gesamten Universums absorbieren, herrscht auf der Erde ein so großer Stress. Während jetzt das Alte aufgelöst wird, bewahrt Erzengel Uriel den Plan der höheren Manifestation des Weltfriedens. Dieser wird sich von selbst einstellen, wenn die Menschen einen hohen Grad an persönlicher Erfüllung und ein starkes Selbstwertgefühl erlangt haben, weil sie in Übereinstimmung mit dem Weg ihrer Seele leben.

Wenn Sie bereit sind, Harmonie und Gleichgewicht in sich herzustellen, rufen Sie Erzengel Uriel an, damit er Ihnen hilft zu verstehen, was dies bisher verhindert hat, und es aufzulösen. Dann wird Ihre tiefste Weisheit automatisch aus Ihrem Inneren hervorquellen und Ihnen den Weg zur besten Lösung einer bestimmten Situation zeigen.

In unserem fünfdimensionalen Solarplexus bewahren wir das Wissen und die Weisheit unserer gesamten Seelenreise auf, die begann, als wir den Quell verließen. Wenn wir uns enger mit Erzengel Uriel verbinden, erlangen wir automatisch wieder Zugang zu diesem Wissen. Das Symbol im dreidimensionalen Solarplexus ist der sechszackige Stern, der darstellt, wie die Erde in den Himmel aufsteigt und wie der Himmel zur Erde hinabsteigt. Da auf der fünfdimensionalen Ebene alle Chakras das Christusbewusstsein enthalten, wird das Symbol zu einem erleuchteten, vieldimensionalen, sechszackigen Stern. Wenn wir diesen in unserem Solarplexus visualisieren, aktivieren wir die Lichtcodes unserer Weisheit.

Die Erde hat eine sehr lange Reise hinter sich und hat durch die fünf goldenen Zeitalter große Weisheit erlangt. Diese ist in der ätherischen Diamantpyramide im Zentrum der Hohlerde gespeichert. Wenn unser Solarplexus geklärt ist, können wir diese Pyramide betreten und auf die Akaschachronik der Erde zugreifen. Wir werden zudem in der Lage sein, auf die gesamte Weisheit zuzugreifen, die wir auf unserer Seelenreise in diesem Universum und anderen Universen erlangt haben. Der Grad der Informationen, die wir bekommen, hängt von unserer persönlichen Schwingungsfrequenz ab.

Das fünfdimensionale Solarplexuschakra spiegelt das dunkle Gold der göttlichen Macht, der Weisheit und des Vorsatzes von

Erzengel Uriel wider, einen Neuanfang in Übereinstimmung mit dem göttlich Weiblichen zu ermöglichen. Dies sind die Eigenschaften, auf denen sich die fünfdimensionalen Gemeinschaften gründen werden.

Erzengel Uriel arbeitete bereits während des goldenen Zeitalters von Atlantis mit Gemeinschaften. Er führte Menschen zusammen und inspirierte in ihnen die Fähigkeit, im Interesse des Gemeinwohls zu kooperieren.

Die Engel des Friedens

Erzengel Uriel befehligt ganze Heerscharen von Engeln des Friedens. Sie können ihn bitten, diese an jeden beliebigen Ort zu schicken, wenn sie dort benötigt werden, um persönliche Probleme zu lösen, Konflikte zwischen Staaten zu schlichten oder dem Planeten insgesamt zu helfen. Jeder Friedensengel ist so riesig, dass er eine ganze Stadt umhüllen und überstrahlen kann. Sie können diese Engel in verschiedenen Farben sehen, die von einem cremigen Gold bis zu rubinrotem Gold reichen. Sie können einzelnen Menschen oder der ganzen Welt eine unermessliche Hilfe sein, wenn Sie die Friedensengel in Gedanken oder laut darum bitten, den Menschen oder Orten in Not zu Hilfe zu eilen. Tun Sie das, so oft Sie können, und denken Sie immer daran: Wenn Sie sie nicht schicken, haben sie nichts zu tun und ihr Potenzial liegt brach.

Die Taube ist das Symbol der Friedensengel. Daher können Sie sich vorstellen, dass eine Taube überall dort hinfliegt, wo Licht benötigt wird. Die Friedensengel arbeiten aber auch durch Enten, Rebhühner und Fasane. Kommt einer dieser Vögel zu Ihnen, können Sie sicher sein, dass die Friedensengel ihn geschickt haben. Halten Sie einen Moment inne und erfüllen Sie Ihr Herz mit Liebe. Erzengel Uriel wird nahe bei Ihnen sein.

Erzengel Uriels Refugium

Erzengel Uriels ätherisches Refugium befindet sich im Tatra-Gebirge in Polen. Dort haben Sie Zugriff auf sein Licht, das Ihnen helfen wird, sich mit Ihrer ursprünglichen Weisheit zu verbinden und Ihr Solarplexuschakra zu stärken. Sein Refugium erinnert an eine riesige goldene Rose mit rubinroten Spitzen, die strahlend, warm und einladend wie die Sonne ist. Wenn Sie ihn hier während des Schlafes in Ihrem Geistkörper aufsuchen möchten, sollten Sie sich schon während des Tages darauf vorbereiten, indem Sie an ihn denken und sich vorstellen, von schimmerndem rubinrot-goldenem Licht umhüllt zu sein. Wenn Sie dann zu Bett gehen, bitten Sie Uriels Engel, Sie zu seinem Refugium zu bringen. Dort können Sie dann in seinen tiefen Frieden eintauchen, damit Ihre wahre Weisheit hervortreten kann.

Wenn Sie sich während der Meditation mit Erzengel Uriel verbinden möchten, können Sie die folgende Visualisierungsübung benutzen.

Eine Visualisierungsübung, um den Kontakt zu Erzengel Uriel herzustellen

1. Bereiten Sie einen Platz vor, an dem Sie nicht gestört werden und sich entspannen können. Zünden Sie eine Kerze an, wenn es Ihnen möglich ist.
2. Setzen Sie sich still hin und atmen Sie gleichmäßig mit der Absicht, Erzengel Uriels ätherisches Refugium aufzusuchen.
3. Erden Sie sich, indem Sie sich Wurzeln vorstellen, die aus Ihren Füßen bis tief hinein in die Erde reichen.
4. Bitten Sie Erzengel Michael, Ihnen seinen dunkelblauen Schutzmantel umzulegen.

5. Konzentrieren Sie sich auf Ihren Solarplexus und sehen Sie ihn als eine riesige goldene Rose mit rubinroten Blütenspitzen.

6. Rufen Sie Erzengel Uriel mit folgenden Worten an:

»Mächtiger Erzengel Uriel, ich bitte dich, mich in deinen goldenen, mit rubinrotem Licht gefütterten Mantel zu hüllen.«

7. Spüren Sie, wie seine Energie Sie einhüllt und in Ihren Solarplexus strömt, sodass sich die Blütenblätter weit öffnen.

8. Atmen Sie das Rot, das Königsblau und das Gold seines rubinroten Strahls behutsam durch Ihren Solarplexus ein und aus.

9. Tun Sie dies in dem Wissen, dass es Sie stärkt und dass Sie dadurch in all Ihrer Macht und Herrlichkeit dastehen können.

10. Spüren Sie, dass der große Fluss des Wissens und der Weisheit Ihrer gesamten Seelenreise und der Erde darauf wartet, sich in Ihrem Leben offenbaren zu dürfen.

11. Senden Sie Friedensengel zu Menschen und an Orte, überall dorthin, wo sie gebraucht werden. Tun Sie das in dem Wissen, dass Sie damit etwas bewirken und einen Unterschied machen.

12. Bitten Sie Erzengel Uriels goldene Engel, Sie während des Schlafes in sein ätherisches Refugium zu bringen.

Schritt 22

Mit Erzengel Chamuel das Herz öffnen

Der wichtigste Schritt auf dem Weg des Aufstiegs ist die Öffnung des Herzens. Wenn wir von diesem Zentrum aus operieren, bringt uns das eindeutig in das höhere fünfdimensionale Paradigma.

Das Herz wird durch eine wunderschöne rosa-weiße Rose mit einer goldenen Mitte symbolisiert. Der erste Bereich des Herzens weist zehn Blütenblätter auf, von denen jedes eine Einweihung in die dritte Dimension darstellt. Sie haben die Form jener Eigenschaften, die wir überwinden müssen, und werden gründlich von unseren Führern und unserem Höheren Selbst überprüft. Allerdings ist es möglich, die höheren Blütenblätter des Herzens zu öffnen, während einige der niederen immer noch geschlossen sind. Das geschieht, wenn noch eine Lektion im Basis- oder Sakralchakra zu lernen ist.

Der zweite Bereich des Herzens, der uns durch die vierte Dimension bringt, weist sieben Blütenblätter oder Einweihungen auf. Diese Lektionen werden normalerweise viel schneller gelernt.

Der fünfdimensionale dritte Bereich des Herzens zeigt sechzehn Blütenblätter. Hier öffnen wir uns dem höheren Herzen und endlich auch der transzendenten Liebe. (Weitere Informationen finden Sie in *Ascension Through Orbs** von Diana Cooper und Kathy Crosswell.)

---

* Deutsch: Diana Cooper / Kathy Crosswell: *Orbs. Wegbereiter für den Aufstieg ins Licht.* Ansata, München 2010

Wenn wir durch das Herz arbeiten, transzendieren wir das Ego, da nun alles im Interesse des Gemeinwohls getan wird und in Übereinstimmung mit dem Einheitsbewusstsein geschieht. Wenn genügend Menschen vom Herzen her leben und dies durch die von der linken Gehirnhälfte gesteuerte Vernunft und reine Absichten ausgleichen, werden fünfdimensionale Gesellschaften entstehen. Alle ihre Mitglieder werden in ihren Herzen zentriert sein und das tun, was sie von Herzen gern tun.

Die Öffnung der dreiunddreißig Blütenblätter des Herzens ist eine Reise der Seele, die auf ihrem abenteuerlichen Weg zurück zum Quell alle Aspekte der Liebe entdeckt und erforscht. Dazu sind normalerweise mehrere Leben notwendig, aber durch die verfeinerte Energie dieser Epoche wird den Menschen die Möglichkeit gegeben, alle Blütenblätter zu erforschen, während sie den Aufstiegsprozess durchlaufen.

Erzengel Chamuel beaufsichtigt die Öffnung der ersten zehn Blütenblätter während der ersten Einweihungen des Aufstiegsprozesses. Viele Menschen haben immer noch den dreidimensionalen Plan ihrer Problembereiche in der Zellmatrix ihres Herzchakras, obwohl sie auf dem Aufstiegsweg schnell vorankommen. Das bedeutet, dass sie immer noch mit einigen niederen Emotionen zu tun haben und entsprechend getestet werden.

Eine Möglichkeit, diese Blütenblätter zum Öffnen zu bringen und die emotionale Spannung aufzulösen, besteht darin, Erzengel Metatron anzurufen und sich vorzustellen, dass seine goldorangene Sonne direkt in unser Herz scheint. Das ermöglicht es der Rose automatisch, sich zu öffnen und die Emotionen ans Licht zu bringen.

Wenn die höheren Blütenblätter auf ihre Aktivierung warten, können Sie Erzengelin Maria anrufen und sie bitten, sie in ihrer transzendenten Liebesfrequenz zu baden. Das wird sie weicher machen und sie ermutigen, sich zu öffnen.

Hier ist eine Auflistung der fünfdimensionalen Facetten der Blütenblätter des höheren Herzchakras:

- Vergebung der gesamten irdischen Erfahrung, die noch ein Überbleibsel des Untergangs von Atlantis ist. Dies kann geheilt werden, indem das goldene Christuslicht angerufen und zurück zu diesem Zeitpunkt in Atlantis geschickt wird. Dadurch wird die planetarische Matrix an diesem Punkt neu gestartet, sodass wir weiter voranschreiten können.

- Sich selbst zu vergeben ist so viel schwieriger, als anderen zu vergeben. Das liegt daran, dass wir nur auf einer ganz tiefen Ebene um die Großartigkeit unserer Seele wissen. Wenn Sie die kosmische violette Diamantflamme oft über sich platzieren, ermöglicht Ihnen dies, sich wieder mit Ihrer göttlichen Großartigkeit zu verbinden. Sitzen Sie einfach still da und rufen Sie die kosmische violette Diamantflamme an. Stellen Sie sich vor, dass Sie dieses reine kristalline violette Licht vollkommen erfüllt. Wenn Sie das getan haben, wird das Ihre Enttäuschung über sich selbst auflösen, darüber, dass Sie nicht perfekt sind.

- Warmherzigkeit ist ein automatischer Prozess, der sich einstellt, wenn sich das Herz einer fünfdimensionalen Frequenz öffnet. Der Aufstiegsweg schmilzt das Eis früherer Erfahrungen und ermöglicht es dem Christuslicht einzuströmen. Wenn Sie visualisieren, dass das Eis um Ihr Herz herum schmilzt und das Christuslicht einfließt, fördern und beschleunigen Sie diesen Prozess.

- Sobald Ihr Herz in Liebe erstrahlt, sind Sie offen gegenüber allen fühlenden Wesen und heißen sie willkommen. Stellen Sie sich bewusst vor, dass Ihr Herz leuchtet, und schicken Sie dieses Licht allen Wesen.

- Großzügigkeit ist das Geschenk Ihres Herzens für andere. Das kann zum Beispiel durch materielle Geschenke ausgedrückt werden. Wenn Sie irgendetwas verschenken, achten Sie immer darauf, dass Ihr Herz offen ist.

- Bedingungslos zu geben bedeutet, anderen etwas zu schenken, ohne dafür etwas im Gegenzug zu erwarten. Darin spiegelt sich die Offenheit Ihres Herzens wider. Praktizieren Sie dies, und schon bald werden Sie spüren, wie Ihr Herz warm wird.

- Die Liebe zur Menschheit entsteht aus der vollständigen Akzeptanz aller Seelen, ganz gleich, auf welcher Lernstufe sie sich auch befinden mögen. Segnen Sie alle Menschen, ganz gleich, was sie auch getan haben mögen.

- Bedingungslose Liebe ist ein reines Verströmen der Liebe, ohne dies an Bedingungen zu knüpfen. Achten Sie darauf, wie frei die Liebe ist, die Sie verschenken. Wenn Sie eine Einschränkung Ihrer Liebe bemerken, bitten Sie Erzengel Chamuel, diese aufzulösen.

- Transzendente Liebe nimmt alle niederen Energien und übergibt sie durch die Macht der göttlichen Alchemie dem Quell. Visualisieren Sie, dass Ihre Liebe einen Ton der Liebe in anderen erzeugt. Zeigen Sie dann Ihre Fähigkeit, indem Sie einer Person oder einer Situation, die Sie schwer geprüft hat, Ihre reine Liebe schenken.

- Die Verbindung zum kosmischen Herzen ist Teil unseres göttlichen Plans. Bestimmte Aspekte davon bringen wir immer durch, aber nur wenn wir die niederen Aspekte des Herzens transzendieren, kann sich diese Verbindung auch in unserem Alltag manifestieren. Rufen Sie den neundimensionalen Aspekt von Erzengel Chamuel an und bitten Sie ihn, Sie mit der großen kosmischen Rose, dem kosmischen Herzen, zu verbinden.

- Kosmische Liebe ist der Liebesstrom des Universums, der durch Ihren physischen Körper fließt und alles, was ist, umschließt. Wenn es Ihnen möglich ist, gehen Sie nachts hinaus und stellen Sie sich unter den Sternenhimmel. Atmen Sie die Liebe des ganzen Universums in Ihr Herz und schicken Sie dann Liebe an alle Wesen.

- Eins zu sein bedeutet, sich vollständig mit dem Quell zu identifizieren und tief im Inneren zu wissen, dass wir ein Teil

von ihm sind und er ein Teil von uns. Stellen Sie sich vor, dass
Sie mit jedem Atom des Universums verschmelzen. Sie sind
Alles-Was-Ist.

Das Herz harmonisieren

Das kosmische Symbol, das im Herzen getragen wird, ist ein Kreis
oder das Yin-Yang-Symbol. Diese beiden Symbole sind austausch-
bar und bringen den Energiefluss durch die zwölf Chakras ins
Gleichgewicht. Symbole wurden in alter Zeit aufgrund ihrer Wirkung auf den Energiefluss ausgewählt. Dies ist etwas, das man
nicht theoretisch lernen, sondern nur erfahren kann.

Eine Visualisierungsübung,
um den Energiefluss im Herzchakra zu harmonisieren

1. Spüren oder visualisieren Sie einen Kreis oder das Yin-Yang-
   Symbol im Herzchakra.
2. Richten Sie Ihre Aufmerksamkeit auf das kosmische Herz
   und gestatten Sie der von dort kommenden Liebe, in Ihr Sternentorchakra einzutreten, dann durch alle Chakras hinunter-
   zufließen, um die Kugel in Ihrem Herzzentrum herumzuflie-
   ßen und schließlich zum Erdstern hinunterzuströmen.
3. Nachdem die Energie von Ihrem Erdstern aufwärts durch die
   Kugel im Herzchakra bis zum Sternentor geströmt ist, wiederholen Sie den Ablauf erneut.

Erzengel Chamuel

Erzengel Chamuel hat sich seit dem Untergang von Atlantis um die Herzzentren der Menschen gekümmert und kennt uns sehr gut.

Sein göttlich weiblicher Aspekt ist Erzengelin Caritas. Sie repräsentiert den offenherzigen, gebenden Aspekt von Chamuels Licht und inspiriert die Menschen, selbstlos zu handeln. Ihre Farbe ist ein strahlendes Weiß mit einem wunderschönen Hauch Rosa darin.

Erzengel Chamuels ätherisches Refugium befindet sich in St. Louis im amerikanischen Bundesstaat Missouri. Unter diesem Staat im Süden der Vereinigten Staaten liegt ein ausgedehntes Lager mit Kristallquarzen. Aus diesem Grund erschuf sich Erzengel Chamuel sein Refugium im Äther über diesem Gebiet. Während des Kosmischen Moments am 21. Dezember 2012 wurde dieses Kristalllager in Übereinstimmung mit der planetarischen Harmonik aktiviert, um die Frequenz des gesamten Planeten anzuheben. Dies ermöglicht es der Liebe Erzengel Chamuels, sich zu verbreiten.

Sie können Erzengel Chamuels Refugium aufsuchen und dort auf seine reine Liebesenergie zugreifen, um Ihr Herz zu öffnen und es auszudehnen. Wenn Sie sein Refugium während des Schlafs in Ihrem Geistkörper aufsuchen möchten, visualisieren Sie während des Tages, dass Ihr Herz durch eine wunderschöne rosafarbene Schnur mit dem Herzen Erzengel Chamuels verbunden ist. Wenn Sie es während der Meditation aufsuchen möchten, finden Sie hier eine entsprechende Visualisierungsübung.

Eine Visualisierungsübung, um Erzengel Chamuels Refugium aufzusuchen

1. Bereiten Sie einen Platz vor, an dem Sie nicht gestört werden und sich entspannen können. Zünden Sie eine Kerze an, wenn es Ihnen möglich ist.

2. Setzen Sie sich still hin und atmen Sie gleichmäßig mit der Absicht, Erzengel Chamuels Refugium aufzusuchen.

3. Erden Sie sich, indem Sie sich Wurzeln vorstellen, die aus Ihren Füßen bis tief hinein in die Erde reichen.

4. Bitten Sie Erzengel Michael, Ihnen seinen dunkelblauen Schutzmantel umzulegen.

5. Stellen Sie sich eine wunderschöne weißrosafarbene Rose in Ihrem Herzen vor.

6. Atmen Sie sanft in Ihre Rose hinein und sehen Sie, wie sich die dreiunddreißig Blütenblätter öffnen, während Sie sich entspannen.

7. Bitten Sie Erzengel Chamuel, Ihr Herzchakra zu berühren. Vielleicht spüren Sie die Berührung, vielleicht spüren Sie auch, wie Ihr Herz warm wird.

8. Bitten Sie Erzengel Metatron, sein goldorangenes Licht wie Sonnenstrahlen in Ihr Herz zu senden. Während die Blütenblätter die Strahlen absorbieren, spüren Sie, wie Sie alle dreidimensionalen Aspekte, die noch in Ihnen verblieben sind, loslassen.

9. Bitten Sie Erzengelin Maria, Ihr klares Licht reiner Liebe über Ihrem höheren Herzen auszuschütten, und spüren Sie, wie sich die Blütenblätter in diesem transzendenten Licht weit öffnen.

10. Wenn sich alle Blütenblätter der Rose vollständig entfaltet haben, nehmen Sie wahr, dass der innerste Kern golden leuchtet.

11. Nun empfangen Sie einen Lichtstrahl vom kosmischen Herzen, der die Codes und Schlüssel der Liebe des Quells enthält.

12. Spüren Sie, dass Erzengel Chamuels Engel Sie umgeben und Sie mit in sein Refugium nehmen.

13. Entspannen Sie sich dort und nehmen Sie die Liebe in sich auf.

14. Bedanken Sie sich bei den Erzengeln Chamuel, Metatron und Maria, bevor Sie wieder die Augen öffnen.

Erzengel Michael

Erzengel Michael ist der bekannteste unter den Engeln. Seit den Anfängen der Menschheit hat er Seelen dazu inspiriert, auf einer höheren Ebene zu leben, indem er ihnen Kraft, Mut und Wahrheit gegeben hat. Unermüdlich beschützt er die Frequenz der Menschen auf diesem Planeten. Dies war besonders wichtig, weil wir bisher auf der Ebene der Dualität gelebt haben. Nun besteht seine Aufgabe darin, uns zu erleuchten, damit wir auf die fünfdimensionale Ebene aufsteigen können. Wenn das geschieht, wird sich unser Glaubenssystem verwandeln und wir werden in der Lage sein, uns selbst durch unsere innere Kraft zu beschützen.

Erzengel Michael überstrahlt Kanada und die Vereinigten Staaten und ist für das Engellicht zuständig, das er in diesen Ländern an strategischen Punkten im Boden verankert hat. Das Licht befindet sich in den Gitternetzen und ist spezifisch darauf programmiert, das den Planeten umspannende Lichtnetz auf harmonische Weise zu erleuchten. Das wird unser spirituelles Erwachen beschleunigen.

In der wunderbaren fünfdimensionalen Realität wird die neue Frequenz unser Vertrauen in unsere Fähigkeit zur Autarkie vollständig unterstützen. Wir werden wissen, dass wir – beschützt durch unser inneres Licht – stets sicher sind.

Während wir unsere persönliche Macht entwickeln, ist Erzengel Michael immer an unserer Seite, um uns zu beschützen. Wenn unser Licht stark genug ist und wir daran glauben und darauf vertrauen, dass wir in Sicherheit sind, werden wir es auch sein.

Erzengel Michaels Schwert der Wahrheit steht symbolisch für die Fähigkeit, unsere eigene Macht selbstbewusst auszudrücken, unsere Wahrheit auszusprechen und andere in das strahlende Licht ihrer eigenen Großartigkeit zu führen. Auf der fünfdimensionalen Ebene sind wir autark und erschaffen bewusst unsere eigene Realität. Dann halten auch wir unser eigenes Schwert der Wahrheit in den Händen.

Erzengel Michael steht gegenwärtig an unserer Seite und gibt uns Kraft. Sobald wir unsere eigene Schwingungsfrequenz erhöht haben, können wir seine höheren Energien als eine hellere Schattierung derselben Farbe wahrnehmen. Sie sind also nicht mehr dunkelblau, sondern königsblau, weil sie die rote Energie enthalten, die wir brauchen, um im Sinne des Lichts handeln zu können. Zurzeit hilft uns Erzengel Michael, unser Halschakra auf eine höhere Frequenz zu bringen, sodass wir vollkommen ehrlich sein können. Wenn fünfundsiebzig Prozent der Menschen ein solches Halschakra haben, wird die große Welle der Bewusstheit uns alle in die fünfte Dimension katapultieren. Dann wird Michael die künftigen Führer ermächtigen, jene fünfdimensionalen Strukturen einzurichten, die uns ins neue goldene Zeitalter bringen werden.

Jeder Einzelne von uns hat sich mit einem bestimmten Maß an Stärke und Mut inkarniert, das er während seiner vielen Leben erworben hat. Erzengel Michael hilft uns nun, diese Eigenschaften in unserem täglichen Leben zu manifestieren, indem er unsere Energiefelder ins Gleichgewicht bringt und sie umstrukturiert. Sobald er sieht, dass wir bereit sind, erlegt er uns die Prüfungen auf, die wir benötigen, um diese Energien voll in unser Bewusstsein zu bringen. Dann führt er uns mit dem Schwert der Wahrheit in der Hand auf den Weg des Christusbewusstseins.

Erzengel Michael ist ein übergroßer Alchemist und Mathematiker, der mit den geometrischen Strukturen aller Dimensionen arbeitet. Sein Einfluss ist in allen Universen spürbar. Er arbeitet mit Erzengel Metatron zusammen, und die beiden erschaffen gemeinsam geometrische Strukturen, die jene Lichtsprache aus bestimmten Tönen beinhalten, durch die sich Materie zur Realität verdichtet. Auf diese Weise ermöglichen es diese Erzengel, dass materielle Manifestierungen überhaupt stattfinden können. So werden auch neue Sterne und Planeten erschaffen. Auf die gleiche Weise aber wirken auch die machtvollen Gedankenformen, die wir aussenden und durch die wir unsere Realität erschaffen.

Erzengel Metatron steuert die Quellcodes von Helios bei, welche die Schlüssel des Lebens sind. Diese Energien von der Sonne aktivieren uns zurzeit. Erzengel Michael nimmt die Gedanken des Quells ebenso wie unsere eigenen machtvollen Gedanken und Wünsche und projiziert sie in die Realität unserer Welt. Dabei verdichtet er die entsprechende Geometrie zu lebender Materie.

Kommandant Aschtar befehligt die intergalaktische Flotte, die im Weltraum um die Erde und an den äußeren Grenzen unserer Galaxis patrouilliert. Die Flotte beschützt den Raum, damit das Licht des Quells ungehindert auf unseren Planeten strömen kann. Daher arbeitet Kommandant Aschtar eng mit Erzengel Michael zusammen, dessen Heerscharen dafür sorgen, dass der Aufstiegsprozess auf Erden nicht gestört wird.

Da Erzengel Michael einen Aspekt des fünfdimensionalen Plans bewahrt, durch den Macht und Kontrolle durch vereinigte Liebe, Teilhabe und Zusammenarbeit ersetzt werden, ermöglicht er auch das Entstehen neuer wirtschaftlicher Strukturen auf der Erde. Wir sehen seinen Einfluss bereits im Zusammenbruch der alten Paradigmen in der Wirtschaft, der Geschäftswelt, der Pharmaindustrie, im Bildungs- und Gesundheitswesen, in Industrie und Regierung, während wir in das neue Paradigma hinübergehen.

Erzengel Michaels Zwillingsflamme ist Erzengelin Credo. Wenn Sie sich mit ihrer Energie verbinden, schenkt sie Ihnen eine solche Klarheit über Sinn und Zweck Ihres Lebens und vollkommenes Vertrauen, dass Sie sich bedingungslos unterstützt fühlen und wissen, dass alles in göttlicher Ordnung ist.

Wenn wir die Wünsche unseres Höheren Selbst manifestieren, wird sich die Erzengelenergie in uns auch in unserem Leben ausdrücken. Wir tragen in uns Erzengel Michaels Eigenschaften der Stärke und des Mutes ebenso wie die Energie des friedvollen Liebeskriegers, des wahren Führers erfüllt von Vision und Macht. Er hilft all jenen, die danach streben, auf einer höheren Ebene zu leben, und beschützt sie.

Erzengel Michael und das Halschakra

Erzengel Michael ist für das Halschakra aller fühlenden Wesen zuständig. Wenn unser Halschakra das wunderschöne Königsblau der fünften Dimension ausstrahlt, fangen wir an, uns mit der Weisheit des Merkurs und seines aufgestiegenen Aspekts, Telephony, zu verbinden. Dann können wir auf das alte Wissen des goldenen Zeitalters von Atlantis zugreifen. Außerdem werden wir mit den Engeln und Meistern des goldenen Strahls kommunizieren, der nicht nur das Christuslicht der bedingungslosen Liebe in sich trägt, sondern auch die Weisheit des Universums. Weiter werden wir eine telepathische Verbindung zu allen Tierarten und außerirdischen Wesen herstellen können. Wenn wir mit den Tieren kommunizieren, wird dies unser Leben bereichern und es den Tieren ihrerseits ermöglichen, sich auf ihrem eigenen Aufstiegsweg freier zu bewegen.

Durch den goldenen Strahl werden Informationen in unser Halschakra heruntergeladen, die es uns ermöglichen, in der Sprache des Lichts zu kommunizieren, in der die Aufstiegsinformationen für die Welt enthalten sind. Außerdem werden wir die Energie der Engel spüren können.

Während wir uns mit der Weisheit des goldenen Zeitalters von Atlantis verbinden, wacht Erzengel Michael darüber, welche

Informationen uns zur Verfügung gestellt werden. Er wird uns befähigen, diese mutig an jene Menschen weiterzugeben, die dafür bereit sind. Unsere Fähigkeit, unsere Wahrheit auszusprechen, wird so einen neuen Schub erhalten.

Erzengel Michaels Refugium

Erzengel Michaels Refugium befindet sich im kanadischen Banff-Nationalpark über dem heiligen blauen Lake Louise in den Bergen. Wenn Sie ihn dort aufsuchen, wird er Sie mit seiner Stärke und Macht erleuchten, sodass Sie sich von nun an selbst beschützen können. Sie können Ihr Halschakra vollständig für Ihre Wahrheit öffnen und er wird Ihr eigenes Schwert der Wahrheit in Ihre Energiefelder einfügen.

Falls Sie ihn im Schlaf in Ihrem Geistkörper in seinem Refugium aufsuchen möchten, stellen Sie sich vor, dass Sie vollständig von dunkelblauem Licht durchdrungen sind, und handeln Sie stets kraftvoll und mutig. Wenn Sie sein Refugium während der Meditation erleben möchten, können Sie die folgende Visualisierungsübung benutzen.

Eine Visualisierungsübung, um Erzengel Michael in seinem Refugium aufzusuchen

1. Bereiten Sie einen Platz vor, an dem Sie sich entspannen können und nicht gestört werden. Zünden Sie, wenn es Ihnen möglich ist, eine Kerze an.
2. Setzen Sie sich still hin und atmen Sie ruhig ein und aus. Tun Sie dies mit der Absicht, sich mit Erzengel Michael zu verbinden.

3. Erden Sie sich, indem Sie sich vorstellen, dass aus Ihren Füßen Wurzeln bis tief hinein in die Erde reichen.

4. Bitten Sie Erzengel Michael, Ihnen seinen dunkelblauen Schutzmantel umzulegen und Sie in königsblaues Licht zu hüllen.

5. Erzengel Michael nimmt Sie nun mit durch die Dimensionen zu einem ätherischen Schloss, das saphirblau und golden schimmert.

6. Dort lädt er Sie ein, auf einem königsblauen Thron Platz zu nehmen.

7. Spüren Sie, wie sich Ihr Halschakra öffnet und königsblaues Licht ausstrahlt.

8. Achten Sie darauf, dass sich diese Energie aus Ihrem Hals mit Merkur und seinem aufgestiegenen Aspekt Telephony verbindet. Die Weisheit aus dem goldenen Zeitalter von Atlantis wird heruntergeladen.

9. Spüren Sie nun, dass Sie von dem lodernden goldenen Licht der Engel und Meister des goldenen Strahls umhüllt sind.

10. Entspannen Sie sich und lauschen Sie, was Ihnen übermittelt wird.

11. Stimmen Sie sich auf ein Tier ein und senden Sie ihm telepathisch Liebe, Dankbarkeit und Freiheit.

12. Erzengel Michael übergibt Ihnen sein Schwert der Wahrheit, das leuchtend weißes Licht mit einem Hauch Kristallblau ausstrahlt.

13. Entspannen Sie sich noch tiefer, um sein Licht und seine Lehre zu empfangen.

14. Danken Sie Erzengel Michael.

Schritt 24

Erzengel Raphael

Erzengel Raphael leitet uns an, eine perfekte Vision der fünfdimensionalen Einheit und Fülle mitzuerschaffen. Er wacht über das Reichtumsbewusstsein der Menschheit. Seit Tausenden von Jahren haben wir nach einer äußeren Quelle wie Gott oder die Natur gesucht, die unser Überleben sichern soll. Nun lehrt uns Erzengel Raphael aber, dass die Quelle des Reichtums unerschöpflich ist und vollständig von unseren eigenen Überzeugungen abhängt. Wenn unsere Frequenz der Schwingung unserer Erwartungen entspricht und beide sich in Übereinstimmung mit unserem Höheren Selbst befinden, werden unsere Träume automatisch Wirklichkeit.

Je höher unsere Frequenz ist, desto schneller werden wir unsere Träume verwirklichen können. Aufgrund der rapiden Erhöhung der Schwingungsfrequenz unseres Planeten, ist der Manifestierungsprozess heute mindestens zehnmal so schnell wie noch um die Jahrtausendwende. Erzengel Raphael lenkt unsere Aufmerksamkeit auf das Tempo, mit dem wir unsere neue Realität erschaffen können. Jeder Gedanke, ob nun positiv oder negativ, wird uns in materieller Form gespiegelt, wenn wir ihn nur genügend stark aussenden. Schwache Gedankenformen werden in unserer Aura und unseren Energiefeldern gespeichert und können unseren Gesundheitszustand beeinflussen. Goldene, engelhafte Gedanken können eine goldene Aura und strahlende Gesundheit erzeugen.

Erzengel Raphael und das
Dritte-Auge-Chakra

Erzengel Raphael ist auch für das gewaltige Maß an Arbeit verantwortlich, das gegenwärtig in den Dritten Augen der Menschen geleistet wird.

Auf den unteren Stufen der fünften Dimension leuchtet dieses Zentrum in einem blassen, kristallgrünen Licht, aber wenn wir die höheren Stufen erreichen, wird es zu einer klaren Kristallkugel der Erleuchtung.

Allgemein gilt: Je klarer und offener dieses Chakra wird, desto stärker kehrt unsere Gabe der Hellsichtigkeit zu uns zurück. Wenn es einmal klar ist, sind wir auch in der Lage, unsere eigene Großartigkeit zu erkennen und uns leichter mit der Schwingung der Engel zu verbinden.

Das Dritte Auge ist ein machtvolles Instrument, das zur Manifestierung in allen Dimensionen eingesetzt wird. Hier sehen wir unsere Vision und von hier senden wir jene Gedanken aus, die die Schwingung in materieller Form in unser Leben bringt. Das Dritte Auge ist eines der machtvollsten Werkzeuge in unserem Aufstiegsprozess und darf daher immer nur mit den besten Absichten eingesetzt werden.

Wenn unser Drittes-Auge-Chakra fünfdimensional geworden ist, können wir uns mit Jupiter und seinem aufgestiegenen Aspekt Jumbay verbinden. Wenn wir die Vision, die wir verwirklichen möchten, Jumbay übermitteln, wird sie von diesem mächtigen planetarischen Bewusstsein gesegnet. Dann wird sie zurück in unser ätherisches Energiefeld geworfen, um sich in dem Moment zu materialisieren, in dem wir bereit dafür sind. Wenn wir uns mit klarem, diszipliniertem Geist auf unsere Vision konzentrieren, geschehen augenblicklich Wunder.

Wenn wir uns eines kosmischen Reichtumsbewusstseins erfreuen, wird sich das in unserem persönlichen Reichtum widerspiegeln. Erzengel Raphael lehrt uns die Prinzipien der Fülle und der Manifestierung, damit wir als Meister auf eigenen Füßen stehen können. Wir können selbst für uns sorgen, wenn unser Bewusstsein auf die höheren Möglichkeiten eingestimmt ist.

Das fünfdimensionale Dritte-Auge-Chakra des Planeten befindet sich in Afghanistan. Wenn genügend Menschen ihr Drittes Auge in einen Zustand der Klarheit und Erleuchtung bringen, wird das Land dies automatisch widerspiegeln. Es wird dort der Frieden wiederhergestellt und im neuen goldenen Zeitalter wird Afghanistan ein majestätischer fünfdimensionaler Ort sein.

Gesundheit und Glück

Erzengel Raphael und Erzengelin Maria sind Zwillingsflammen. Sie bewahren den göttlichen Plan für die perfekte Gesundheit und das vollkommene Glück der Menschheit.

Erzengel Raphael überstrahlt jede Form der Heilung in diesem Universum und steht jedem zur Seite, der heilen möchte – gleich, ob dies durch Handauflegen, aus der Ferne, durch Beratungen, Massage oder irgendeine andere Form des Heilens auf der physischen oder ätherischen Ebene geschieht. Er steht auch den Menschen zur Seite, die geheilt werden wollen.

Sie können Erzengel Raphael anrufen und ihn bitten, Sie bei der Heilung Ihres eigenen Körpers und seiner ätherischen Strukturen oder des Körpers eines anderen Menschen zu unterstützen. Das Gesetz der Nichteinmischung besagt allerdings, dass Sie sich nicht in die Lektionen eines anderen Menschen einmischen dürfen. Wenn Sie Erzengel Raphael bitten, heilende Energie zu senden, wird er das nur im Einklang mit dem Gesetz der Gnade tun. Das bedeutet, Heilung wird nur dann stattfinden, wenn die Erlaubnis des Höheren Selbst der betreffenden Person vorliegt und wenn sie dem höchsten Wohl aller dient.

Dieser mächtige Erzengel arbeitet auch mit den Herren des Karmas zusammen. Wenn sie Ihnen Ihr Karma präsentieren, ist er es, der es einhüllt und heilt.

Im Rahmen des fünfdimensionalen Plans sind alle Chakras klar und die Energie fließt. Daher besitzt der Körper dann auch eine gesunde Zellstruktur. Zurzeit herrscht im kollektiven Bewusstsein aber die Überzeugung vor, dass der physische Körper in seinen Heilungsmöglichkeiten nach bestimmten Verletzungen beschränkt ist. In Wahrheit ist aber das Einzige, was den physischen Körper einschränkt, das Glaubenssystem des Betreffenden. Jede Zelle unseres Körpers reagiert direkt auf unsere Gedanken, daher sorgt der fünfdimensionale Plan für eine perfekte physische Hülle.

Gewisse Seelen haben entschieden, sich in einem beschädigten Körper zu inkarnieren, um Karma auszugleichen. Aber die meisten, die dies heute tun, wollen auf diese Weise anderen Menschen ermöglichen, Lektionen in bedingungsloser Liebe und Akzeptanz zu lernen oder das Glaubenssystem des kollektiven Bewusstseins infrage zu stellen und zu erweitern.

Zwar kann jeder Engel der siebten Dimension oder darüber heilen, aber Erzengel Raphael und Erzengelin Maria richten den fünfdimensionalen Plan perfekt aus.

Zudem arbeitet Erzengel Raphael mit den Einhörnern, um dazu beizutragen, Individuen und die Menschheit insgesamt zu erleuchten. Er arbeitet auf dem smaragdgrünen Strahl und daher ist der Smaragd die materielle Manifestierung seiner Gegenwart auf Erden. Seine Energie trug mit dazu bei, die Smaragdtafeln zu erschaffen, die Thot im alten Ägypten hervorbrachte.

Auf der dreidimensionalen Ebene vermitteln die Smaragdtafeln Weisheit und erzählen von der Reise der Menschheit von der Dunkelheit ins Licht. Aber es gibt einen Aspekt der Tafeln, der bisher nicht übersetzt werden konnte. Dies wird geschehen, wenn wir eine einheitliche Bewusstseinsstufe erreicht haben. Dann werden wir in der Lage sein, die Sprache der bedingungslosen Liebe –

das Christuslicht – zu verstehen, die während des goldenen Zeitalters von Atlantis perfektioniert wurde. Dieses Licht wurde von den Erzengeln Raphael, Michael und Metatron sowie von Thot in die verschiedenen Schichten der Tafeln eingefügt und wird erst dann freigesetzt werden, wenn die Erde aufgestiegen ist und einen neuen Höhepunkt erreicht hat.

Erzengel Raphaels Refugium befindet sich im portugiesischen Fatima. Wir können ihn dort aufsuchen, um geheilt zu werden und um uns auf die kosmische Fülle und Erleuchtung einzustimmen. Wir können auch durch die folgenden Visualisierungsübungen mit ihm arbeiten.

Mit Erzengel Raphael die Fülle erfahren

1. Bereiten Sie sich auf diese Übung vor, indem Sie sich entspannen und in einen meditativen Zustand versetzen.

2. Stellen Sie sich vor oder spüren Sie, dass Sie sich in einem gigantischen Smaragd wie in einem Kokon befinden.

3. Stellen Sie sich vor, dass Ihr Drittes Auge eine Kristallkugel ist, und atmen Sie in diese hinein.

4. Überlegen Sie sich, was Sie zum höchsten Wohl aller Wesen manifestieren möchten.

5. Schicken Sie dieses Bild zu Jumbay und visualisieren Sie, dass es dort vom kosmischen Licht der Schöpfung erfüllt wird.

6. Stellen Sie sich vor, dass sich Ihre wunderschöne Vision verstärkt und formt.

7. Rechnen Sie fest damit, dass sie sich in Ihrem Leben manifestiert.

Arbeiten Sie mit Erzengel Raphael an Ihrer Erleuchtung

1. Bereiten Sie sich wie gewohnt auf diese Visualisierungs-übung vor.

2. Spüren Sie Erzengel Raphaels Hand auf Ihrem Dritten Auge. Er erleuchtet die Kristallkugel dort.

3. Denken Sie an eine bestimmte Situation aus Ihrem persönlichen Leben oder aus dem Weltgeschehen.

4. Gestatten Sie, dass sich das Bild einer höheren Perspektive in Ihrer Kristallkugel bildet.

5. Bitten Sie Erzengel Raphael, diese Vision in der Schwingung der Engel zu halten.

6. Tun Sie all dies in der Gewissheit, dass Sie Ihren Grad der Erleuchtung erhöhen und eine Manifestierung auf hoher Ebene praktizieren, wenn Sie diese Übung ausführen.

Arbeiten Sie mit Erzengel Raphael an Ihrer Heilung

1. Bereiten Sie sich wie gewohnt auf die Übung vor.

2. Spüren Sie, dass jede Zelle Ihres Körpers von smaragdgrünem Licht erfüllt ist und pulsiert.

3. Spüren Sie, dass sich dadurch vollkommene fünfdimensionale Gesundheit in Ihrem Körper manifestiert.

4. Sehen Sie vor sich, wie Sie selbst vor Gesundheit und Vitalität strahlen.

5. Bitten Sie Erzengel Raphael, den Segen der Heilung all jenen zu schicken, die Sie lieben, und dann all jenen, die der Heilung bedürfen.

6. Visualisieren Sie, dass sein smaragdgrünes Licht der Heilung zu Menschen oder Tieren strömt, die es im Interesse des höchsten Wohls brauchen.

7. Schicken Sie Erzengel Raphaels Licht rund um die Erde, damit es unseren schönen Planeten heilt.

Schritt 25

Erzengel Jophiel

Erzengel Jophiel hilft uns, uns mit unserer Weisheit und unserem kosmischen Wissen zu verbinden und diese anderen mitzuteilen. Seine Zwillingsflamme ist Erzengelin Christine, also jener Aspekt des göttlich Weiblichen, der das Christuslicht in sich trägt.

Erzengel Jophiel und das Kronenchakra

Während des Aufstiegsprozesses ist Erzengel Jophiel für die Entwicklung des fünfdimensionalen Kronenchakras jedes Wesens im Universum verantwortlich.

Erzengel Metatron schickt jeder Seele auf Erden Licht, das Maß hängt von ihrem spirituellen Fortschritt ab. Licht enthält spirituelle Informationen und spirituelles Wissen. Weisheit ist die Fähigkeit, dieses Wissen im Interesse des höchsten Wohls aller Wesen anzuwenden. Erzengel Jophiel beaufsichtigt die Aktivierung der Daten, die in den Lichtcodes enthalten sind, die während dieses Prozesses empfangen werden. Dann hilft er allen Seelen, diese Informationen mithilfe ihres Kronenchakras zu übersetzen. Dadurch wird es uns möglich, auch im Alltag mit der Energie des Quells zu arbeiten.

Auf der dreidimensionalen Ebene ist das Kronenchakra blassgelb, während es in der fünften Dimension zu einem schimmernden klaren Kristall mit einem Hauch Gold darin wird: dem goldenen Christusstrahl.

Das Kronenchakra hat eintausend Blütenblätter und wird aus diesem Grund auch als der tausendblättrige Lotos bezeichnet. Jedes

Blütenblatt trägt einen Code unserer persönlichen Weisheit in sich, den wir für unseren Aufstiegsweg brauchen. Außerdem hat jedes Blütenblatt einen Faden, der mit einem anderen Teil des Kosmos verbunden ist, zum Beispiel mit einem Planeten oder einer starken Energie. Erzengel Jophiel wird diese Fäden aktivieren, wenn wir so weit sind. Dabei arbeitet er mit anderen Erzengeln und den Einhörnern zusammen. Ist unsere Krone vollständig geöffnet, haben wir Kontakt zum gesamten Universum und zum Quell.

Haben sich die Blütenblätter geöffnet, geschieht zweierlei. Zunächst einmal erschaffen die Verbindungen des Kosmos durch unsere Monade zu unserem Kronenchakra geometrische Gebilde. Diese leuchten dann auf, sodass die großen Mächte uns als Meister des Universums wahrnehmen. Daraufhin wird unser Fortschritt ununterbrochen von einer Gruppe Engel überwacht, die für uns zuständig ist.

Zweitens bilden diese offenen Blütenblätter einen Kelch, in dem sie das kosmische Licht des Wissens und der Weisheit aufnehmen, das durch die transzendenten Chakras zu uns strömt. Dann leiten sie es durch den Körper im richtigen Maß an die anderen Chakras weiter.

Alle kosmischen Einflüsse treten durch die Krone in den Körper ein. Dann werden sie vom Dritten Auge gefiltert und verteilt. Erzengel Raphael hilft uns, unseren Grad an erleuchteter Bewusstheit zu erhöhen, damit die Wahrnehmung der Informationen den ursprünglichen Impulsen vom Quell treu bleibt.

Während diese Aktivierung in der Krone stattfindet und durch das Dritte Auge weitergeleitet wird, ist es ziemlich normal, bestimmte Symptome im Kopf zu spüren, zum Beispiel Spannungskopfschmerzen, unscharfes Sehen oder Tinnitus. Die physischen Symptome, die mit diesen spirituellen Veränderungen einhergehen, werden nachlassen, wenn die hochfrequente Energie sich herabgesenkt hat und ungehindert durch die anderen Chakras bis in den Erdstern strömen kann.

Damit dieses Chakra vollständig aktiviert werden kann, ist es hilfreich, sowohl Erzengel Jophiel als auch seine Zwillingsflamme, Erzengelin Christine, anzurufen.

Wenn Menschen unbewusst oder rücksichtslos handeln, nehmen Erzengel Jophiel und seine Engel Positionen ein, von denen aus sie ihre Weisheit über ihnen ausgießen können. Wenn die Menschen dieses Licht annehmen, werden sie in die Lage versetzt, höhere Entscheidungen in Bezug auf ihr Denken und Handeln zu fällen. Wenn Sie das Gefühl haben, Erzengel Jophiels Energie würde irgendwo gebraucht, können Sie ihn bitten, seine Engel an diesen Ort zu schicken. Ein Beispiel: Wenn Autofahrer auf einer Straße zu schnell fahren, in der kleine Kinder leben, können Sie Erzengel Jophiel bitten, auf diese aufzupassen. Sie können seine Energie auch Topmanagern von Banken oder Industriekonzernen schicken, die sich nicht gerade klug und nachhaltig verhalten.

Erziehung

Erzengel Jophiel bewahrt den Erziehungsplan für die Kinder der Zukunft und unterstützt die Lehrer in den Schulen. Er bringt uns das neue Paradigma für die künftige Erziehung der Kinder und die Weiterbildung der Erwachsenen. In der Zukunft werden die Kinder auf dieselbe Weise unterrichtet werden, wie es im goldenen Zeitalter von Atlantis üblich war. Sie werden mehr Zeit in der freien Natur verbringen und mehr spielen. Sie werden die universellen Gesetze kennenlernen. Die zukünftige Pädagogik wird die Bedürfnisse, Begabungen und Talente jedes einzelnen Kindes ehren und fördern, damit seine Seele zufrieden ist und es seinen fünfdimensionalen Plan verwirklichen kann.

Erzengel Jophiel hilft zudem den Lehrern auf dem Planeten, die anderen Menschen das Wissen um den Aufstiegsprozess vermitteln. Wenn Sie sich berufen fühlen, mit ihm zu arbeiten, befinden Sie sich auf dem Weg des Lehrers und können sich auch mit Kuthumi verbinden, dem neuen Weltenlehrer der inneren Welten.

Erzengel Jophiels Refugium

Erzengel Jophiels Refugium befindet sich in den nordchinesischen Bergen in der Nähe der Großen Mauer. Wenn Sie sich enger mit seiner Energie verbinden möchten, können Sie seine Engel vor dem Schlafengehen bitten, Sie in Ihrem Geistkörper zu seinem ätherischen Refugium zu bringen. Dort wird er Ihnen dann helfen, sich mit Ihrer Weisheit und Ihrem kosmischen Wissen zu verbinden, während er gemeinsam mit seinen Engeln die Blütenblätter Ihres Kronenchakras erleuchtet. Er wird Sie außerdem inspirieren, Ihr Wissen und Ihre Weisheit mit anderen zu teilen.

Die folgende Visualisierungsübung können Sie anwenden, wenn Sie sein Refugium während der Meditation aufsuchen möchten.

Eine Visualisierungsübung, um Erzengel Jophiels Refugium aufzusuchen

1. Bereiten Sie einen Platz vor, an dem Sie sich entspannen können und nicht gestört werden. Zünden Sie, wenn es Ihnen möglich ist, eine Kerze an.
2. Setzen Sie sich still hin und atmen Sie ruhig ein und aus. Tun Sie dies mit der Absicht, Erzengel Jophiels Refugium aufzusuchen.
3. Erden Sie sich, indem Sie sich vorstellen, dass aus Ihren Füßen Wurzeln bis tief hinein in die Erde reichen.

4. Bitten Sie Erzengel Michael, Sie in seinen dunkelblauen Schutzmantel zu hüllen.

5. Stellen Sie sich vor, Sie säßen in einer goldenen Lotosblüte in der Form eines Kelchs.

6. Alle Blütenblätter haben sich geöffnet. Heilige Formen regnen auf Sie herab und Sie baden in ihrer kosmischen Weisheit.

7. Über sich sehen Sie ein reines weißes Einhorn, das die Formen erleuchtet und aktiviert.

8. Während diese Formen von Ihren Energiefeldern absorbiert werden, nimmt Ihre Weisheit zu.

9. Rufen Sie nun Erzengel Jophiels Engel herbei, damit diese Sie zu seinem ätherischen Refugium bringen.

10. Spüren Sie das goldene Licht vieler Engel um sich herum.

11. Sie sitzen nun in einem kosmischen goldenen Kelch über den Bergen Nordchinas.

12. Entspannen Sie sich dort und empfangen Sie das Licht von Erzengel Jophiel.

13. Wenn Sie bereit sind, bedanken Sie sich bei Erzengel Jophiel und spüren Sie nach, wie sich Ihre goldene Aura von Wissen und Weisheit erfüllt hat.

Erzengel Christiel

Erzengel Christiel schickt seine Energie wie einen Finger Gottes durch das Universum zu uns. Wenn wir ihn brauchen, durchschreitet er im Sternbild Leier ein diamantweißes Sternentor in Form eines Kreuzes und kommt auf den Plejaden an, die ihm als Transformatorstation dienen, in der er seine Energie auf eine siebendimensionale Frequenz absenken kann. Von dort aus betritt er dann durch sein Refugium in Jerusalem die Erde. Seine Zwillingsflamme, Erzengelin Mallory, hat ihr ätherisches Refugium über Bethlehem, von wo aus sie auf die Erde kommt. Es war Teil des göttlichen Plans, dass Jesus die Christusenergie an diesem Ort auf den Planeten bringen sollte, weil sie dort bereits vorhanden war.

Das Christuslicht ist ein neundimensionales Bewusstsein, das uns auf ätherischer Ebene verbrennen würde, wenn es auf uns scheinen würde. Deshalb bewahrt Erzengel Christiel den göttlichen Plan für uns auf der siebendimensionalen Ebene.

Erzengel Christiel und das Kausalchakra

Erzengel Christiel ist für das reine weiße Kausalchakra zuständig, das sich oberhalb der Krone befindet. Sein Licht, das reines Christuslicht beinhaltet, wird auf einer Frequenz, mit der wir umgehen können, in dieses Chakra eingespeist. Sobald das Kausalchakra im Rahmen des Aufstiegsprozesses einmal aktiviert ist, sind wir permanent mit diesem großen universellen Engel verbunden.

Wenn wir beginnen, fünfdimensional zu werden, ist das Kausalchakra etwas nach hinten versetzt, aber auf den oberen Stufen der fünften Dimension wandert es weiter nach vorn, sodass es sich perfekt in einer Linie mit den anderen Chakras befindet. Dann wird unser Chakrasystem zu einer reinen, einheitlichen Lichtbrücke.

Jede Seele trägt vom Augenblick ihrer Schöpfung an einen kleinen Anteil Erzengelenergie in sich. Diese wirkt wie ein Magnet und Übersetzer und gibt jedem Einzelnen von uns die Fähigkeit, mit den Engeln in Kontakt zu treten. Diese Fähigkeit wird aber erst aktiviert, wenn wir dafür bereit sind. Sie ermöglicht es einem dreidimensionalen Wesen, die Hilfe der Engel zu empfangen. Wir alle sind also auf einer gewissen Ebene auf die Engel eingestimmt.

Erzengelin Mallory ist die Hüterin der alten Weisheit dieses Universums. Sie weist eine glänzende tiefgoldene Färbung auf, die sich in sattes Burgunderrot verwandelt, wenn sie aktiv an einem Projekt arbeitet. Während des goldenen Zeitalters von Atlantis nahmen die Hohepriester und Hohepriesterinnen, inspiriert von den Erzengeln Christiel und Mallory, den neundimensionalen goldenen Christusstrahl und bildeten daraus ein Energiereservoir, das der ganzen Menschheit zur Verfügung stand. Die Menschen waren damals in der Lage, die Frequenz dieses Christuslichtes abzusenken, aus ihm Energie für Liebe, Heilung, Weisheit und Schutz zu gewinnen und ihre Projekte voller Liebe zu verwirklichen.

Wenn das Kausalchakra offen und aktiv ist, dient es als Zugang zum Reich der Engel, damit wir mit den Lichtwesen auf dem goldenen Strahl kommunizieren können. Sobald wir aber die glorreichen oberen Stufen der fünften Dimension erreichen, haben wir – wie die Menschen des goldenen Zeitalters von Atlantis – eine ständige wechselseitige Kommunikation mit den Engeln hergestellt.

Hellsichtige Menschen können durch das Dritte Auge Kontakt zu den Geistern der Verstorbenen aufnehmen, und zwar ganz gleich, in welcher Dimension sich diese befinden. Arbeiten wir aber mit dem Kausalchakra, das eines der transzendenten fünfdimensionalen Chakras ist, können wir nur Kontakt mit den Geistern aufnehmen, die eine fünfdimensionale Schwingungsfrequenz aufweisen. Hochfrequente Geister, Meister, Einhörner und Engel verbinden sich durch dieses Chakra mit uns. Hier wird auch das reine Licht heruntergeladen, das Informationen und Wissen enthält.

Das Kausalchakra steht mit dem Mond in Verbindung, der bereits aufgestiegen ist. Die Weisheit des Mondes konzentriert sich in diesem Chakra.

Das Kausalchakra des Planeten

Das Kausalchakra des Planeten befindet sich in Tibet und bewahrt das Licht des göttlich Weiblichen. Dort befindet sich auch das ätherische Refugium der Großen Weißen Bruderschaft. Weiße Bruderschaft und Große Weiße Bruderschaft sind nur zwei Namen derselben Organisation. Sie beziehen sich auf die Reinheit des weißen Lichts, das die Eingeweihten dieser Gruppe erlangen und ausstrahlen.

Die große Pyramide von Tibet wurde vom Hohepriester Zeus erbaut, der seinen Stamm nach dem Untergang von Atlantis nach Tibet brachte. Sie wurde unter Führung und mithilfe der Erzengel Metatron und Christiel errichtet. Vor vielen Jahren wurde zwar ihre materielle Form zerstört, aber auf der ätherischen Ebene ist sie immer noch aktiv.

Wenn Sie die große Pyramide von Tibet in Ihrem Geistkörper betreten, können Sie durch einen fünfdimensionalen Tunnel aus reinem Licht zur großen Bibliothek von Porthologos in der Hohlerde gelangen. Bis Sie die Bibliothek erreichen, ist die Frequenz des Tunnels siebendimensional geworden und hat auch Ihr Energieniveau angehoben. Dadurch wird es Ihnen möglich, sich dort mit den Mitgliedern der Großen Weißen Bruderschaft zu treffen.

Maitreya ist Vorsteher dieser Bruderschaft. Andere Mitglieder sind Wuslu, der Hohepriester mit der höchsten Frequenz, der sich jemals in Atlantis inkarniert hat, Jesus, Paul der Venezianer, El Morya und Serapis Bey. Wenn Sie so weit sind, können Sie von ihnen die reine weiße Flamme des Aufstiegs empfangen und sie nutzen. Diese Flamme repräsentiert die größtmögliche Reinheit, die durch Ausrichtung auf das Christusbewusstsein erlangt werden kann. Serapis Bey wird sie Ihnen präsentieren.

Ein Besuch des Refugiums von Erzengel Christiel

Wenn Sie während der Meditation Erzengel Christiels Refugium aufsuchen möchten, praktizieren Sie die folgende Übung.

Eine Visualisierungsübung, um Erzengel Christiels Refugium aufzusuchen

1. Bereiten Sie einen Platz vor, an dem Sie nicht gestört werden und sich entspannen können. Zünden Sie eine Kerze an, wenn es Ihnen möglich ist.
2. Setzen Sie sich still hin und atmen Sie gleichmäßig mit der Absicht, Erzengel Christiels ätherisches Refugium über Jerusalem aufzusuchen.
3. Erden Sie sich, indem Sie sich Wurzeln vorstellen, die aus Ihren Füßen bis tief hinein in die Erde reichen.

4. Bitten Sie Erzengel Michael, Ihnen seinen dunkelblauen Schutzmantel umzulegen.

5. Stellen Sie sich vor, Sie stünden auf einem Hügel, der im reinen weißen Licht des Mondes schimmert.

6. Formen Sie mit Ihren Händen einen Kelch und gestatten Sie Erzengel Christiel, diesen mit reiner weißer Liebe zu füllen.

7. Führen Sie die Hände über den Kopf und lassen Sie die Energie in Ihr Kausalchakra einströmen.

8. Spüren Sie, dass sich die Pforte zum Reich der Engel öffnet.

9. Stellen Sie sich vor, dass Sie hindurchgehen und von singenden, reinen weißen Engeln begrüßt werden.

10. Öffnen Sie die Arme und empfangen Sie neundimensionale Liebe. Erfahren Sie das Paradies.

11. Wenn Sie bereit sind, kehren Sie durch die Pforte zurück. Lassen Sie sie offen.

12. Gestatten Sie dem Christuslicht, durch Sie hindurch zu anderen Menschen in Ihrer Nähe zu strömen und sich über den ganzen Planeten zu verbreiten.

13. Danken Sie Erzengel Christiel.

Erzengel Mariel

Die Harmonische Konvergenz im Jahre 1987 markierte den Beginn einer fünfundzwanzigjährigen Phase der Läuterung, die den Planeten auf den Kosmischen Moment im Jahr 2012 vorbereiten sollte. Die violette Flamme der Umwandlung stand der Menschheit zwar immer zur Verfügung, war aber für die Masse der Menschen nicht erreichbar. Während der Harmonischen Konvergenz brachte Erzengel Zadkiel sie nun auf eine Weise zu uns, die es jedem von uns möglich machte, auf sie zuzugreifen. Dann verband er sie mit dem Seelensternchakra aller Menschen, auch wenn dieses Chakra in den meisten noch gar nicht aktiv war. So beschleunigte er die Umwandlung von Familien- und Ahnenkarma und der Aufstiegsprozess der Menschheit kam in Schwung.

Starb in der Vergangenheit einer unserer Vorfahren mit unerlöstem Karma, nahmen es andere Familienmitglieder auf sich. Natürlich hatten ihre Seelen dem vor ihrer Inkarnation zugestimmt, aber da es unerlöstes Karma in gewaltigem Ausmaß gibt, haben einzelne Familien damit eine schwere Last auf sich genommen. Tapfere und manchmal auch tollkühne Seelen haben zugestimmt, in derartige Familien hineingeboren zu werden.

Seit dem Kosmischen Moment 2012 hat sich die Situation aber aufgrund weiterer karmischer Ausschüttungen verändert, die von Erzengel Zadkiel und seiner violetten Flamme veranlasst wurden. Dieses Eingreifen der Engel klärte viele Seelensternchakras, wodurch sie in die Lage versetzt wurden zu strahlen und das Wissen, die Weisheit und die Erfahrung zum Ausdruck zu bringen, welche die Seele auf ihrer Reise gesammelt hat.

Erzengel Mariel und das Seelensternchakra

Der Seelenstern ist ein prachtvolles magentafarbenes Chakra, das unsere göttlich weibliche Weisheit ausstrahlt. Magenta ist eine Mischung aus leuchtendem Rosa und Stahlblau. Das wunderschöne Rosa stellt sicher, dass alles aus der höchsten und reinsten Absicht des Herzens heraus geschieht, während Stahlblau die Macht der Manifestierung enthält. Aufgabe dieses Chakras ist es, unsere Begabungen und Talente hervorzubringen, damit wir uns, unserer Familie und der Menschheit insgesamt helfen können. Erzengel Mariel ist dafür zuständig. Er arbeitet eng mit Erzengelin Maria zusammen. Gemeinsam tragen die beiden die magentafarbene Flamme der göttlich weiblichen Liebe. Gegenwärtig findet eine massenhafte Öffnung des Seelensternchakras statt.

Das Seelensternchakra ist mit dem Orion verbunden, also jenem Sternhaufen, der die Weisheit des Universums in sich trägt. Dieses Chakra ist ein dermaßen machtvolles Manifestierungsinstrument, dass sein Missbrauch mit zum Untergang von Atlantis führte. Heute wird es der Menschheit wieder anvertraut, damit diese es zum höchsten Wohle aller gebraucht.

Das Chakra ist auch mit Chiron, dem verwundeten Heiler, und mit Vesta, der Mutter von Heim und Herd, verbunden. Weil es früher missbraucht wurde, senden diese Himmelskörper nun liebevolle Energie auf die Erde, um die Herzen aller Menschen von Schuldgefühlen zu befreien. Dann werden uns die Engel helfen, unsere männlichen und weiblichen Anteile ins Gleichgewicht zu bringen, sodass wir wieder wahre Meisterschaft erlangen.

Erzengel Mariels Zwillingsflamme, Erzengelin Lavendel, trägt den Hohepriesterinnen-Aspekt der göttlich weiblichen Liebe in sich. Sie hilft uns, unsere Begabungen und Talente zu erkennen und sie weise zu gebrauchen. Das weiche lavendelfarbene Licht drückt ihre sanftmütige Energie aus. Durch dieses Licht arbeitet sie häufig während des Schlafes mit uns – wenn wir bereit sind, unser Seelensternchakra zu heilen. Sie kommuniziert sogar mit unseren Vorfahren, teilt unsere Weisheit mit ihnen und ihre mit uns und fördert so die gegenseitige Vergebung.

Das Seelensternchakra hat dreiunddreißig Blütenblätter, die alle etwas mit Aspekten der Liebe und persönlichen Verantwortlichkeit zu tun haben. Erzengel Mariels Aufgabe ist besonders heikel, da es entscheidend ist, dass sich unser Seelenstern nicht öffnet, bevor wir bereit sind, unsere Begabungen und Talente verantwortungsvoll und mit höchster Integrität einzusetzen. Unser Höheres Selbst, das eng mit Erzengel Mariel zusammenarbeitet, achtet darauf, dass wir diese Macht nur zum höchsten Wohle aller einsetzen.

Der Seelenstern ist ein sehr machtvolles Chakra. Hier sind einige Beispiele, die zeigen, wie er in Zukunft genutzt werden kann und wird.

- Um etwas in Ihr Leben zu bringen, können Sie im Dritten Auge eine Vision erzeugen. Wenn Sie diese aus Ihrem Dritten Auge senden, ist es, als würden Sie Ihr Bild mit einer Fackel in die Welt tragen. Wenn Sie nun aber Ihr Energieniveau erhöhen, können Sie Ihre Vision in den Seelenstern leiten und sie von dort aus in den Äther hinausprojizieren, was unendlich viel wirkungsvoller ist. Ihr Manifestierungsstrahl aktiviert die Molekularstruktur Ihrer Vision. Das ist wirklich machtvoll!

- Dieses Chakra wurde in alter Zeit benutzt, um die Pyramiden und andere heilige Gebäude zu errichten. Es wurde ein so intensives Bild der endgültigen Vision aus diesem Chakra gestrahlt, dass dessen Energie die Masse der Steine veränderte. So konnten sie dann sehr präzise am richtigen Ort eingefügt werden. Spezielle Klangschwingungen wurden dafür in Verbindung mit dem Licht des Seelensternchakras eingesetzt.

- Sie können Energie von den anderen Chakras heraufziehen, um sie noch wirkungsvoller im Interesse des höchsten Wohls aller Wesen zu projizieren. So können Sie zum Beispiel das rosafarbene fünfdimensionale Licht Ihres Sakralchakras nach oben ziehen und es vom Seelenstern aus in die Welt projizieren, wenn Sie Familien von ihren emotionalen Fesseln befreien wollen. Sie können aber auch das pulsierende orangefarbene, fünfdimensionale Licht Ihres Nabelchakras nach oben ziehen und es auf Städte oder Gemeinden projizieren, damit deren Bewohner Harmonie erlangen. Manche Töne und Klänge unterstützen dies noch.

Wenn wir unser Seelensternchakra vollständig nutzen, werden wir alle vollkommen autark sein. Zudem werden wunderbare und herrliche Dinge in der Welt vollbracht werden.

Der Plan des aufgestiegenen goldenen Atlantis wird im Seelenstern aller lebenden Wesen gespeichert. Dazu gehören die spirituelle Technologie der Atlanter, ihr Verständnis der Natur, ihre Fähigkeit, einen Fluss der Freude zwischen ihren Städten herzustellen, sowie ihre Fähigkeit, auf die Weisheit der Sterne zugreifen zu können. Wenn wir uns diese Fähigkeiten voller Weisheit aneignen, wird es uns möglich, die goldenen Städte der Zukunft zu erschaffen.

Erzengel Mariels Refugium

Erzengel Mariels Refugium befindet sich über dem Himalaja. Er wählte diesen Ort, weil er auf Erden die höchste Frequenz aufweist.

Eine Visualisierungsübung, um das Refugium Erzengel Mariels aufzusuchen

1. Bereiten Sie einen Platz vor, an dem Sie sich entspannen können und nicht gestört werden. Zünden Sie, wenn es Ihnen möglich ist, eine Kerze an.

2. Setzen Sie sich still hin und atmen Sie ruhig ein und aus. Tun Sie dies mit der Absicht, Erzengel Mariels Refugium aufzusuchen.

3. Erden Sie sich, indem Sie sich vorstellen, dass aus Ihren Füßen Wurzeln bis tief hinein in die Erde reichen.

4. Bitten Sie Erzengel Michael, Sie in seinen dunkelblauen Schutzmantel zu hüllen.

5. Stellen Sie sich Ihr Seelensternchakra über dem Kopf vor. Es strahlt ein herrliches magentafarbenes Licht aus. Während Sie sich darauf konzentrieren, verwandelt es sich in Stahlblau.

6. Sehen Sie Erzengel Mariel, der in all seiner Herrlichkeit über Ihnen strahlt.

7. Er berührt Ihren Seelenstern, um ihn vollständig zu aktivieren.

8. Spüren Sie, wie Sie von bedingungsloser Liebe überflutet werden. Während dies geschieht, erkennen Sie, dass Sie Verantwortung für Ihren Planeten tragen.

9. Stellen Sie sich vor Ihrem geistigen Auge einen Ort oder eine Situation als vollkommen geheilt vor.

10. Dieses Bild formt sich nun in Ihrem Seelenstern.

11. Senden Sie dieses wunderbare fünfdimensionale Bild aus Ihrem Seelenstern in den Äther.

12. Bitten Sie Erzengel Mariel, diesem Bild im Interesse des höchsten Wohles aller Wesen noch mehr Energie zu verleihen.

13. Bedanken Sie sich bei Erzengel Mariel.

Erzengel Metatrons Refugium

Erzengel Metatrons Refugium befindet sich im Äther über dem Tempel von Luxor in Ägypten. Es bildet die Nabe des intergalaktischen Lichtrades und ist von zwölf Nebentempeln umgeben, den Tempeln der zwölf Strahlen. Diese sind nur temporäre Gebäude, während Erzengel Metatrons ätherischer Tempel bereits seit Beginn des atlantischen Experiments vor zweihundertsechzigtausend Jahren im neundimensionalen Raum existiert.

Von diesem Tempel aus beaufsichtigt Erzengel Metatron jeden Aspekt des Aufstiegsprozesses auf der Erde. Er sorgt dafür, dass jeder genau dort ist, wo er sein soll, und dass das Licht in der richtigen Menge an den richtigen Ort gelangt. Sein Tempel gleicht einer geschäftigen Metropolis, erfüllt von höherdimensionalen Aktivitäten. Er hat heute mehr zu tun als je zuvor.

Wir können ihn darum bitten, seinen Tempel aufsuchen zu dürfen, um seinen Segen oder einen Aufstiegsmantel zu empfangen, um Anweisungen für unseren Aufstiegsweg und Führung bezüglich unserer Rolle dabei zu erhalten oder um zu erfahren, wie wir unser Licht verbreiten können.

Es gibt viele wirksame Methoden, wie wir unser persönliches Licht auf unserem Aufstiegsweg verstärken können. Erzengel Metatron ist ein Meister auf diesem Gebiet. Er ist reines Licht und der Schöpfer der erleuchteten Struktur unserer Existenz. Eine der machtvollsten Methoden, um unserem spirituellen Wachstum neuen Schwung zu verleihen, ist der Besuch seines Refugiums auf den inneren Ebenen.

Die zwölf Nebentempel

Die zwölf Nebentempel werden von Repräsentanten des Intergalaktischen Konzils geleitet. Diese Gebäude wurden während des Kosmischen Moments 2012 errichtet und werden so lange auf unserem Planeten bleiben, bis der Aufstiegsprozess im Jahr 2032 abgeschlossen ist. Jeder Tempel spiegelt das Licht der zwölf Strahlen wider.

Seit 2012 haben sich die Farben der Strahlen verändert. In einigen Fällen nur ganz leicht, aber in anderen haben sie sich miteinander vermischt, um höhere Energien zu erzeugen.

Der Tempel des ersten Strahls

Wenn Sie bereit sind, konstruktiv zu denken und sich selbst ermächtigt haben, den Ihnen zugewiesenen Aufstiegsweg mit einem offenen Herzen und voller Liebe zu gehen, können Sie darum bitten, diesen Tempel aufsuchen zu dürfen. Seine Farbe ist ein strahlend dunkles Violett.

Der Tempel des zweiten Strahls

Wenn Sie bereit sind, Ihr Leben ins Gleichgewicht zu bringen, damit es Ihnen möglich ist, in Freiheit und Wahrheit zu leben, können Sie darum bitten, diesen Tempel aufsuchen zu dürfen. Seine Farbe ist ein herrliches Sonnengelb.

Der Tempel des dritten Strahls

Wenn Sie bereit sind, Ihr kreatives Potenzial zu nutzen, um dem Planeten zu dienen, können Sie darum bitten, diesen Tempel aufsuchen zu dürfen. Auf diesem Strahl vermischt sich Spiritualität mit Wissenschaft, um jene fortschrittliche Technologie und von

Liebe geprägten Formen der Kreativität hervorzubringen, die es unserem Planeten ermöglichen werden, glorreich aufzusteigen. Er bringt die Schwingung der Kristalltechnologie zu uns, welche die Kraftquelle des goldenen Atlantis war. Seine Farbe ist ein funkelndes pfirsichfarbenes Rosa.

Der Tempel des vierten Strahls

Wenn Sie bereit sind, das reine weiße Licht der Großen Weißen Bruderschaft und die Aufstiegsflamme des goldenen Atlantis zurück auf die Erde zu bringen, können Sie darum bitten, diesen Tempel aufsuchen zu dürfen. Dieser Strahl ermöglicht es Ihnen, die Schwingung der Wahrheit Ihres Herzens zu leben und sich mit den Reichen der Engel zu verbinden. Er ist die Essenz Erzengel Gabriels und von reinem Kristallweiß.

Der Tempel des fünften Strahls

Wenn Sie bereit sind, sich auf die Geheimnisse der Natur einzustimmen, damit Ihnen diese in ihrer reinsten Form offenbart werden, können Sie darum bitten, diesen Tempel aufsuchen zu dürfen. Bedenken Sie, dass die Natur die Antworten auf alle Fragen dieser Ebene hat. Dieser Strahl leuchtet in einem blassen Orange, in Kristallweiß und im Grün der Pflanzenwelt.

Der Tempel des sechsten Strahls

Wenn Sie bereit sind, sich mit der reinen bedingungslosen Liebe zu verbinden, können Sie darum bitten, diesen Tempel aufsuchen zu dürfen. Sie betreten ihn, wenn Sie wirklich möchten, dass die Farben der Liebe in Ihre Aura gestrichen werden. Dieser Strahl hat eine sehr spirituell wirkende rosa-violette Farbe.

Der Tempel des siebten Strahls

Wenn Sie bereit sind, alles aus Sicht der Engel zu sehen, können Sie darum bitten, diesen Tempel aufzusuchen. Dort werden die niederen Frequenzen umgewandelt, während Sie durch einen kosmischen Diamanten schauen und ein höheres Spektrum des reinen, klaren weißen Lichts erblicken. Sie begreifen hier wirklich, dass es nichts zu vergeben gibt, da alles eins ist und Sie alles wissen.

Der Tempel des achten Strahls

Wenn Sie bereit sind, sich in einer Explosion diamantenen Lichts zu öffnen, um die Freude und den Frieden der universellen Einheit zu erfahren, können Sie darum bitten, diesen Tempel aufsuchen zu dürfen. Der Lichtfluss dieses Strahles ist Gold, Diamant und leuchtender Topas.

Der Tempel des neunten Strahls

Wenn Ihre Seele so harmonisiert ist, dass Sie voller Freude dienen möchten und dies Ihr höchstes Streben ist, können Sie darum bitten, diesen Tempel aufzusuchen. Sie treten durch einen Regenbogen des Lichts in das Orange und Gold von Erzengel Metatron ein und alles, was in Ihrer Aura nicht Liebe ist, strömt langsam weg und wird durch höhere Liebe ersetzt.

Der Tempel des zehnten Strahls

Wenn Sie bereit sind, auf Ihrer Seelenreise etwas Neues zu beginnen, können Sie darum bitten, diesen Tempel aufsuchen zu dürfen. Während Sie in sein zartes Laubgrün eintauchen, öffnen sich in Ihrem Leben neue goldene Türen. Dadurch wird Ihre Verbindung zu den unsichtbaren Reichen der Elementarwesen, Engel und Einhörner gestärkt.

Der Tempel des elften Strahls

Wenn Sie sich der Liebe, Heilkraft und Weisheit des göttlich Weiblichen öffnen, können Sie darum bitten, diesen Tempel aufsuchen zu dürfen. Sie sehen dann alles auf dem Planeten im Gleichgewicht und in Harmonie, während das durchscheinende aquamarinfarbene Licht in Sie einströmt.

Der Tempel des zwölften Strahls

Wenn Sie eine Einladung zum Besuch dieses Tempels erhalten, wird ein weißgoldener Diamant über Ihrer Aura platziert. Jede seiner Facetten klärt und schärft Ihre Energie und verstärkt Ihr Licht, sodass es Ihnen möglich wird, wie ein aufgestiegener Meister zu denken, zu handeln und zu fühlen. Sie werden in den höheren Aspekten des Christuslichts gebadet.

Eine Visualisierungsübung, um Erzengel Metatrons Refugium aufzusuchen

1. Bereiten Sie sich auf die Meditation vor. Sorgen Sie dafür, dass Sie entspannt, geschützt und geerdet sind und nicht gestört werden.
2. Rufen Sie den mächtigen Erzengel Metatron an und bitten Sie ihn, seinen strahlenden Haupttempel des Lichts aufsuchen zu dürfen.
3. Sie stehen vor gewaltigen goldenen Toren, deren Anblick Ihnen den Atem raubt. Sie klopfen und die Tore öffnen sich.

In Ihrem Kopf hören Sie die Musik der Heerscharen der Engel.

4. Nachdem Sie die goldenen Tore durchschritten haben, folgen Sie einem sich windenden Pfad, der wie flüssiges Gold glänzt. Der schimmernde Pfad leuchtet in der Richtung stärker auf, in die Sie gehen sollen.

5. Sie kommen in einen prächtigen goldenen Saal, der mit glitzernden Diamanten und flüssigem Licht ausgeschmückt ist, das vor Ihnen fließt und tanzt.

6. Erzengel Metatron erwartet Sie. Er gleicht dem Zentrum der hellsten Sonne, die Sie je gesehen haben, aber die Helligkeit blendet Sie nicht.

7. Liebevoll begrüßt er Sie und bittet Sie, auf einem wunderschönen goldenen Thron Platz zu nehmen.

8. Als Sie sich setzen, spüren Sie, wie Sie mit der Macht von tausend Sonnen aufleuchten.

9. Erzengel Metatron fragt Sie nach Ihren Hoffnungen für sich selbst und für die Erde. Wie wollen Sie der Menschheit und Gaia in Ihrer Rolle als aufgestiegener Meister dienen?

10. Sie erzählen ihm von Ihren geheimsten Wünschen für sich selbst, die Menschheit und den Planeten.

11. Er nimmt Ihre Wünsche liebevoll in die Hand und verstärkt sie mit seinem unglaublichen Licht.

12. Er gibt Ihnen dieses Licht zurück und fügt es in Ihr Sternentor über Ihrem Kopf ein.

13. Sie spüren, dass das Tempo Ihres Aufstiegs enorm beschleunigt wurde und dass jede Facette Ihres Wesens nun von Licht erfüllt ist. Sie sitzen mit geschlossenen Augen da und saugen diese göttliche Gabe auf.

14. Erzengel Metatron legt seine Schwingen um Sie und zeigt Ihnen die Erde in ihrem aufgestiegenen Aspekt. Menschen, Tiere, Bäume, Pflanzen und Insekten leben in vollkommener

Einheit mit ihrem Heimatplaneten. Liebe erfüllt die Luft um sie herum.

15. Bedanken Sie sich bei Erzengel Metatron und verlassen Sie nun das wunderschöne Refugium.

16. Öffnen Sie die Augen und tragen Sie Ihre Erleuchtung hinaus in die aufsteigende Welt.

Erzengel Zadkiel

Erzengel Zadkiel dient dem Planeten, indem er uns die alchemistische Magie der violetten Flamme mit ihren vielen Facetten zur Verfügung stellt. Er dient seit den Anfängen von Atlantis auf diese Weise, als die Menschen zum ersten Mal physische Körper annahmen.

Während dieses ersten atlantischen Experiments wurde den Menschen alles, was sie brauchte, zur Verfügung gestellt. Atlantis war damals ein wirkliches Schlaraffenland. Allerdings schätzten die Menschen nicht alles, was ihnen geschenkt wurde, ohne dass sie etwas dafür tun mussten. Da niedere Frequenzen und Verdichtungen sofort zu Problemen wurden, stellte das Intergalaktische Konzil die violette Flamme als Instrument zur Verfügung, um diese negativen Energien umzuwandeln. Vom ersten bis zum fünften Experiment, in dem sich das Goldene Zeitalter entwickelte, war die violette Flamme eines der am häufigsten gebrauchten spirituellen Instrumente.

Erzengel Zadkiels Refugium befindet sich im Äther über Kuba. Während der früheren atlantischen Experimente, also vor dem Goldenen Zeitalter, war dies der östlichste Punkt des atlantischen Kontinents.

Erzengelin Amethyst ist die Zwillingsflamme von Erzengel Zadkiel. Sie strahlt – wie ihr Name schon andeutet – ein sehr reines, klares und dennoch sanftes, tröstendes und heilendes Licht aus. Es schwingt auf einer anderen Frequenz als das von Erzengel Zadkiel, besitzt aber dieselbe Kraft der Umwandlung.

Viele andere Farbschattierungen befinden sich in ihrem Farbspektrum, das von einem satten Dunkelviolett, das die niedersten

Frequenzen erreicht und umwandelt, bis zu einem blass schillern-
dem Malve reicht, das Umstände verwandelt, die zum höchsten
Wohle aller geläutert werden müssen.

Die Drachen der violetten Flamme

In Zusammenarbeit mit Erzengel Gabriel brachte Erzengel Zadkiel eine neue Drachenenergie hervor, um harmonisch mit den
Drachenkräften arbeiten zu können, die gegenwärtig unseren Aufstiegsprozess unterstützen. Sobald sich die Portale in Honolulu
und Andorra 2012 geöffnet hatten, nahm die Zahl der Drachen
und anderen Elementarwesen auf diesem Planeten um ein Vielfa-
ches zu. Als Teil ihrer inspirierenden Unterstützung erschufen die
Erzengel die Drachen der violetten Flamme, also fünfdimensionale Elementardrachen, als lebende, bewusste Werkzeuge, um
Regionen mit besonders intensiver Dichte umzuwandeln.

Die vierdimensionalen Drachen stürzen sich auf Gegenden, die
gereinigt werden müssen, und verbrennen die niedersten Energien. Die Drachen der violetten Flamme folgen ihnen, wandeln
alles um, was noch übrig geblieben ist, und harmonisieren die
ganze Gegend. Zum Schluss kommen die Erzengel Zadkiel und
Gabriel und positionieren die kosmische violette Diamantflamme
so, dass die Energie so lange wie möglich auf der höchsten Frequenz gehalten wird.

Die violette Flamme reinigt
das Gitternetz der Erde

Um ein vereinheitlichtes Gitternetz aus Christusbewusstsein auf
dem Planeten herstellen und den Aufstiegsprozess verstärken zu
können, ist die Arbeit von Erzengel Zadkiel, also die Umwand-

lung niederer Energien, von größter Bedeutung. Erst wenn die Frequenz rein und klar ist, kann das Gitternetz etabliert und auf der fünfdimensionalen Ebene verfestigt werden.

2014 kam es zu enormen Ausschüttungen der violetten Flamme, die vom Intergalaktischen Konzil autorisiert wurden, um den Aufstiegsprozess zu beschleunigen. So wurden beispielsweise am 7. Juli 2014 Engel und Drachen der violetten Flamme in einer Gitternetzformation an strategischen Punkten überall auf dem Planeten positioniert. Auf Anweisung des Intergalaktischen Konzils schütteten dann die Erzengel Zadkiel und Gabriel große Mengen der kosmischen violetten Diamantflamme über der Erde aus. Das Gitternetz aus Engeln und Drachen lenkte diese dann in Gebiete, wo sie am dringendsten gebraucht wurde. Dies war ein unglaublich machtvoller Prozess, der von den meisten Menschen auf irgendeiner Ebene gespürt oder wahrgenommen wurde, da sich das Energieniveau danach um mehrere Oktaven erhöhte.

Während dies oberflächlich betrachtet keine großen Auswirkungen gehabt haben mag, so wurde doch auf energetischer Ebene das Bewusstsein aller Wesen weltweit erhöht. Im Jahr 2032 wird die Schwingungsfrequenz der Menschheit egozentriertes Handeln nicht mehr unterstützen.

Die erstaunliche Gnade, die der Menschheit durch die Ausschüttungen gewährt wurde, hilft uns im Rahmen unseres Aufstiegsprozesses, einen großen Sprung nach vorn zu machen. Gleichzeitig ist es aber unsere Verantwortung, die violette Flamme und die Drachen der violetten Flamme aktiv in problematische Gebiete zu schicken, sodass auch wir unseren Teil beitragen und etwas bewirken.

Reaktivierung von Mensch und Kristall

Die mit der Weisheit von Lemuria und Atlantis programmierten Kristalle, die sich im Erd- oder Meeresboden befinden, werden zurzeit durch die Anhebung der Frequenz der Erde aktiviert. Erzengel Zadkiel wandelt alle Energien um, die diese Kristalle im Verlauf der Jahrtausende absorbiert haben, und erleuchtet sie dann. Auch das wird das Lichtvolumen auf dem Planeten dramatisch erhöhen und die Verbindung zwischen der materiellen Erde und dem siebendimensionalen ätherischen Zentrum unseres Planeten, der Hohlerde, stärker machen.

Die Lichtcodes, die von Helios, der Großen Zentralsonne, auf die Erde strömen, aktivieren diese Kristalle ebenfalls. Sie wiederum aktivieren die DNA der Menschen.

Erzengel Zadkiel arbeitet durch die Farbe Violett. Alle, die diese Farbe tragen, ein Auto dieser Farbe fahren oder in einem Zimmer sitzen, das in diesem Farbton gestrichen ist, stimmen sich automatisch auf seine Energie ein. Auf unbewusster Ebene haben sie eine Einladung von ihm bekommen.

Unsere Wälder bewahren viel Licht, aber auch niedere Energien fühlen sich von ihnen angezogen, sodass sich Inseln der Dichte in ihnen verbergen. Sie können dem gesamten Naturreich helfen, indem Sie die violette Flamme anrufen, sie durch einen Baum in dessen Wurzeln leiten und visualisieren, dass sie sich von Baum zu Baum durch das Wurzelnetzwerk über den ganzen Planeten verbreitet. Sobald der Fluss der violetten Flamme einmal hergestellt ist, wird er weiter bestehen, da Sie ein Portal der violetten Flamme in dem betreffenden Baum geschaffen haben.

Dasselbe gilt für alle anderen Dinge, auch Ihr Heim. Sie können wirklich einen Unterschied machen, wenn Sie die Energie der violetten Flamme beispielsweise durch ein Gefängnis, eine Schule oder ein Krankenhaus leiten.

Eine Visualisierungsübung, um Erzengel Zadkiel zu begegnen

1. Bereiten Sie einen Platz vor, an dem Sie nicht gestört werden und sich entspannen können. Zünden Sie eine Kerze an, wenn es Ihnen möglich ist.

2. Setzen Sie sich still hin und atmen Sie gleichmäßig mit der Absicht, Erzengel Zadkiel zu begegnen.

3. Erden Sie sich, indem Sie sich Wurzeln vorstellen, die aus Ihren Füßen bis tief hinein in die Erde reichen.

4. Bitten Sie Erzengel Michael, Ihnen seinen dunkelblauen Schutzmantel umzulegen.

5. Stellen Sie sich vor, Sie befänden sich in einer wunderschönen Höhle, deren Wände aus funkelnden Amethysten bestehen.

6. Vor Ihnen leuchtet ein sechszackiger Stern in einem strahlenden Violett. Setzen Sie sich in seine Mitte.

7. Spüren Sie, dass der wundervolle Erzengel Zadkiel, ein erleuchtetes Wesen des reinsten Lichts, neben Ihnen steht.

8. Das violette Licht erfüllt jede Zelle Ihres Körpers, während Erzengel Zadkiel Ihre Hände ergreift.

9. Konzentrieren Sie sich auf eine Region des Planeten, die in das höhere Licht umgewandelt werden muss.

10. Sehen Sie, wie die vierdimensionalen Drachen die niederen Energien beseitigen. Dann stoßen die Drachen der violetten Flamme auf die Region herab und erhellen sie mit reinem Violett.

11. Erzengel Zadkiel fliegt nun gemeinsam mit Ihnen hin und positioniert einen Diamanten aus reinem Licht, in den die Absicht einprogrammiert ist, die neue Frequenz dort zu verankern.

12. Sehen Sie, wie die ganze Region nun in diesem fünfdimensionalen Licht erstrahlt.

13. Bedanken Sie sich bei den Drachen und bei Erzengel Zadkiel.

Schritt 30

Erzengel Joules

Erzengel Joules ist für die Meere zuständig. Seine Farbe ist ein prachtvolles, sattes Aquamaringrün und sein ätherisches Refugium befindet sich im Zentrum des Bermudadreiecks, wo der Große Kristall von Atlantis liegt, der ein siebendimensionales Portal darstellt, eine Verbindung zwischen dem Quell und der Hohlerde.

Wasser

Wasser trägt die Liebe und Weisheit des Universums in sich. Seit 2012 ist es auch vom goldenen Christuslicht erhellt worden. Überall steigt die Frequenz der Gewässer an und Erzengel Joules beaufsichtigt die Auswirkungen von seinem Refugium aus.

Da die Meere große Speicher universellen Lichts sind, das durch die Gezeiten und die Meeresströmungen verteilt wird, haben die neuen Frequenzen des Wassers enorme Auswirkungen auf der ganzen Welt.

Erzengel Joules arbeitet eng mit Poseidon, dem Meister des Wassers, zusammen, der während des goldenen Zeitalters ein Hohepriester in Atlantis war. Er wusste um die kosmischen Eigenschaften des Wassers und wusste auch, wie es Menschen und Situationen reinigen, segnen und heiligen kann. Wenn Sie darum bitten, wird er Sie durch das Wasser mit der Musik der Sphären verbinden und Ihnen Zugang zu den Klängen Ihres perfekten göttlichen Plans verschaffen. Dann können Sie ihn bitten, diese Klänge wieder in Ihre Merkaba einzufügen.

Erzengel Joules und Poseidon kümmern sich gemeinsam um die tektonischen Platten des Planeten. Die Oberfläche der Erde besteht aus einer ganzen Reihe von großen Puzzleteilen, die sich in ständiger Bewegung befinden.

Auf der materiellen Ebene entstehen durch die Reibung dieser Platten Berge, Vulkane, Erdbeben und letztlich auch Tsunamis. Auf der spirituellen Ebene wachen Poseidon und Erzengel Joules über dieses Geschehen. Niedere Energien rollen vom Zentrum der Platten zu den Kanten. Treffen dann zwei Platten an einer Stelle aufeinander, an der sich viel Negativität angesammelt hat, muss diese beseitigt werden. Das geschieht durch Vulkanausbrüche oder Erdbeben. Feuer kann das Alte in höhere Frequenzen umwandeln. Unterseeische Vulkane und Erdbeben können Sturmfluten auslösen, die Liebesenergie in sich tragen und das alte Karma auf dem Festland wegwaschen. Der große Plan hat gewaltige Ausmaße und wird Hunderte von Jahren im Voraus detailliert erstellt.

Korallenriffe entstehen dort an unterseeischen Formationen, wo die Energie bereits in die fünfte Dimension umgewandelt wurde. Aus diesem Grund bewahren alle Korallenriffe fünfdimensionale Energie und haben eine wechselseitige Verbindung mit der Hohlerde. Die Weisheit der Hohlerde strömt durch die Riffe ins Wasser, während die Riffe gleichzeitig Informationen über die Meere an die Hohlerde weiterleiten. Alle Fische in den Korallenriffen sind fünfdimensional.

Erzengel Joules arbeitet selbstverständlich mit den Meistern und Engeln von Helios und dem Mond zusammen. Sowohl die Sonne als auch der Mond beeinflussen die Wassermassen des Planeten. Die goldenen Engel von Helios und die silbernen Engel des Mondes erscheinen bei Vollmond in großer Zahl, aber auch in Zeiten, in denen es nötig ist, das Wasser zu beeinflussen und ihm die Eigenschaften göttlich männlicher und weiblicher Perfektion einzuspeisen. Gemeinsam verbreiten sie Netze aus goldenem und silbernem Licht, das mit höherer Liebe gesättigt ist, überall auf dem Planeten. Diese goldenen und silbernen Netze aus Liebe und Licht lösen sich im Wasser auf und beeinflussen die Frequenz der Meere und Meeresbewohner auf tief greifende Weise. Zu bestimmten glorreichen Zeiten göttlichen Wohlwollens und göttlicher Ausschüttungen halten sie die Schablone der göttlich männlichen und weiblichen Balance und der bedingungslosen Liebe über dem Planeten, damit die Menschen einen durchdringenden Augenblick lang Erleuchtung empfangen können.

Neptun, der Elementarmeister des Wassers, beaufsichtigt unter Führung von Erzengel Joules die Undinen. Die Undinen sind Elementarwesen, welche die Meere reinigen und seit Tausenden von Jahren zu diesem Zweck mit den Fischen zusammengearbeitet haben. In den letzten Jahren ist diese Aufgabe aber aufgrund der Umweltverschmutzung zu viel für sie geworden, sodass kleine Elementarwesen des Wassers, die so genannten Kyhils, aus einem anderen Universum auf die Erde eingeladen wurden. Im Austausch dafür, dass sie unseren Planeten erleben und das hier gesammelte Wissen zurück auf ihren Heimatplaneten bringen dürfen, helfen sie uns, die gegenwärtige komplexe chemische Verschmutzung aufzulösen und umzuwandeln. Während sie dieser Aufgabe nachgehen, bereiten sie das Wasser auf seine Rolle im neuen goldenen Zeitalter vor. Meerjungfrauen kümmern sich auch weiterhin um die Pflanzen- und Tierwelt der Meere.

Es gibt vier mächtige Wesen, die mit Erzengel Joules zusammenarbeiten, um die Gewässer zu beeinflussen und ihnen hochfrequente Energien hinzuzufügen.

- Erzengel Metatron schüttet die Eigenschaften des Glaubens und des höheren Aufstiegs in das Wasser, um uns zu helfen, die Vision einer fünfdimensionalen Welt aufrechtzuerhalten.
- Erzengel Butyalil ist Hüter des kosmischen Plans und sorgt dafür, dass sich alles, auch die Planeten, in göttlicher Harmonie bewegt. Er verbreitet die dafür notwendigen Informatio-

nen durch das Wasser – auch durch das Wasser in unseren Körperzellen. Das beeinflusst uns dahingehend, dass wir uns in Übereinstimmung mit dem göttlichen Plan für unser Leben befinden und die uns innewohnenden Begabungen und Eigenschaften hervorbringen, damit wir diesen auch erfüllen können. Wenn sich die heilige Geometrie des kosmischen Plans in Übereinstimmung mit unserem persönlichen fünfdimensionalen Plan befindet, eröffnen sich uns gewaltige Möglichkeiten und wir können einen Augenblick lang unsere göttliche Großartigkeit erkennen.

- Die Einhörner übertragen ihre Reinheit und Erleuchtung direkt ins Wasser.
- Erzengelin Maria verbreitet die Liebe und das Mitgefühl des göttlich Weiblichen durch das Wasser und berührt uns mit diesen Eigenschaften, wenn wir bereit sind, sie anzunehmen.

Außerdem tragen die Meere und Seen das Licht anderer Sternensysteme in sich. Wie die Wälder auf der Erdoberfläche speichern die Meere Weisheit und Licht aus weit entfernten Universen, um dieses freizugeben, wenn die Frequenz des Planeten ansteigt. Wenn wir bereit sind, diese Schlüssel und Codes zu empfangen, werden sie automatisch in die Zellen unseres Körpers übertragen, sobald wir uns im Wasser befinden. So bietet es uns gewaltige Möglichkeiten der Transformation. Wenn wir während des Schwimmens, Badens, Duschens oder Trinkens das Wasser segnen, heben wir seine Frequenz auf eine fünfdimensionale Schwingung an. Dann können die mächtigen Wesen unsere Körperzellen mit ihrem Licht erfüllen.

Wasserwesen

Zudem arbeitet Erzengel Joules mit allen Wasserwesen zusammen. Die Fische stammen aus dem Sternbild Fische und sind hier auf Erden mit der Aufgabe betraut, das Wasser der Meere zu reinigen und zu klären und ihm zu helfen, seine Frequenz zu halten. Fische schwingen zwischen der dritten und fünften Dimension. Kleine Fische sind Teile einer Gruppenseele, die sich wie alle fühlenden Wesen auf dem Weg des Aufstiegs befinden. Ein Teil des Aufstiegsprogramms allen Meereslebens wird dadurch erfüllt, dass die Harmonien der Engel ins Wasser geleitet werden, um die Schwingung der Meere hochzuhalten.

Die individualisierten Fische und Meeresbewohner sind alle fünfdimensional. So stammen die Delfine beispielsweise von Lakumay, dem aufgestiegenen Aspekt des Sirius. Sie bewahren das Wissen und die Weisheit von Atlantis und haben darauf gewartet, dass wir bereit sind, sie zu empfangen. Da sich die Frequenz nun erhöht hat, können sie sie auf jene Menschen übertragen, die bereits fünfdimensional sind.

Die Wale stammen von einem weit entfernten Asteroiden im zehndimensionalen Universum Schechina – wie die Hühner übrigens auch. Die mächtigen Wale tragen riesige Mengen hochfrequenten Lichts und hochfrequenter Liebe in sich, die sie mit den anderen Meeresbewohnern teilen. Sie leisten hervorragende Arbeit, indem sie die Schwingung der Meere aufrechterhalten.

Die Haie, die von Nigellay, dem aufgestiegenen Aspekt des Mars, stammen, patrouillieren durch die Meere. Diese Geschöpfe sind sehr kriegerisch, aber sie tragen auch die Eigenschaften des friedvollen Kriegers in sich.

Schildkröten stammen von Jumbay, dem aufgestiegenen Aspekt des Jupiters, und verbreiten die Eigenschaften höherer Erleuchtung und der kosmischen Fülle.

Die Rochen, die von den Plejaden stammen, verbreiten Heilung und Freude im Wasser.

Alle diese individualisierten Wesen sind hoch entwickelte Geschöpfe. Die Menschen können ihnen ohne das Einverständnis ihrer Seelen nichts antun. Sie opfern sich absichtlich, um uns daran zu erinnern, wie wichtig saubere Meere sind.

Verbinden Sie sich mit Erzengel Joules

Sie können die folgende Übung entweder rein gedanklich ausführen oder dabei in einer Badewanne, einem Fluss, einem See oder im Meer liegen.

Eine Visualisierungsübung, um sich mit Erzengel Joules zu verbinden

———◆———

1. Stellen Sie sich vor, dass Sie ganz entspannt und vollkommen sicher in wunderschönem klarem Wasser treiben.
2. Goldene Wurzeln dringen von Ihrem Körper aus in den Meeresboden und verankern Sie in der Hohlerde.
3. Sie befinden sich in dem fantastischen siebendimensionalen Portal von Erzengel Joules, das ganz in ein wunderschönes, sattes aquamaringrünes Licht getaucht ist. Spüren Sie, dass Erzengel Joules Kontakt zu Ihnen aufnimmt.
4. Segnen Sie das Wasser mit diesen Worten oder in Gedanken:

»Ich beschwöre einen glorreichen Segen der Liebe und Weisheit für das Wasser, das mich umgibt, herauf. Möge es in die fünfte Dimension erhoben werden.«

5. Spüren Sie, wie sich die Zellen Ihres Körpers wie Blüten öffnen und sich darauf vorbereiten, die Energie aufzunehmen, die Sie gleich von den vier mächtigen Wesen empfangen werden, die mit dem Wasser arbeiten.

6. Bitten Sie Erzengel Metatron, das Wasser zu segnen, und spüren Sie, wie sein Licht in Ihre Zellen eindringt.

7. Rufen Sie ein Einhorn herbei und visualisieren Sie, wie sein großes spiralförmiges Lichthorn reine weiße Erleuchtungsenergie in das Wasser leitet.

8. Rufen Sie Erzengelin Maria an und spüren Sie, wie ihr aquamarinfarbenes Licht der Liebe und des Mitgefühls um Sie herum strömt.

9. Bitten Sie Erzengel Butyalil, Sie in Harmonie mit den kosmischen Strömungen zu bringen. Entspannen Sie sich noch tiefer, damit Sie Ihre eigene göttliche Großartigkeit erkennen können.

10. Bitten Sie Neptun und Erzengel Joules, Ihren fünfdimensionalen ätherischen Bauplan in Ihren Energiekörper zu legen und Sie mit der Musik der Sphären zu verbinden.

11. Nehmen Sie wahr, dass die Engel über Ihnen singen, und spüren Sie, dass ihre Harmonien wie flüssiges Licht über Ihnen ausgeschüttet werden.

12. Entspannen Sie sich und bitten Sie darum, dass Ihr Bauplan aktiviert werden möge.

13. Wenn Sie so weit sind, bedanken Sie sich bei den Erzengeln und bei Neptun und kehren Sie in Ihren normalen Wachzustand zurück.

Erzengel Purlimiek,
der Engel der Natur

Der unglaublich mächtige Erzengel Purlimiek bewahrt gemeinsam mit dem neundimensionalen Meister Pan den göttlichen Bauplan unserer fünfdimensionalen natürlichen Welt. Er konzentriert sich auf die Erde, den blaugrünen Planeten in diesem Universum, weil er ein so einzigartiges Ökosystem darstellt. Erzengel Purlimiek hat seit Tausenden von Jahren unauffällig im Hintergrund gewirkt. Jetzt tritt er stärker hervor und leitet die Ausführung eines koordinierten Plans für das Naturreich auf der Erde an.

Sein ätherisches Refugium, durch das er die Erde betritt, ist Groß-Zimbabwe in Afrika, eines der vier interdimensionalen Portale des Planeten, die in beide Richtungen funktionieren. Die anderen drei sind Stonehenge, ein leicht geöffnetes siebendimensionales Portal, Tibet, das Portal des Friedens, und Machu Picchu, das sich unter der Befehlsgewalt von Kommandant Aschtar befindet.

Das Experiment der physischen Gestalt

Wir sind gesegnet, auf einem Planeten zu leben, dessen Natur einen solchen Überfluss hervorbringt. Das war aber nicht immer so. Bis zum Ende von Lemuria waren die Wesen auf der Erde nur ätherisch und besaßen keine körperliche Gestalt. Auf dem Scheitelpunkt von Lemuria und Atlantis inkarnierten sich die Aborigines in menschlichen Körpern, um die Energie des lemurischen

Zeitalters zu verankern. Sie waren herzzentrierte Wesen, bei denen die rechte Hirnhälfte dominant war und die sich durch große Liebe zum Land und großes Wissen um die Natur auszeichneten. Sie ließen sich in Australien nieder, sodass sie vollkommen von den Atlantern und verschiedenen anderen Experimenten getrennt waren, die zu der Zeit auf der Erde stattfanden.

Da diese neuen Menschen Sinne wie den Tast- oder den Geschmackssinn gebrauchen und einen physischen Körper aufrechterhalten sollten, strömte aus dem Herzen des Quells der Überfluss der Natur zur Erde. Herrliche Bäume und Pflanzen wurden hier angesiedelt. Es wurde alles zur Verfügung gestellt, was die neuen Menschen brauchten. Die Aborigines besaßen ein angeborenes Verständnis dafür, wie sie die Pflanzen als Nahrungsquelle, zur Heilung, zur Wärmegewinnung und für ein Obdach nutzen konnten.

Als das atlantische Experiment ausgearbeitet wurde, sah der Lehrplan vor, dass alle spirituellen Wesen, die freiwillig daran teilnehmen wollten, einen physischen Körper annehmen mussten. Wie die Aborigines in Australien mussten auch die Atlanter ihre körperliche Gestalt ernähren, indem sie ihr Wasser und Nahrung zuführten. Sie waren Vegetarier, die nur pflanzliche Produkte aßen. Die Natur stellte ihnen alles zur Verfügung, was sie benötigten. Ein Großteil des Wissens, das sie brauchten, um zu verstehen, wie sie die Bäume und Pflanzen nutzen sollten, wurde in ihr Bewusstsein einprogrammiert. Die Hohepriester und Hohepriesterinnen von Atlantis brachten den ersten Siedlern alles bei, was sie sonst noch wissen mussten.

Jeder Aspekt der Natur wurde vom Großen Göttlichen Lenker so entworfen, dass er das fortlaufende Experiment auf unserem Planeten unterstützt. Dieses mächtige Wesen, das Mitglied des Intergalaktischen Konzils ist, und den göttlichen Plan für alle Universen überdenkt, plante für die Erde eine langfristige Strategie. Bäume wurden so gestaltet, dass sie Nahrung, Obdach, Medizin, spirituellen Trost, Sauerstoff und Feuer liefern konnten. Wenn sie starben, sanken ihre Körper in die Erde und wurden im Laufe der Jahrtausende zu Öl, das die tektonischen Platten schmierte und uns in einer möglichen Zukunft Brenn- und Treibstoff liefern sollte. Wenn die Pflanzen starben, wurden sie zu Kompost, der dann die zukünftigen Pflanzen nährte.

Außerdem strahlte jeder einzelne Baum und jede einzelne Pflanze eine Eigenschaft aus, die Menschen und Tieren helfen sollte. So strahlen zum Beispiel Birken eine Energie aus, die uns hilft, anderen zu vergeben und unsere Traumata zu heilen. Wenn Menschen Trost suchen oder über ein Problem nachdenken wollen, zieht es sie automatisch in den Wald hinaus – meistens, ohne überhaupt zu realisieren, wie sehr die Bäume ihren Bewusstseinszustand beeinflussen.

Zuerst schätzten die Menschen die Natur und waren für alles dankbar. Sie dankten dem Göttlichen automatisch für den Überfluss an Früchten und Gemüsesorten, die ihnen zur Verfügung standen. Das war Teil des energetischen karmischen Austauschs.

Die frühen Atlanter arbeiteten mit den ätherischen Elementarwesen zusammen, um die Pflanzen zu unterstützen. Indem sie mit den Elementarwesen sprachen und sich gemeinsam mit ihnen um die Pflanzen kümmerten, bildeten sie eine symbiotische Beziehung, von welcher der gesamte Planet profitierte. Sie arbeiteten im Einklang mit den Mondphasen und pflanzten, säten und ernteten während der dafür günstigsten Zeit. Damals lebten alle Geschöpfe rein vegetarisch. Tiere wurden erst zu einer Nahrungsquelle, als später das Energieniveau absank. In der Anfangszeit gedieh alles prächtig, und die pflanzliche Ernährungsweise förderte ein Gefühl des Friedens und der Harmonie unter allen Geschöpfen, die an diesem Experiment beteiligt waren.

Die Farben der Natur

Erzengel Purlimiek schwingt auf dem wunderschönen blaugrünen Strahl. Er trägt alle Frequenzen der ursprünglichen Vegetation in sich. Diese Farbe wurde gewählt, um alles ins Gleichgewicht zu bringen und dieses aufrechtzuerhalten. Grün strahlt die göttliche Schwingung der Harmonie und Heilung aus.

Als das Experiment weiterging, wurde beschlossen, weitere Farben hinzuzufügen, von denen eine jede mit einer Erzengelenergie schwingen sollte, um den Menschen und Tieren eine umfassendere Erfahrung zu ermöglichen. Dort, wo das Selbstvertrauen und das Selbstwertgefühl von Erzengel Uriel gebraucht wurden, blühten gelbe Blumen. Wo die Reinheit und Unschuld von Erzengel Gabriel vonnöten waren, tauchten weiße Blumen auf. Rosafarbene Blumen strahlten Liebe aus.

Schon seit einiger Zeit schätzen die Menschen den Duft der Blumen, was daran liegt, dass sie unbewusst die Essenz der Erzengel einatmen wollen. So trägt zum Beispiel der Duft einer Rose die Schlüssel und Codes der kosmischen Liebe der Erzengelin Maria in sich.

Die Harmonie der Natur

Erzengel Purlimiek und Millionen seiner blaugrünen Engel singen das Lied der Natur, um die Harmonie aufrechtzuerhalten. Wenn zwei Bäume am selben Platz wachsen wollen und keine andere Abmachung haben, zieht einer von beiden automatisch seine Energie zurück, damit der andere gedeihen kann. Diese harmonischen Opfer ermöglichen es der Natur, ihr hohes Energieniveau zu bewahren.

Die Natur bringt alle fühlenden Wesen ins Gleichgewicht und in Einklang. Sie harmonisiert das Herz, entspannt es und öffnet die Zellen des gesamten Körpers.

Seit 2012 hat sich die Frequenz dramatisch erhöht und die gesamte Natur ist fünfdimensional geworden. Dennoch haben manche Pflanzen immer noch Stacheln oder Spitzen, aber diese werden nicht mehr aktiv zur Verteidigung eingesetzt, sondern sind Überbleibsel einer Zeit, als sie für das Überleben notwendig waren. In einiger Zeit werden sie gar nicht mehr existieren. Wenn die göttliche Ordnung der Natur wiederhergestellt worden ist, werden Pflanzen und Bäume versuchen, sich dadurch zu verteidigen, dass sie die Frequenz ihrer Widersacher anheben und sie mit Frieden erfüllen. Auf diese Weise werden alle sicher sein.

Sie können Erzengel Purlimiek anrufen, wenn jemand unnötigerweise einen Baum fällen will. Einer seiner Engel wird dann an den Ort eilen und versuchen, das Bewusstsein des Betreffenden anzuheben. Da Menschen überall auf der Welt gegenwärtig ihre Frequenz erhöhen, gelingt es den Engeln immer häufiger, die Einstellung der Menschen zu ändern.

Bäume sind fühlende Wesen. Wenn Sie einen Baum fällen oder einen Ast abschneiden müssen, informieren Sie den Baum bitte vorher, damit er die Möglichkeit hat, seine Energie zurückzuziehen.

Elementarwesen

Erzengel Purlimiek leitet gemeinsam mit Pan die Naturgeister und die Wesen an, die für die einzelnen Elemente verantwortlich sind.

So kümmern sich beispielsweise im Wald die Elfen, kleine ätherische Wesen des Erdelements, um die Bäume. Sie wurden von den Erzengeln Purlimiek und Butyalil auf unseren Planeten eingeladen. Faune, eine Mischung der Elemente Erde, Luft und Wasser, tragen dazu bei, die Energie der Wälder durch den Prozess der Fotosynthese auszugleichen. Man sieht sie nur sehr selten.

Die Engel wirken immer im höchsten Interesse aller Wesen. Während die Natur aufsteigt, verschmelzen viele Erzengel ihre

Energien, um ihr zu helfen, ihr höchstes Potenzial zu erreichen. Unser blaugrüner Planet wird zu einem Ort natürlicher Liebe und Harmonie.

Die Codes der Natur

Der Große Göttliche Lenker hat dafür gesorgt, dass alle Antworten auf alle Fragen in die Natur einprogrammiert wurden. Wenn Sie draußen in der Natur spazieren gehen, eine Frage haben und um eine Antwort bitten, werden Sie etwas sehen oder eine plötzliche Eingebung haben, die Ihnen ein besseres Verständnis ermöglicht oder eine Lösung anbietet.

Eine Visualisierungsübung, um sich mit Erzengel Purlimiek zu verbinden

1. Bereiten Sie einen Platz vor, an dem Sie sich entspannen können und nicht gestört werden. Zünden Sie, wenn es Ihnen möglich ist, eine Kerze an.
2. Setzen Sie sich still hin und atmen Sie ruhig ein und aus. Tun Sie dies mit der Absicht, sich mit Erzengel Purlimiek zu verbinden.
3. Erden Sie sich, indem Sie sich vorstellen, dass aus Ihren Füßen Wurzeln bis tief hinein in die Erde reichen.
4. Bitten Sie Erzengel Michael, Sie in seinen dunkelblauen Schutzmantel zu hüllen.
5. Sie befinden sich nun auf einer wunderschönen Waldlichtung, auf der Gras und Wildblumen wachsen und die von Bäumen umgeben ist. Schauen Sie sich um, und nehmen Sie die Szenerie in sich auf.

6. Lehnen Sie sich gegen einen Baum, entspannen Sie sich und spüren Sie, wie Sie von seiner Energie eingehüllt werden.

7. Erzengel Purlimiek schwebt in seinem großartigen blaugrünen Licht durch die Bäume. Sein großes Licht umhüllt Sie, sodass die Codes der Natur mit Ihrer Aura verschmelzen.

8. Ein Baum fällt Ihnen besonders ins Auge. Stimmen Sie sich auf ihn ein und spüren Sie, was er braucht. Danken Sie ihm dafür, dass er da ist.

9. Spüren oder sehen Sie die Farben, die vom hellgrünen Gras und der Vielzahl farbiger Blumen ausstrahlen.

10. Betrachten Sie die Natur von einer höheren Warte aus.

11. Bedanken Sie sich bei Erzengel Purlimiek und schauen Sie ihm nach, während er davonschwebt.

Erzengel Fhelyai, der Engel der Tiere

Erzengel Fhelyai ist der Engel der Tiere. Er ist aus einem anderen Universum gekommen, um allen Geschöpfen auf Erden zu helfen, während dieser Zeit großer Chancen ihre wahre Bestimmung zu erfüllen. Er hat eine glorreiche, strahlende butterblumengelbe Farbe, die zu reinem Weiß wird, wenn er ganz mit einer Aufgabe beschäftigt ist.

Er wacht mit seinen Engeln während ihres ganzen Lebens über die Tiere. Ist ein Tier krank, wird es von Erzengel Fhelyais Engeln getröstet und unterstützt. Genau wie Menschen müssen auch Tiere auf ihren Tod vorbereitet werden. Wenn es so weit ist, sind Fhelyais Engel bei ihnen, sprechen ihnen Mut zu und helfen ihnen so lange, wie es vor ihrem Hinüberscheiden nötig ist.

Außerdem ist immer einer von Erzengel Fhelyais Engeln bei Geburt und Tod jedes einzelnen Tieres zugegen. Auch einer von den Engeln von Erzengel Azrael – ebenfalls für Geburt und Tod zuständig – ist immer dabei, ebenso bei den Übergängen am Beginn und Ende des Lebens bei jedem Menschen. Kein Mensch und kein Tier macht eine dieser Initiationen allein durch.

Wird ein Tier schlecht behandelt, können Sie dem Engel der Tiere ein Gebet schicken und ihn bitten, ihm zu helfen. Erzengel Fhelyai wird dann in einem Menschen den Wunsch entfachen, dieses Geschöpf zu retten. Oder er wird das Bewusstseinsniveau des Besitzers anheben, damit dieser sein Verhalten dem Tier gegenüber ändert.

Erzengel Fhelyais Engel ermutigen die Tiere auch, an sich selbst zu glauben, da jedes von ihnen genau wie ein Mensch eine

Lebensaufgabe hat. So sind beispielsweise die Pandas eng mit der mächtigen Erzengelin Maria verbunden und helfen ihr, Menschen mit dem kosmischen Herzen zu verbinden, damit sie ihr Herz der höheren Liebe öffnen.

Erzengel Fhelyai hilft allen Tieren, ihren Aufstiegsprozess zu beschleunigen und alles zu erfahren, was es zu erfahren gibt. Während des Kosmischen Moments im Jahr 2012 stiegen achtundfünfzig Prozent der Tiere in die fünfte Dimension auf. Bis 2014 waren es schon dreiundsiebzig Prozent. Allgemein gesprochen sind Tiere höher entwickelt als Menschen und lehren uns daher etwas. Wenn Sie Unterstützung auf Ihrem Aufstiegsweg benötigen, kann es sein, dass ein Tier auftaucht, das Ihnen die entsprechende Erfahrung oder Lektion anbietet.

Ankommende Tiere

Wie die Menschen so kommen auch Tiere aus allen Universen auf die Erde, um hier das Leben in einem physischen Körper zu erfahren. Sie inkarnieren sich, um das Leben von der rechten Hirnhälfte und dem Herzen aus zu erforschen. So stammen zum Beispiel die Affen, die hoch entwickelte Wesen sind, aus dem zehndimensionalen Universum Schechina. Sie lernen allerdings auf vollkommen andere Weise als wir, nämlich eben durch ihre rechte Hirnhälfte und ihr Herz.

Da die Erde so eng mit den vier Gestirnen – den Plejaden, Orion, Sirius und Neptun – verbunden ist, die uns beim Aufstieg helfen, kommen viele Tiere von dort, um uns auf der Erde zu helfen. Üblicherweise lehren sie uns durch ihr Beispiel.

Die Plejaden sind ein Sternhaufen, der Zugriff auf die blaue, herzheilende Energie des Quells hat, und deren Frequenz absenkt, um sie an andere Orte ausstrahlen zu können. Pandas, Schafe, Schweine und Bienen, die fünfdimensionale Insekten sind, stammen von den Plejaden. Sie alle tragen dieses heilende Licht in ihren Energiefeldern, das von ihnen ausgehend zu Menschen, anderen Tieren, der Natur und der Erde selbst strömt.

Die zwölf Meister des Orion bewahren die Weisheit des Universums. Das bedeutet, dass sie in großer Klarheit darüber sind, wie sie ihr Wissen zum höchsten Wohle aller Wesen anwenden können. Bären, Katzen, Giraffen, Ziegen, Igel, Eichhörnchen und Kaninchen stammen aus diesem Sternbild und alle von ihnen tragen einen Teil der Weisheit des Universums in ihren Energiefeldern. So berühren zum Beispiel Kaninchen, die mit Erzengel Gabriel zusammenarbeiten, die Herzen der Menschen, sodass diese Liebe und Mitgefühl empfinden und eine gegebene Situation von einer höheren Warte aus betrachten können. Katzen hingegen heben die Frequenz von Häusern und Wohnungen an und beschützen diese vor niederen Energien, die einzudringen versuchen.

Sirius ist ein Doppelstern und seine zwölf Meister empfangen spirituelle Technologien und die heilige Geometrie vom Quell. An uns werden sie diese weitergeben, wenn wir dafür bereit sind. Kühe, Pferde, Hirsche, Kamele, Elefanten und Hunde stammen von hier und helfen uns, Zugang zum Neuen zu finden. Kamele tragen ein großes Maß an Informationen in ihren Energiefeldern und warten nur darauf, diese auf telepathischem Weg auf uns zu übertragen, wenn wir energetisch dazu bereit sind. Hunde zeigen ihren Besitzern gegenüber eine so bedingungslose Liebe, Treue und Hingabe, damit deren Herzen offen bleiben und sie leichter Wissen empfangen können.

Neptun ist der Planet der höheren Spiritualität und bewahrt die Weisheit und das Wissen von Lemuria und Atlantis. Die Meister des Neptuns gaben ihre Zustimmung dazu, dass Ratten und Mäuse im Rahmen einer besonderen Mission zur Erde kommen konnten, um materiellen und ätherischen Müll auf unserem Planeten zu beseitigen. Wenn dieser Müll beräumt ist, wird es uns möglich, uns für unsere tatsächlichen Begabungen und für unser ganzes Potenzial zu öffnen.

Außer den Tieren, die sich von den Aufstiegsgestirnen kommend bei uns inkarniert haben, sind noch die Meerschweinchen von der Venus gekommen. Ihre Mission besteht darin, die Herzen jener Menschen zu heilen, die missbraucht oder verletzt wurden.

Kängurus und Wallabys kommen von Nigellay, dem aufgestiegenen Aspekt des Mars, zu uns und bringen die Energie des friedvollen Kriegers mit. Gegen Ende der lemurischen Epoche inkarnierten sich die Aborigines in Australien, um das lemurische Licht im Boden zu verankern. Auch Kängurus und Wallabys kamen zu dieser Zeit im Rahmen derselben Mission. Wo immer sie auch hingehen, verbreiten sie lemurische Heilenergie und das Licht des friedvollen Kriegers durch die Leylinien.

Ein Portal für Tiere in Yellowstone

Während des Kosmischen Moments 2012 begann sich ein gewaltiges Portal für die Natur und die Tiere im amerikanischen Yellowstone zu öffnen. 2032 wird es sich vollständig geöffnet haben. Die hier einströmende Energie ist gelb und hat genau denselben Farbton wie der Erzengel der Tiere. Wenn sich dieses Licht verbreitet, berührt und unterstützt es alle Tiere, unabhängig davon, wo sie sein mögen. Es beeinflusst zudem unseren Geist und unser Herz und zeigt uns die kosmische Wahrheit: nämlich, dass Tiere mächtige eigenständige Wesen sind, die geehrt und mit Respekt behandelt werden müssen, wenn der ganze Planet aufsteigen soll.

Erzengel Fhelyais Refugium

Erzengel Fhelyais Refugium befindet sich auf der heiligen Insel im Firth of Clyde in Schottland. Dort senkt er seine Energie auf eine Frequenz ab, auf der er sowohl mit allen Tieren als auch mit Menschen, die eine besondere Beziehung zu Tieren haben, arbeiten kann. Sie können darum bitten, sein Refugium während des Schlafs oder in der Meditation aufsuchen zu dürfen, um die Tiere besser zu verstehen und ihnen effizienter zu helfen.

Eine Visualisierungsübung, um Erzengel Fhelyai zu begegnen

1. Bereiten Sie einen Platz vor, an dem Sie nicht gestört werden und sich entspannen können. Zünden Sie eine Kerze an, wenn es Ihnen möglich ist.

2. Setzen Sie sich still hin und atmen Sie gleichmäßig mit der Absicht, Erzengel Fhelyais Refugium aufsuchen zu dürfen.

3. Erden Sie sich, indem Sie sich Wurzeln vorstellen, die aus Ihren Füßen bis tief hinein in die Erde reichen.

4. Bitten Sie Erzengel Michael, Ihnen seinen dunkelblauen Schutzmantel umzulegen.

5. Rufen Sie den wundervollen Erzengel Fhelyai an und atmen Sie sein glorreiches, sonniges butterblumengelbes Licht in Ihr Herz.

6. Stimmen Sie sich auf ein Tier ein und schicken Sie ihm dieses leuchtend gelbe Licht.

7. Spüren Sie, wie sich das Tier entspannt, und schicken Sie ihm eine telepathische Botschaft.

8. Halten Sie inne und warten Sie auf Antwort.

9. Ziehen Sie die wunderbare gelbe Energie von Yellowstone in Ihre Energiefelder und senden Sie diese dann allen Tieren auf der Erde.

10. Danken Sie Erzengel Fhelyai.

Erzengel Preminilek und die Insekten

Erzengel Preminilek ist für alle Insekten auf dem Planeten verantwortlich. Er stammt aus einem anderen Universum und senkt
seine Frequenz durch die Berge im Norden Myanmars ab. Er
schwingt auf einer gelbgrünen Frequenz und arbeitet mit Erzengel
Purlimiek, dem Engel der Natur, zusammen, um die Arbeit der
Insekten zu koordinieren und sie auf ihrer Seelenreise zu beschützen.

Die einzelnen Insektenarten gehören Seelengruppen von zirka
eintausend Mitgliedern an und inkarnieren sich auf der Erde, um
das Leben in all seinen Facetten zu erfahren, genau wie die Menschen und die anderen Tiere auch. Ihre Frequenz liegt zwischen
der dritten und fünften Dimension.

Fünfdimensionale Insekten

Fünfdimensionale Insekten wie Schmetterlinge, Motten, Marienkäfer, Ameisen und Bienen sind hier, um zu dienen und zu lernen.

Schmetterlinge und Motten senken ihre Frequenz auf dem Orion, dem Sternbild der Weisheit, ab und fungieren wie die Vögel
als Botschafter der Engel. Sie tragen Erzengelcodes in ihren Energiefeldern und erscheinen häufig, um uns das Wunder des Lebens
zu zeigen, die Hoffnung in unseren Herzen am Leben zu erhalten
und uns zu entzücken. Manchmal tauchen sie auch bei Beerdi-
gungen auf, um uns daran zu erinnern, dass der Tod ein Neuanfang ist, oder um uns den Segen der Engel zu überbringen.

Marienkäfer kommen ebenfalls vom Orion und bringen uns Glück auf allen Ebenen. Wenn sich Ihr Herz beim Anblick eines Regenbogens öffnet, ziehen Sie die Energie des Überflusses vom Universum an und sorgen auf diese Weise dafür, dass sich Ihnen eine neue Tür öffnet. Marienkäfer überbringen dieselbe Botschaft. Wenn Sie entzückt lächeln, wenn Sie einen sehen, öffnet sich Ihr Herz und Sie ziehen etwas Gutes an. Aus diesem Grund sind Regenbögen und Marienkäfer überall beliebt.

Die wunderschönen Marienkäfer arbeiten mit den Elementarwesen zusammen, um den Pflanzen zu helfen. Sie unterstützen sie nicht nur physisch, indem sie Schädlinge wie die Blattläuse fressen, sie helfen auch den Feen und Sylphen, die Energie in der Umgebung der Pflanzen zu klären. Sie kommunizieren mit anderen Insekten und überzeugen sie davon, sich im Interesse des höchsten Wohles aller woanders hinzubegeben. Sie verbreiten Eigenschaften der Engel wie Liebe, Frieden, Harmonie und Zusammenarbeit.

Die Ameisen senken ihre Frequenz auf den Sirius ab. Sie lernen und lehren heilige Geometrie und bauen ihre Nester nach diesen göttlichen Prinzipien. Die heilige Geometrie formt engelhafte Edelsteine im Äther um ihre Nester herum. Diese Lichtstrukturen schwingen auf einer hohen Frequenz, wodurch magische Harmonien erzeugt werden. Weil die Ameisen ihre Nester mithilfe dieser heiligen Codes bauen, ziehen sie die Klänge der Engel an, die über ihren Nestern singen.

Aus diesem Grund singen die Engelchöre ihre Harmonien auch über alten Kathedralen. Wird ein Gebäude nämlich nach den Prinzipien der heiligen Geometrie errichtet, versetzt es alle, die es betreten, in einen Zustand höherer Harmonie. Die Schwingung legt zudem einen Schirm des Friedens über die umgebende Landschaft.

Die Bienen, die von den Plejaden kommen, bauen ihre Stöcke ebenfalls nach den Prinzipien der heiligen Geometrie. Diese ganz besonderen Geschöpfe verbreiten plejadische Herzheilung, wo immer sie auch hinfliegen, und ihr Honig hat viele heilende Eigenschaften. Die Pixies helfen ihnen, so viele Blüten wie möglich zu bestäuben. Alle Elementarwesen fühlen sich zu den Nestern und Bienenstöcken hingezogen, weil diese die hochfrequente Energie der Engel ausstrahlen, die ihnen bei ihrer Entwicklung hilft.

Das spirituelle Wachstum der Insekten

Das spirituelle Wachstum eines Insekts verläuft gleich wie das eines Menschen. Sobald ein Mensch sein Herz öffnet und sich für das Wohlergehen anderer zu interessieren beginnt, steigt er in die vierte Dimension auf. Wenn Insekten beginnen, sich um andere Wesen zu kümmern, werden auch sie vierdimensional. Skorpione kümmern sich um ihre Brut, die auf dem Rücken der Mutter leben, bis sie fähig sind, ohne sie zu überleben. Würmer dienen, indem sie den Boden durchlüften. Diese Selbstlosigkeit hat den Insekten geholfen, in die vierte Dimension aufzusteigen. Skorpione und Würmer stammen vom Neptun.

Jedes Insekt, jeder Vogel, jede Pflanze, jeder Baum und jedes Tier hat eine göttliche Aufgabe auf Erden zu erfüllen. In den glücklichen Tagen längst vergangener Zeit tötete niemand eine Schnecke, da alle wussten, dass Schnecken eine wichtige Aufgabe bei der Reinhaltung der Natur erfüllten. Ihre Aufgabe bestand darin, verrottendes Pflanzenmaterial zu fressen, es durch ihr System zu leiten und als Dünger für die kommende Pflanzengeneration wieder auszuscheiden. Gleichermaßen dachte damals keine Schnecke im Traum daran, neu angepflanzten Salat zu fressen. Als Elementarwesen und Menschen noch symbiotisch zusammenarbeiteten, hielten die Elementarwesen alle Insekten davon ab, etwas zu fressen, das nicht für sie bestimmt war.

Dreidimensionale Insekten wie Tausendfüßler, Käfer, Küchenschaben, Flöhe, Zecken und Mücken stammen vom Neptun und haben auf Erden bestimmte Aufgaben zu erfüllen. Tausendfüßler lernen etwas über Koordination und lehren uns die Kunst harmonischer Zusammenarbeit, indem sie diese vorführen.

Viele Insekten verkörpern sich, um dem Planeten zu dienen, indem sie unerwünschte Materialien zersetzen, damit diese für einen höheren Zweck wiederverwendet werden können. Käfer tun genau das. Küchenschaben haben die besondere Aufgabe, in die dunkelsten und schmutzigsten Ecken vorzudringen und dort faulende Reste und Kot zu zersetzen, um die in ihnen enthaltenen Nährstoffe wieder dem Ökosystem zuzuführen. Sie tun dies für Geschöpfe wie Fledermäuse ebenso wie für uns Menschen. Gleichzeit lösen sie die niedere psychische Energie auf, die an diesen Abfällen klebt.

Da die Menge psychischen wie physischen Abfalls auf dem Planeten zunimmt, hat Erzengel Metatron Elementarwesen aus anderen Universen eingeladen, zu uns zu kommen. Im Austausch gegen eine Beschleunigung ihres Entwicklungsprozesses sind die Esaks hierhergekommen, um hinter uns aufzuräumen. Diese tapferen Elementarwesen arbeiten mit den Insekten zusammen.

Als Atlantis degenerierte, mussten die Menschen an die Bedeutung von Hygiene und Sauberkeit erinnert werden und daran, dass Energie rein und in Bewegung gehalten werden muss. Flöhe kamen, um sie daran zu erinnern. Mücken tauchten auf, um die Menschen dazu zu bringen, das Wasser sauber und rein zu halten und dafür zu sorgen, dass es fließt. Zecken, also blutsaugende Spinnentiere, lehrten uns, dass wir in einer Welt gegenseitiger Abhängigkeit leben. Sie fühlen sich besonders vom Blut der Hirsche angezogen, die die Lektion des Vertrauens verkörpern.

Spinnen werden überall gefürchtet und gehasst, weil sie aus einem dreidimensionalen Universum ohne Schwerkraft stammen und eine Schwingung haben, die uns fremd ist. Sie kommen über den Sirius zu uns, wo sie etwas über die heilige Geometrie lernen. Dann inkarnieren sie sich hier, um vom Leben auf der Erde zu lernen und dieses Wissen mit in ihr Heimatuniversum zu nehmen. Sie lehren uns etwas über die heilige Geometrie, nach deren Prinzipien sie ihre Netze spinnen, und über Geduld und Konzentration. Da sie aus einem Universum ohne Schwerkraft stammen, verstehen sie die Beschränkungen nicht, die diese Kraft mit sich bringt, und erkennen sie nicht an. Sie spinnen ihre Netze gegen die Gesetze der Schwerkraft, indem sie die Vision des fertigen Netzes aufrechterhalten, und sind damit erfolgreich. Sie lehren uns, an einer Vision festzuhalten, ganz gleich, wie unmöglich sie auch zu sein scheint, und die Begrenzungen des kollektiven Glaubenssystems zu überwinden. Das ist eine ziemlich große Aufgabe für ein so kleines Insekt, aber sie lehren uns, indem sie es uns täglich demonstrieren.

Grillen und Heuschrecken stammen vom Sirius. Ihr Zirpen ist nicht nur ein Balzruf, die Schwingung dieser Töne ruft die Elementarwesen herbei und dankt ihnen. Wespen, die ebenfalls vom Sirius stammen, bauen ihre Nester nach den Prinzipien der heiligen Geometrie und lehren uns, welchen Nutzen diese hat. Außerdem inkarnieren sie sich, um zu lernen und uns zu lehren, wie man sich für das Gemeinwohl opfern kann.

Verbinden Sie sich mit den Insekten

Insekten leben auf einer vollkommen anderen Frequenz als die Menschen, sodass es für uns schwieriger als bei anderen Geschöpfen ist, uns auf ihre Wellenklänge einzustimmen. Es ist leichter, mit den höher entwickelten Insekten zu kommunizieren. Hier eine Visualisierungsübung, um mit dem Engel der Insekten in Kontakt zu treten.

Eine Visualisierungsübung,
um Erzengel Preminilek zu besuchen

1. Bereiten Sie einen Platz vor, an dem Sie sich entspannen können und nicht gestört werden. Zünden Sie, wenn es Ihnen möglich ist, eine Kerze an.

2. Setzen Sie sich still hin und atmen Sie ruhig ein und aus. Tun Sie dies mit der Absicht, das ätherische Refugium von Erzengel Preminilek aufzusuchen.

3. Erden Sie sich, indem Sie sich vorstellen, dass aus Ihren Füßen Wurzeln bis tief hinein in die Erde reichen.

4. Bitten Sie Erzengel Michael, Sie in seinen dunkelblauen Schutzmantel zu hüllen.

5. Sie befinden sich nun an einem unberührten Ort in der Wildnis, wo die einzige Musik das Lied der Insekten ist.

6. Ein wunderbares gelbgrünes Licht nähert sich Ihnen, und als es Sie erreicht, spüren Sie, wie Sie in die Höhe steigen, als ob Sie sich in einem Fahrstuhl befinden würden.

7. Sie finden sich an einem ätherischen Ort wieder, der genau wie der Ort aussieht, an dem Sie vorher waren.

8. Sie sind von Insekten umgeben, von denen Sie nur einige erkennen. Sie sind neugierig, aber friedfertig. Keines von ihnen berührt sie.

9. Sie sehen, dass Elementarwesen bei ihnen sind, die ihnen liebevoll helfen.

10. Vielleicht möchten Sie mit der Energie einer Gruppenseele sprechen oder mit einem fünfdimensionalen Insekt. Sie können fragen, warum es auf die Erde gekommen ist, was es lernt, wie es sich hier auf Erden fühlt, was es gegenüber den Menschen empfindet, wie es auf seinem Heimatstern oder Heimatplaneten aussieht oder irgendetwas anderes, das Ihnen wichtig zu sein scheint.

11. Falls ein Insekt vortritt, achten Sie auf die heilige geometrische Struktur seines Energiefeldes. Vielleicht möchte es
Ihre Aura damit berühren.

12. Nun ist das sanfte gelbgrüne Licht neben Ihnen und Erzengel
Preminilek schaut Sie gütig und mitfühlend lächelnd an. »Insekten sind die Erbauer der Strukturen eurer Welt«, sagt er.
»Ihr könnt nicht ohne sie existieren. Behandelt sie so, wie ihr
behandelt werden möchtet.«

13. Er streckt seine Hand nach Ihnen aus und Sie werden in sein
großes Licht gehüllt.

14. Danken Sie Erzengel Preminilek und kehren Sie an Ihren Ausgangspunkt zurück.

Erzengel Bhokpi, der Engel der Vögel

Nachdem der Plan für Atlantis ausgearbeitet worden war, wurde festgelegt, dass alle Menschen ihre Engel sehen und mit ihnen in Kontakt treten konnten. Da Vögel nichts zu lernen hatten, wurden sie auf die Erde geschickt, um als Botschafter der Engel zu dienen. Die Schwingung der Vögel befindet sich zwischen der dritten und der fünften Dimension. Die dreidimensionalen unter ihnen kamen vom Sirius, die fünfdimensionalen von seinem aufgestiegenen Aspekt Lakumay.

In Atlantis überbrachten die Vögel persönliche Nachrichten oder sangen die kosmischen Neuigkeiten des Tages. Die Schwingungsfrequenz von Atlantis hob sich viele Male an und sank ebenso oft wieder ab und gegen Ende des atlantischen Zeitalters standen die Menschen nicht mehr in engem Kontakt mit den Engeln. Daraufhin wurde das Programm umgeschrieben und Vögel bekamen eine wichtigere Rolle zugeteilt. Jede Vogelart trägt nun spezifische Informationen in ihrer Aura, die entweder durch ihr Lied oder bestimmte Verhaltensweisen auf die Menschen übertragen werden.

Erzengel Bhokpi ist für das Reich der Vögel verantwortlich. Er arbeitet mit Erzengel Metatron zusammen und sorgt dafür, dass die Singvögel jeden Morgen die spirituellen Nachrichten hinauszwitschern. Der Morgenchor der Vögel war früher einmal eine bedeutsame Methode, um Informationen über den universellen Fluss, das Wetter und besondere einströmende Energien zu verbreiten. Heute verstehen wir Menschen sie aber nicht mehr auf der bewussten Ebene. Viele Tiere können dies aber noch und werden so im Voraus vor Wetterveränderungen oder anstehenden Herausforderungen gewarnt.

Kleine Vögel gehören einer Gruppenseele mit etwa hundert Mitgliedern an. Kleine Singvögel und viele Wasservögel fallen in diese Kategorie.

Wenn die Gruppenseele zum Lakumay aufsteigt, individualisieren sich dort die Vögel. Zu den aufgestiegenen Vögeln, die einen Aspekt des Lebens gemeistert haben, gehören:

- Albatrosse, die Einheit demonstrieren, während sie in ihrem Element ruhig und friedlich dahingleiten.
- Adler und Kondore, die das Element Luft gemeistert haben.
- Eulen, die Träger großer Weisheit, unterweisen die Elementarwesen in ihren Revieren. Sie bewahren die Vision einer fünfdimensionalen Welt und versuchen den Menschen zu zeigen, was getan werden muss.
- Papageien, die die Kunst des Zuhörens so gut gemeistert haben, dass sie Wörter und Klänge imitieren können.
- Pinguine, die ein perfektes Gleichgewicht von Yin und Yang, weiblich und männlich, zeigen. Sie verbinden sich durch Erzengel Sandalphon und das Erdsternchakra mit der Hohlerde.
- Papageientaucher, die sich durch Erzengel Joules und das Wasser mit der Hohlerde verbinden und das göttlich Weibliche zum Ausdruck bringen.
- Schwäne, die Reinheit und majestätische Anmut demonstrieren.

Das Erbe der Vergangenheit

Das goldene Zeitalter von Lemuria schenkte der Menschheit zwei wichtige Hinterlassenschaften. Die eine war eine tiefe Liebe zur gesamten natürlichen Welt. Die aufgestiegenen Kolibris singen uns immer noch das Lied dieser wundervollen Energie und erinnern uns so daran, wie wichtig das Naturreich ist. Wenn einer dieser Vögel Ihre Aufmerksamkeit erregt, will er Sie daran erinnern, sich voller Freude mit der Natur zu verbinden.

Die zweite Hinterlassenschaft ist die Fähigkeit von Gruppen, ohne gewählte Führer im Interesse des Gemeinwohls zusammenzuarbeiten. Zugvögel wie Haus- und Mauerschwalben und viele Gänsearten zeigen uns das. Wir sehen sie über uns in harmonischen Formationen fliegen, wobei ein Vogel voranfliegt. Bald wird ein anderer Vogel nahtlos die Führung für eine Weile übernehmen, bevor wiederum ein anderer seinen Platz einnimmt.

Auf diese Weise werden Versammlungen aufgestiegener Menschen im zukünftigen goldenen Zeitalter ihre Angelegenheiten regeln. Mit dem Wunsch im Herzen, dem Gemeinwohl ohne egoistische Interessen zu dienen, werden sich die Menschen versammeln und telepathisch miteinander kommunizieren. Zu einer bestimmten Zeit wird einer hervortreten, um die gemeinschaftliche Vision zu aktivieren. Entscheidungen werden leicht sein, kollektiv auf höherer Ebene getroffen werden und so sicherstellen, dass sich die Gesellschaft im Fluss befindet.

Wenn Zugvögel über Land fliegen, schicken sie der Natur heilende Energie. Sie verbinden sich automatisch mit den Leylinien, erleuchten sie und heben ihre Frequenz an. Seit 2012 haben diese heilenden Vögel ihre Frequenz erhöht und senden zurzeit Licht und heilende Energie in das neue Kristallgitternetz, um es anzuschalten und schneller online zu bringen. Dieser Dienst wird den Vögeln helfen, schneller zu Lakumay aufzusteigen.

Das goldene Zeitalter vor Lemuria hieß Mu. Obwohl die Wesen, die dort lebten, ätherisch waren und niemals körperliche Gestalt annahmen, liebten sie die Erde und die vier Gestirne, die unseren Aufstieg unterstützen: Neptun, Orion, Sirius und die Plejaden. Heute leben Abgesandte aller goldenen Zeitalter auf der ätherischen Ebene in der Hohlerde. Dort ist den Wesen von Mu die Weisheit der vier Aufstiegsgestirne anvertraut worden. Zudem bewahrt jedes von ihnen eine blaue Flamme der Liebe und Heilung in seinem Herzen.

Die Wesen von Mu hatten begriffen, dass Berge leben und wie alle lebenden Wesen ihre eigenen Töne aussenden. Die Lieder der meisten Berge klingen wie Engelsgesang und jeder Berg hat eine eigene Melodie. Wenn ein Berg von hochfrequenten Edelsteinen und Kristallen gesäumt ist, sind die Töne höher und reiner. Einige wenige Berge sind heute verstimmt. Daher ist es an der Zeit, diese heiligen Orte in eine neue höhere Harmonie einzubinden.

Mu war die Ära der Dinosaurier. Die ihnen ähnlichen Pelikane bewahren die kollektiven Erinnerungen und die kollektive Weisheit jenes Zeitalters.

Mit Vögeln kommunizieren

Engel lassen kleine weiße Federn als Zeichen dafür zurück, dass sie uns nahe sind, oder um uns Hoffnung zu schenken. Sie können Federn materialisieren, aber da dies Energie verbraucht, wird häufig ein Vogel eine Feder fallen lassen, die die Engel dann an den richtigen Ort wehen. Engel und Vögel arbeiten auf vielerlei Weise zusammen.

Vögel lenken unsere Aufmerksamkeit auf Dinge, die wir sonst übersehen hätten. Wenn wir beispielsweise einen Vogel anschauen, der in unserer Nähe gelandet ist, entdecken wir vielleicht eine schöne Blume. Ruft ein Vogel aus dem Himmel, schauen wir nach oben und entdecken dort möglicherweise eine Wolkenformation in Form eines Engels.

Eine Visualisierungsübung, um sich mit dem Reich der Vögel zu verbinden

1. Bereiten Sie einen Platz vor, an dem Sie sich entspannen können und nicht gestört werden. Zünden Sie, wenn es Ihnen möglich ist, eine Kerze an, um das Energieniveau anzuheben.

2. Sitzen Sie still da und atmen Sie ruhig ein und aus. Nehmen Sie sich dabei fest vor, sich an Ihre vorgeburtlichen Entscheidungen zu erinnern.

3. Erden Sie sich, indem Sie sich vorstellen, dass aus Ihren Füßen Wurzeln bis tief hinein in die Erde dringen.

4. Bitten Sie Erzengel Michael, seinen dunkelblauen Schutzmantel um Sie zu legen.

5. Rufen Sie den erleuchteten Erzengel Bhokpi an und entspannen Sie sich, wenn Sie spüren, dass Sie von seinem dunkelgrünen Glanz umgeben sind.

6. Visualisieren Sie, dass Sie am Strand eines dunkelblauen Meeres, auf einem schneebedeckten Berggipfel oder an einem anderen Ort in der Natur stehen.

7. Ein Vogel fliegt auf Sie zu und landet neben Ihnen. Sie spüren, dass er Ihnen reine bedingungslose Liebe schenkt.

8. Während Sie sich auf ihn einstimmen, spüren Sie, dass Sie sich in den Vogel verwandeln.

9. Ein wunderschönes Gefieder wächst Ihnen. Nehmen Sie wahr, wie es sich anfühlt.

10. Achten Sie auf Ihre Augen und wie scharf und klar Ihre Sicht nun ist.

11. Breiten Sie langsam Ihre Flügel aus, erheben Sie sich in Ihrer inneren Welt vom Boden und fliegen Sie los.

12. Spüren Sie das Hochgefühl, die Freude, die höhere Vision und die Weisheit des Vogels.

13. Begreifen Sie, wie es sich anfühlt, ein Vogel zu sein und sich frei in die Lüfte zu erheben, zu flattern, zu segeln und zu schweben.

14. Bedanken Sie sich bei dem Vogel und kehren Sie in Ihren physischen Körper zurück.

15. Da Sie in Erzengel Bhokpis wunderschönes Licht gehüllt sind, fühlen sich alle Vögel in Ihrer Nähe sicher. Viele kommen zu Ihnen.

16. Nehmen Sie sich die Zeit, ihnen mit Ihrem neuen Verständnis zuzuhören. Vielleicht können Sie ihre Botschaften empfangen.

17. Danken Sie den Vögeln und Erzengel Bhokpi.

18. Wenn Sie bereit sind, kehren Sie an Ihren Ausgangspunkt zurück.

Erzengel Butyalil

Erzengel Butyalil ist ein mächtiger Engel, der in allen Universen operiert. Er arbeitet mit Erzengel Metatron zusammen, um die Aufstiegsbewegungen aller zwölf Universen zu koordinieren. Gegenwärtig hat er seinen Fokus besonders auf die Erde gerichtet, weil wir einen doppeldimensionalen Wandel innerhalb einer Periode von zwanzig Jahren durchmachen. Wir müssen noch vor dem Jahr 2032 von der dritten in die fünfte Dimension aufgestiegen sein. Das ist in der gesamten Geschichte des Universums noch nie vorgekommen.

Zwei Faktoren waren dafür verantwortlich, dass wir in die dritte Dimension abgeglitten sind. Der Erste war das wagemutige Experiment des Intergalaktischen Konzils, uns den freien Willen zu gewähren. Der Zweite war die Tatsache, dass die Erde der Solarplexus des Universums ist und daher die ganze Angst des Universums aufnimmt und umwandelt. Gegenwärtig hilft uns der gesamte Kosmos, den spirituellen Berg so schnell wie möglich zu erklimmen.

Erzengel Butyalil ist von reinem Weiß und sein ätherisches Refugium befindet sich an der Schnittstelle der vier Aufstiegsgestirne über der Erde. Aufgrund der unbeschreiblichen Reinheit seines Lichts hat er erst jetzt begonnen, mit einzelnen Personen zu arbeiten.

Eine seiner Aufgaben besteht darin, uns unsere eigene Großartigkeit zu zeigen – und zwar nicht nur als Seele, sondern als intergalaktisches Wesen. Er ist erst seit 2012 dazu in der Lage, weil die Spiegelung unseres wahren Selbst so hell ist, dass dadurch der Schleier des Vergessens zerrissen werden würde, der während des dreidimensionalen Experiments auf Erden über uns gelegt wurde. Dieser Schleier mit seinen sieben Schichten wurde über jeden Menschen gelegt, der sich inkarniert, damit er die dreidimensionale Welt erforschen kann, ohne zu erkennen, wer er in Wirklichkeit ist.

Ein Schleier wird nur dann entfernt, wenn unser Herz offen ist und wenn wir eine Einweihung absolviert haben, durch die wir zeigen, dass wir bereit sind. Manchmal wird ein Schleier allerdings zunächst nur teilweise und erst später vollständig entfernt. Die Einhörner helfen unter Anleitung von Erzengel Butyalil dabei, sie zu entfernen. Erzengel Butyalil muss jedem Entfernen eines Schleiers zustimmen – sei es für einen Menschen oder ein Tier.

Die sieben Schleier

Die sieben Schleier der Illusion oder des Vergessens sind:

Der siebte Schleier

Der rote Schleier ist am weitesten von unserem Dritten Auge entfernt und löst sich als Erstes auf. Der Prozess fängt damit an, dass die Seele erwacht und wir erkennen, dass wir für alles in unserem Leben die Verantwortung tragen. Wenn wir Meisterschaft über unser Leben erlangen und in unserer vollen Macht dastehen, wird dieser ätherische Schleier automatisch von unserem Engel unter der Aufsicht unseres Einhorns entfernt.

Nun hat unsere spirituelle Reise wirklich begonnen. Wir betrachten unsere Existenz von einer höheren Warte aus. Wir wissen, dass wir die Wahl und die Verantwortung haben, alles, was wir wollen, zu transformieren.

Der sechste Schleier

Der erste Schritt bei der Entfernung dieses gelben Schleiers besteht darin, die Existenz der geistigen Welt anzuerkennen und zu
begreifen, dass es andere Welten und ätherische Wesen gibt, die
mit unserer Welt verwoben sind. Er löst sich vollständig auf, wenn
wir an die geistigen Wesen – von Elementarwesen bis zu Engeln
und darüber hinaus – glauben und darauf vertrauen, dass sie uns
helfen. Das erfordert aber eine Interaktion mit ihnen, und wir
bestehen unsere Initiation, wenn wir uns ganz den höheren Welten anvertraut haben, sodass wir einander helfen können.

Der fünfte Schleier

Dies ist der rosafarbene Schleier der Liebe, der emotionale Auf-
stiegsschleier. Diese Einweihung ist eine der schwierigsten überhaupt, da dafür die vollständige Ablösung vom Ego erforderlich
ist. Dies ist die Einweihung, in der wir alles verlieren, was uns lieb
und teuer ist, und in der wir unser Herz preisgeben müssen.

Wenn wir die Gelegenheit haben, anderen Seelen zu vergeben,
und es auch tun, tragen wir bedingungslose Liebe gegenüber allen
Wesen in unserem Herzzentrum. Wir erkennen, dass wir alle eins
sind. An diesem Punkt segnen wir automatisch die Seele, die uns
wehgetan hat, ebenso wie die Umstände und die Folgen, sodass
alles auf eine höhere Ebene gehoben werden kann.

Der vierte Schleier

Dieser blaue Schleier beginnt sich aufzulösen, wenn wir wirklich
verstehen, wer die Tiere sind, dass sie sich auf ihrer eigenen Seelenreise befinden und dass jedes von ihnen eine spezielle Aufgabe zu
erfüllen hat. Gleichzeitig öffnen wir uns voller Liebe der Natur
und dem Reich der Elementarwesen. Wenn wir anfangen, mit den

Tieren, der Natur und den Elementarwesen auf der psychischen wie physischen Ebene zu arbeiten, transzendieren wir Dualität und Trennung.

Wir können zum Erleuchtungs- und Aufstiegsprozess auf der Erde beitragen, indem wir telepathisch oder während des Schlafes mit jenen Menschen sprechen, die ein höheres Verständnis davon haben, welche Rolle die Tiere, die Natur und die Elementarwesen im großen spirituellen Plan des Lebens spielen.

Der dritte Schleier

Dieser dunkelblaue Schleier löst sich auf, wenn wir mit den Engeln und aufgestiegenen Meistern zum höchsten Wohle des Planeten zusammenarbeiten. Jetzt operieren wir vom Standpunkt der Meister aus und sind selbst zu Meistern geworden. Wir setzen unsere Macht ein, um einen höheren Seinszustand in allem zu kreieren, was wir berühren und sehen. Wir leben in wahrer Einheit.

Der zweite Schleier

Wenn dieser violette Schleier entfernt wird, sehen wir den Kosmos buchstäblich vom Standpunkt der Einheit aus. Wir wissen, dass alles miteinander verbunden ist: Sterne, Bäume, Tiere, die gesamte Struktur des Planeten. Wir erlangen das universelle Bewusstsein und sind vollständig erleuchtet.

Der erste Schleier

Vor 2012 wurde dieser kristallklare Schleier nur während unseres Todes entfernt, und dann auch nur, wenn wir dazu bereit waren. Jetzt wird er im Verlauf unseres Aufstiegsprozesses nach und nach aufgelöst. Ein Streifen nach dem anderen wird von Erzengel But-

yalil entfernt, während er uns behutsam der vollen Herrlichkeit
unseres kosmischen Meisterselbst öffnet.

Verbinden Sie sich mit Erzengel Butyalil

Erzengel Butyalil verbreitet seine Energie durch das Wasser, welches das Universum durchdringt und die Energie der Liebe in sich
trägt. Um unsere Verbindung zu ihm zu stärken, können wir ihn
anrufen und ihn bitten, uns zu berühren – und zwar wenn wir
baden, duschen oder im Meer oder einem Schwimmbad schwimmen. Das wird die Zellen unseres Körpers mit seiner Energie auf-
laden.

Er arbeitet gemeinsam mit dem Großen Göttlichen Lenker,
dem Meister des Ersten Strahls des Intergalaktischen Konzils, daran, den Lehrplan für jene Menschen auszuarbeiten, die bereit
sind, sich in Serafinas kosmischer Schule in den inneren Welten
ausbilden zu lassen. Erzengel Butyalil nimmt einzelne Personen
mit in ihr Refugium, wo sie mit ihrer kosmischen Arbeit beginnen
und zu intergalaktischen Botschaftern werden können.

Erzengel Butyalil sorgt gemeinsam mit Erzengel Metatron dafür, dass der Fluss unseres Aufstiegs dem göttlichen Willen entsprechend verläuft. Seine Hauptaufgabe besteht allerdings darin,
den kosmischen Fluss zu beaufsichtigen. Er überprüft, ob alle Planeten und Sterne in Harmonie miteinander aufsteigen.

Wenn Sie sich während der Meditation auf Erzengel Butyalils
Energie einstimmen und darum bitten, wird Ihnen Ihr wunderbares Teil im kosmischen Puzzle gezeigt werden. Dann erst werden
Sie die Großartigkeit Ihrer Seele begreifen können und erkennen,
wie wichtig Ihre Anwesenheit auf der Erde ist. Ihre Rolle mag Ihnen gering erscheinen, aber Erzengel Butyalil wird Ihnen zeigen,
wie wichtig Sie für den irdischen Plan sind. Schauen Sie in den
Spiegel.

Eine Visualisierungsübung, um in Erzengel Butyalils kosmischen Spiegel zu schauen

1. Suchen Sie sich einen Platz, an dem Sie zur Ruhe kommen und nicht gestört werden.

2. Stellen Sie sich vor, Sie stünden unter einem Wasserfall aus weiß schimmerndem Wasser.

3. Rufen Sie Erzengel Butyalil an und bitten Sie ihn, Sie mit seinem reinen weißen Licht auf der Zellebene zu berühren, damit jede Ihrer Körperzellen erleuchtet wird und Sie spüren, wie er mit Ihnen verschmilzt.

4. Er hält Ihnen nun einen riesigen kosmischen Spiegel vor.

5. Sie sehen sich selbst darin reflektiert.

6. Allmählich dehnen Sie sich aus und werden immer heller, bis Sie die wahre Größe Ihres erweiterten Selbst sehen können, das bis zu den Sternen reicht.

7. Sie können Lichtfäden Ihrer Energie durch den Raum bis zu weit entfernten Sonnensystemen reichen sehen und diese mit der Essenz Ihrer Seele verbinden.

8. Ihr Licht ist das des Universums, das Raum und Zeit transzendiert.

9. Ihr Atem gleicht dem Pulsschlag des Kosmos und erleuchtet Sie in Harmonie mit allen Aspekten Ihres Wesens.

10. Bringen Sie diese Energie in Ihr Herzzentrum.

11. Atmen Sie diese Energie aus und senden Sie sie zu anderen, die sich auf dem Aufstiegsweg befinden.

12. Danken Sie Erzengel Butyalil für dieses Geschenk und öffnen Sie die Augen.

Erzengel Azrael

Erzengel Azrael ist einzigartig unter den Engeln, da sein Licht nach innen scheint. Deshalb erscheint er von außen schwarz. Tatsächlich bietet er aber jedem Geist, der mit ihm reist, einen herrlichen weißgoldenen Kokon engelhafter Sicherheit.

Er ist einer der Mächte, also ein zehndimensionaler Engel, der auch als Engel von Geburt und Tod bekannt ist. Einer seiner Engel ist bei Geburt und Tod eines jeden Menschen und Tieres anwesend.

Geburt und Tod sind die beiden größten Einweihungen, die jedes Geschöpf, das sich inkarniert, durchmacht. Eine Einweihung führt uns – normalerweise schmerzhaft – auf eine höhere Frequenz. Scheidungen, Umzüge, Prüfungen und andere Phasen voller Stress sind häufig Einweihungen, bei denen wir von Erzengel Azrael und seiner Zwillingsflamme Sara unterstützt werden. Erzengelin Sara trägt die göttlich weiblichen Eigenschaften der Liebe, der Fürsorglichkeit und des Mitgefühls in sich. Sie kümmert sich um die Bedürfnisse jener Menschen, die sich in einer Übergangsphase befinden, und tröstet die Trauernden.

Diese Erzengel sind bei jeder größeren Einweihung zugegen. Wir können sie bitten, uns während Übergangsphasen oder Initiationen zu helfen, und sie werden uns in einen Kokon hüllen, bis wir uns sicher genug fühlen, uns der Prüfung zu stellen und mutig die niederen Energien zu überwinden, um in eine höhere Frequenz aufzusteigen.

Geburt

Dem alten Aberglauben nach brachten Krähen und Raben Unglück oder warnten vor Gefahren. Wie der Großteil des Aberglaubens so basiert auch dieser auf einer falschen Interpretation spiritueller Wahrheiten. Diese Vögel arbeiten nämlich mit Erzengel Azrael zusammen, und einer von ihnen wird zu jedem gebärenden Tier geschickt, um es zu ermahnen, sich auf die Geburt vorzubereiten. Erzengel Azrael schickt auch einen seiner Vögel, um Menschen daran zu erinnern, ihre Einstellung zu ändern oder ihr Bewusstseinsniveau anzuheben, wenn sie karmische Konsequenzen vermeiden wollen. Kein Wunder also, dass die Menschen einen dieser Vögel sahen, kurz bevor sie ein Unglück ereilte. Nur dachten sie, der Vogel hätte es über sie gebracht. Hätten sie nur auf seine Botschaft gehört, hätten sie ihre Frequenz anheben und so das Unglück vermeiden können. Dasselbe gilt auch für die heutige Zeit, in der die meisten Menschen allerdings keine Ahnung mehr haben, dass Vögel Überbringer von Botschaften sind.

Kurz vor der Geburt eines sehr verletzlichen Babys bringen die wunderbaren, sanften Erzengel Azrael und Sara die neue Seele in der Sicherheit einer spirituellen »Gebärmutter« zur Erde. Das hilft, den Übergang abzufedern.

Ein Baby kann tot geboren werden, wenn es die Entscheidung der Seele ist, die Reise zur und die Landung auf der Erde zu erleben, aber nicht den weiteren Weg auf Erden. Die Mutter und häufig auch der Vater haben ein riesiges Opfer gebracht, um einer Seele diese Chance zu ermöglichen. Weil sie mit der Mutter verbunden ist, kann sich die Seele auch mit der Erde verbinden. Der Augenblick des physischen Eintretens in die materielle Welt bietet ihr eine gewaltige Chance, selbst wenn sie nicht bleibt. Erzengel Azrael und Erzengelin Sara warten oft mit dem Geist des Kindes, bis dieser bereit ist, in die inneren Welten zurückzukehren.

Tod

Viele Menschen haben ein erweitertes Bewusstsein, wenn sie dem Tod nahe oder bei einem Sterbenden sind. Sie sehen möglicherweise dunkle Schatten und bekommen Angst. Aber die glorreichen Engel von Erzengel Azrael zeigen nur ihre dunkle äußere Hülle und nur die Person, die sich im Übergangsprozess befindet, kann das in ihnen scheinende Licht sehen.

Erzengel Azrael kommt und holt jede einzelne Seele ab, wenn der Körper gestorben ist – sei es nun Mensch oder Tier. Erzengel Fhelyai, der wundervolle gelbe Engel der Tiere, ist ebenfalls beim Tod eines jeden Tieres wie bei seiner Geburt zugegen.

Erzengel Azrael öffnet seinen Kokon, und die meisten Seelen gehen freudig in sein strahlendes, einladendes Licht ein, um von ihm sicher nach Hause gebracht zu werden. Häufig werden sie dabei auch noch von vielen anderen Engeln und Erzengeln begleitet, die einen Jubelgesang anstimmen. Wenn eine Seele in eine viel höhere Dimension aufsteigt, reisen viele prächtige Erzengel mit ihr, um sie zu feiern und zu jubilieren.

Es kommt aber manchmal vor, dass ein Mensch oder ein Tier nach dem Tod nicht in das einladende Licht Erzengel Azraels eintreten mag. Vielleicht befindet er sich in einem Schockzustand oder ist verwirrt, vielleicht hängt er zu sehr an seinen Kindern oder ist süchtig nach Alkohol, Drogen oder materiellem Besitz. In einem solchen Fall wird ihm ein Elementarwesen namens Wuryl zugeteilt, dessen Aufgabe es ist, so lange bei ihm zu bleiben, bis er bereit ist, in das göttliche Licht zu gehen. Wie alle Elementarwesen so haben auch die Wuryls seit 2012 ihre Frequenz erhöht, sodass es für stecken gebliebene Seelen jetzt viel leichter ist, das Licht zu finden.

Wenn jemand in einem Feuer oder durch Feuer umkommt, wird Erzengel Gabriel zu ihm kommen, um ihn zu heilen und ihm zu helfen. Ertrinkt jemand, kommt der große Neptun zu ihm; wird jemand durch ein Erdbeben oder eine Lawine verschüttet, wird Gaia selbst kommen. Stirbt jemand aufgrund irgendeines Luftphänomens, wie beispielsweise einem Wirbelsturm, wird ein Einhorn zugegen sein.

Der richtige Zeitpunkt

Als einer der großen Mächte bewahrt Erzengel Azrael die Aufzeichnungen aller Geschöpfe dieses Universums auf. Er zeichnet auf, ob eine Geburt, ein Tod oder irgendeine Form des Übergangs sicher verlaufen ist. Außerdem koordiniert er Zeit und Ort jeder Geburt und jedes Todes und sorgt so dafür, dass eine Seele immer zur rechten Zeit am rechten Ort ist. Was für uns der richtige Zeitpunkt zu sein scheint, entspricht nicht notwendigerweise dem, was ein Erzengel für richtig hält.

Erzengel Azrael arbeitet auch mit Erzengel Butyalil zusammen, der für die kosmischen Strömungen zuständig ist, um sicherzustellen, dass Babys genau in dem Augenblick geboren werden, in dem sie mit der kosmischen Flut in das von ihnen gewählte Leben gespült werden. Es kommt auch vor, dass ein Mensch noch lange bleibt, obwohl alle seinen Tod erwarten, oder dass jemand plötzlich und unerwartet früh stirbt. Er tut das, damit er in den kosmischen Strom eintauchen kann, der ihn in die nächste Erfahrung trägt, die er sich ausgesucht hat. Manche Seelen warten jahrelang auf den richtigen kosmischen Augenblick für Geburt oder Tod. Erzengel Azrael koordiniert solche Fälle mit anderen universellen Engeln, die in den verschiedenen Universen wirken, um sicherzustellen, dass eine Seele im richtigen Universum landet, um ihren nächsten göttlich gelenkten Schritt zu tun.

Verbinden Sie sich mit Erzengel Azrael

Erzengel Azraels Refugium ist sehr klein und befindet sich über den Bergen von Wales. Da er unermüdlich in allen Universen wirkt, ist er nur selten dort. Wenn Sie ihn während einer Einweihung, bei einer Geburt oder bei einem eigenen Übergang brauchen, ist er automatisch bei Ihnen. Deshalb müssen Sie sein ätherisches Refugium auch nicht aufsuchen. Es ist allerdings angebracht, ein Gebet an ihn zu richten.

Ein Gebet an Erzengel Azrael

Geliebter Erzengel Azrael,
ich bringe dir dieses Gebet im Namen aller Seelen dar,
die geboren werden. Bitte erleichtere ihnen die Geburt
und hilf ihren Müttern bei ihrer Niederkunft. Öffne das
Herz der gesamten Familie. Stärke die Bindung untereinander, sodass alle das neugeborene Baby unterstützen
können.
Ich bitte dich, alle Seelen auf die Einweihungen und
großen Übergänge, die sie sich für dieses Leben vorgenommen haben, vorzubereiten und ihnen die Kraft
dafür zu verleihen.
Sei mit jenen, die sterben. Lass sie dein glorreiches
Licht erblicken, damit sie sich sicher und getröstet fühlen,
wenn du sie nach Hause bringst.
Bitte tröste alle, die trauern.
Ich bitte dich im Namen der Gnade darum.
So sei es.

Serafina, eine der Serafim

Die Serafim sind zwölfdimensionale Engel, welche die Gottheit umgeben und im Namen des Quells singend die göttliche Vision verkünden. Es gibt einhundertvierundvierzig dieser unbeschreiblichen Wesen, von denen in den letzten Jahren erst einige Kontakt zu Menschen aufgenommen haben und nun mit ihnen arbeiten. Serafina ist eine davon. Wie alle Serafim so singt auch sie die Töne der geometrischen Struktur unseres höchsten Potenzials.

In ihrer wundervollen Gnade hilft uns Serafina, unsere Verbindung zu unserer Monade und zum Quell zu stärken. Sie lässt ihr hochfrequentes Licht und ihre hochfrequenten Töne durch den goldenen Aufstiegsfaden, der uns immer mit dem Quell verbindet, zu uns strömen. Dank ihrer Hilfe wird dieser Faden zu einer breiten, starken Brücke erweitert, zu unserer Antakarana-Brücke. Sie sorgt dafür, dass diese bis hin zur Monade richtig funktioniert. Dann hilft sie, diese Brücke zu verankern, indem sie sie in die richtige Position singt. Sobald unsere Antakarana-Brücke einmal am richtigen Ort verankert ist, wird unsere Kommunikation mit unserer Monade rein und klar, sodass wir Anweisungen und Führung auf unserem Aufstiegsweg direkt von unserer Monade, unserem zwölfdimensionalen Aspekt, empfangen können.

Serafina hilft auch, die fünfdimensionale Merkaba jener Menschen zu verankern, die einen Lichtanteil von achtzig Prozent oder mehr haben, indem sie einen Hauch von Klang um sie herum ausschüttet. Das macht sie nicht nur für Einzelpersonen, sie kann auf diese Weise ganze Welten erschaffen. Das ist die wahre Macht des Schöpfers.

Wenn Sie sich vollkommen im Klaren darüber sind, was Sie erschaffen möchten, und wenn Ihr Vorhaben dem höchsten Wohl aller Wesen dient, können Sie sich auf Serafina einstimmen oder einen ihrer Orbs anschauen und sich dabei auf Ihre Vision konzentrieren. Sie fügen dem noch mehr Macht hinzu, wenn Sie dabei den Klang der Schöpfung AUM oder OM singen. Dann wird Serafina Sie dabei unterstützen, ein Meisterschöpfer zu werden.

Serafinas Schule

Serafina gleicht einem vielfarbigen Regenbogen und hat viele verschiedene Rollen inne. Sie leitet ein riesiges intergalaktisches Ausbildungszentrum für alle Wesen mit der Fähigkeit und dem Wunsch, dem Kosmos zu dienen. Hunderttausende Menschen dienen auf dieser intergalaktischen Ebene, ohne sich dessen bewusst zu sein. Ihre zwölf Chakras müssen offen und aktiv sein, damit sie dazugehören. Dann dürfen sie während des Schlafs das Ausbildungszentrum besuchen, um dort von den Lichtwesen unterwiesen zu werden, die mit Serafina und bestimmten aufgestiegenen Meistern zusammenarbeiten. Dazu gehören Djwal Khul, Wuslu und Erzengel Metatron.

Wenn Sie anstreben, Serafinas Ausbildungszentrum zu besuchen, wird sie ein geometrisches, hochfrequentes Lehrprogramm in Ihre Energiefelder singen, damit Sie sich auf Ihren zukünftigen Dienst einstimmen können. Während Sie Fortschritte machen, werden Serafina und ihr Team jeden Schritt auf Ihrem Lernweg überwachen.

Irgendwann werden Sie dann zu einem Lehrer der inneren Welten und einem intergalaktischen Botschafter werden. Ihr Seelenselbst mag weiter etwas über das planetarische Feld lernen oder in ihm arbeiten, während Ihr monadisches Selbst gewaltige Aufgaben im Management der Sternensysteme übernimmt. Dazu gehört die

Arbeit für das Sonnensystem, einschließlich des Energiemanagements der Sterne in diesem Feld, oder sogar interuniverselle Arbeit.

Wenn zum Beispiel ein Planet wie die Erde in die fünfte Dimension aufsteigt, müssen die dreidimensionalen geometrischen Strukturen um den Planeten herum aufgelöst werden, damit die höherfrequenten installiert werden können. Zurzeit haben wir eine Situation auf der Erde, wie es sie noch nie gegeben hat: Die dreidimensionale Erdstruktur wird für jene Seelen aufrechterhalten, die weiterhin auf dieser Ebene lernen möchten, während bereits in der höheren kristallinen Matrix eine neue fünfdimensionale Schule erschaffen wurde. Die erleuchtenden Energien der Menschen, die bereits vollständig fünfdimensional sind, erhöhen die Frequenz aller anderen in einem atemberaubenden Tempo. Dieser Prozess wird 2032 abgeschlossen sein, wenn der ganze Planet glorreich in die fünfte Dimension aufgestiegen ist. Bis dahin hält Serafinas Regenbogenlicht die fünfdimensionale kristalline Schule aufrecht.

Unter Serafinas Führung

Einige der neuen Kristallkinder werden von Serafina angeleitet. Sie senkt ihre eigene Frequenz ab, um mit diesen Kindern in Kontakt zu treten, und hebt dann ihre Frequenz sehr schnell an. Das ist für die beteiligten Eltern nicht immer leicht, da dies von ihnen verlangt, dass sie ihre Schwingung immer fünfdimensional halten. Aber auf der Seelenebene haben die Eltern zugestimmt, auf diese Weise zu dienen und so ihren eigenen Prozess zu beschleunigen.

Wenn Menschen mit der richtigen Frequenz in Gruppen zusammenkommen, singt Serafina auf eine Weise über ihnen, die der in ihren galaktischen Schulen üblichen sehr ähnlich ist. Auch hier werden durch die kristallinen Töne Informationen vermittelt.

Diese Töne haben eine geometrische Lichtform, die Codes und Informationen enthält, die unser latent vorhandenes Wissen aktivieren. Die Töne, die Serafina für uns singt, beschleunigen den Aufstieg von Einzelnen, aber auch den des Planeten extrem und werden von Monat zu Monat höher.

Die Auras der Bäume, Tiere, Insekten und Elementarwesen, des Wassers und des Bodens sind offen, um Serafinas diamantenes Kristalllicht zu empfangen. Im Moment ist ein ununterbrochener Prozess der Veredelung im Gange, der für alle fühlenden Wesen zuzeiten ermüdend sein kann oder sie sogar überfordert. Daher sind ausreichend Ruhephasen und Anpassungen unseres Lebensstils erforderlich.

Flora und Fauna bereiten sich darauf vor, neue harmonische Formen innerhalb der kürzlich erworbenen fünfdimensionalen Frequenzen anzunehmen. So verändern sie zum Beispiel ihre Kommunikation untereinander, indem sie die genetischen Codes innerhalb ihrer Pollen anpassen.

Im goldenen Zeitalter von Atlantis besaßen Bäume und Pflanzen weder Stacheln noch Dornen. Sie brauchten sie nicht, da alle Wesen friedfertig waren. Gegenwärtig müssen sie mit dreidimensionalen Schwingungen in ihrer fünfdimensionalen Welt fertigwerden. Sie können ihnen eine große Hilfe sein, indem Sie ihnen gegenüber Ihre Wertschätzung und Dankbarkeit zum Ausdruck bringen, da ihnen dies helfen wird, den Übergang sanfter zu gestalten.

Verbinden Sie sich mit Serafina

Wenn Sie sich auf diese Meditation vorbereiten, sollten Sie sich daran erinnern, dass dies eine hochfrequente Arbeit ist. Sorgen Sie also dafür, dass Ihr System rein und klar ist. Trinken Sie viel Wasser.

Eine Visualisierungsübung, um Serafina in den inneren Welten aufzusuchen

———•———

1. Setzen Sie sich still an Ihren liebsten Meditationsplatz. Erden Sie sich und rufen Sie Erzengel Michael um Schutz an.

2. Rufen Sie die mächtige Serafina an.

3. Ihnen wird auffallen, dass sich Ihre Wahrnehmung ändert, wenn sich die Serafimenergie mit der Ihren verbindet. Sie fühlt sich wie ätherischer Honig an.

4. Sie stehen auf dem Campus einer unglaublichen Schule oder Universität. Vor Ihnen erstrecken sich Wege, die zu strahlenden goldenen Gebäuden führen. Diese verteilen sich in alle Richtungen und verändern vor Ihren Augen ihre Farbe.

5. Ein wunderschönes Wesen, das unglaubliche Liebe und hell leuchtendes Licht ausstrahlt, steht ganz in Ihrer Nähe am Rande des Weges: Serafina. In ihren Händen hält sie ein Buch, in dem sowohl die bereits erzielten Erfolge Ihrer Seele verzeichnet sind als auch die, die Sie noch anstreben.

6. Sie stellen sich neben sie und gemeinsam gehen Sie auf ein atemberaubend schönes Gebäude zu, das ganz aus sich bewegendem goldenem Licht gemacht ist. Während Sie dorthin gehen, erzählt sie Ihnen, dass dies der Beginn Ihrer Ausbildung zu einem galaktischen Meister ist.

7. Gemeinsam betreten Sie das goldene Gebäude und sehen vor sich das gesamte Universum. Vor Ihren Augen bilden sich Planeten und Sterne werden geboren.

8. Serafina hält einen neuen Stern in den Händen, der in kosmischer Göttlichkeit erstrahlt. Sie reicht Ihnen den Stern. Sie schließen die Augen und nehmen dieses unglaubliche Geschenk dankbar an.

9. Serafina steht vor Ihnen und beginnt zu singen, mit einer Stimme, die Ihnen gänzlich neu ist. Sie spüren, wie jedes

Molekül Ihres Wesens seine Schwingung erhöht und wie der Gesang Ihr ganzes Wesen verändert.

10. In jeder Zelle Ihres Körpers befindet sich nun ein neuer Satz Codes und Anweisungen. Serafina legt ihre Hand sanft auf Ihre Krone und aktiviert diese Codes mit einem einzigen Lichtimpuls.

11. Sie bedanken sich bei Serafina und verlassen mit ihr das kosmische Gebäude. Sie erzählt Ihnen, dass Ihnen alles, was Sie jemals brauchen werden, während des Schlafes gegeben werden wird. Ihr Segen ist eines der größten Geschenke des Universums.

12. Ihre Wahrnehmung verändert sich, als Sie an Ihren Meditationsplatz zurückkehren und tief durchatmen.

13. Öffnen Sie die Augen und lächeln Sie. Sie sind nun auf dem Weg eines galaktischen Meisters.

Schritt 38

Die Meditation des blauen atlantischen Sternensiegels

Zurzeit verändern sich die Energien in atemberaubendem Tempo, was dazu führt, dass die Schutztechniken, die viele Menschen benutzt haben, nicht mehr funktionieren. Die Meditation des blauen atlantischen Sternensiegels ist eine Schutzmeditation, die man entweder für sich persönlich gebrauchen kann oder um Orte und Gegenstände wie eine Wohnung, eine Schule oder ein Auto zu schützen. Sie kann überall und von jedem angewendet werden, aber damit sie wirklich wirkt, müssen wir absolut darauf vertrauen, dass sie unseren persönlichen Raum klärt und uns bedingungslos beschützt und unterstützt.

Wir können diese Energie auch anderen Menschen und Orten schicken. Dies ist aber nur dann angemessen, wenn wir es unter dem Gesetz der Gnade tun und vorher das Höhere Selbst der beteiligten Personen um Erlaubnis gebeten haben.

Diese Meditation ist sehr machtvoll und macht sich die Hilfe der Feuerdrachen zunutze, die Experten in der Reinigung vierdimensionaler Energien sind. Sobald wir sie angerufen haben, kommen sie und verbrennen alle niederen Frequenzen, zu denen wir sie schicken, und wandeln sie um. Besonders gut sind sie darin, blockierte, sehr dichte Energien zu verbrennen, und sie tun dies voller Freude.

Die atlantische Technologie, die wir benutzen, wird als blaues Sternensiegel bezeichnet. Sie wurde uns von Thot zur Verfügung gestellt. Er hat sie selbst täglich angewendet, um seinen Raum und seine Energie während seiner Inkarnationen in Atlantis und Ägypten zu schützen. Das blaue Sternensiegel wurde durch sein Seelensternchakra aktiviert und umhüllte ihn mit einem Schutzfeld, das von Erzengel Metatron in der neunten Dimension verankert wurde. Dieses Schutzfeld bewegte sich als persönliches Kraftfeld mit ihm, wo immer er hinging. Es hatte die heilige geometrische Form des sechszackigen Sterns von Atlantis.

Dank der Hilfe von Thot und des blauen Strahls von Erzengel Michael steht uns dieser Schutzmechanismus nun in seiner ursprünglichen geometrischen Form zur Verfügung. Alle positiven Energien unserer Wahl können zu unserem Nutzen in den Raum dieses Schutzsiegels integriert werden. Das kann in unserer Aura oder unseren Energiefeldern, in einem Haus, Büro oder an jedem anderen Ort geschehen. Erzengel Metatron wird dann das blaue Sternensiegel auf unsere Bitte hin in unserer Aura halten und es erst wieder auflösen, wenn wir ihn darum bitten.

Schließlich wird Erzengel Sandalphon uns über unser Erdsternchakra in der Hohlerde verankern, um so für energetische Stabilität zu sorgen und sicherzustellen, dass wir nicht zu viel Energie empfangen, ohne einen ätherischen »Blitzableiter« zu haben. Es bleibt uns überlassen, wie viel oder wie wenig wir davon in unserer Aura haben wollen.

Diese Meditation steht uns aber nur dann zur Verfügung, wenn unsere zwölf Chakras offen und aktiv sind. Sie schenkt uns die Möglichkeit, noch intensiver mit diesen Chakras zu arbeiten, und gibt uns eine Vorstellung davon, wie viel Potenzial und Macht sie besitzen, wenn sie einmal voll funktionsfähig sind. Je mehr wir uns auf sie konzentrieren und sie gebrauchen, desto effizienter können sie arbeiten.

Wir können diese Meditation auch dazu gebrauchen, die von uns gewünschten Frequenzen in unsere Felder einzuschließen und sie ungestört dort zu halten. Wenn wir unser persönliches Seelensternchakra gebrauchen, wird Thot es aktivieren und ihm Kraft verleihen, um unseren Aufstieg zu unterstützen.

Diese Meditation ist verhältnismäßig kurz und einfach auszu-führen.

Eine Anrufung, um das blaue Sternensiegel zu empfangen

Erste Anrufung

1. Sagen Sie:

»Geliebte Feuerdrachen, ich [Hier fügen Sie Ihren Namen ein.] rufe euch an, um alle niederen Frequenzen vollständig aus meiner Aura, meinen Körpern und Feldern zu entfernen. Ich bitte euch besonders, dies aufzulösen: [Zum Beispiel Erschöpfung, Ängste, Besorgnis, Armutsbewusstsein, negative ätherische Energie, negative Kräfte oder irgendetwas anderes, von dem Sie wissen, dass es Ihre Energie, Ihren Raum oder Ihr Licht beeinträchtigt.]«

Seien Sie dabei spezifisch. Die Feuerdrachen werden auflösen, was immer Sie wünschen.

2. Setzen Sie sich still hin und visualisieren Sie, dass die Drachen mit ihren lodernden Flammen all Ihren »Müll« verbrennen.
3. Wenn Sie klar und ruhig geworden sind, bitten Sie sie aufzuhören.
4. Bedanken Sie sich bei ihnen.

Zweite Anrufung

1. Sagen Sie:

»Mächtiger Thot, ich rufe dich nun an und bitte um Aktivierung deines blauen Sternensiegels.«

2. Über Ihrem Kopf wird nun im Bereich des Seelensternchakras ein strahlend helles blaues Licht aktiviert.
3. Visualisieren Sie, dass sich eine Kuppel aus blauem Licht auf Sie herabsenkt und Sie einhüllt.
4. Sie stehen nun im Zentrum eines strahlend blauen sechszackigen Sterns, der von der Kuppel umgeben wird. Dies ist die Geometrie Ihres Schutzes.
5. Rufen Sie den gewaltigen und mächtigen Erzengel Michael an und bitten Sie ihn, in dieses Siegel alle von Ihnen gewünschten Energien einzufügen. Hier sind einige Beispiele wunderschöner, machtvoller Energien, die sich perfekt dafür eignen: der goldene Christusstrahl, die kosmische violette Diamantflamme, die Verbindung zu Ihrer Monade, Erzengel Metatrons Aufstiegsenergie, das Licht Ihrer Lieblingserzengel oder der von Ihnen favorisierten aufgestiegenen Meister wie der diamantweiße Strahl Erzengel Gabriels, der smaragdgrüne Strahl Erzengel Raphaels, der zarte rosafarbene Liebesstrahl Guanyins oder Kumekas türkisfarbener Strahl der tiefen Wandlung. Erzengel Michael wird Ihnen geben, was immer Sie möchten, wenn Sie nur darum bitten.
6. Bitten Sie um die Verstärkung aller anderen positiven Dinge, die Sie brauchen. Zum Beispiel: Reichtumsbewusstsein, göttliche, strahlende und vollkommene Gesundheit, Glück, Vitalität, Selbstvertrauen oder andere schöne Eigenschaften. Denken Sie daran, auf positive Weise darum zu bitten.

7. Bitten Sie Thot und Erzengel Michael, das Siegel zu verstärken und es zu stützen.

8. Bedanken Sie sich bei den beiden.

Schlussanrufung

1. Sagen Sie:

»Erzengel Metatron,
ich rufe dich jetzt an, damit du mein blaues Sternensiegel mit deiner neundimensionalen Frequenz verbindest.
Ich bitte dich nun, eine Lichtsäule durch meine Monade, alle meine Chakras in die Hohlerde hinabzuschicken, damit sie dort von Erzengel Sandalphon verankert und aufrechterhalten wird.
Bitte sorge dafür, dass ein klarer, ununterbrochener Energiefluss hergestellt und so lange aufrechterhalten wird, bis ich dich darum bitte, ihn zu unterbrechen.
Ich danke dir.«

2. Sobald Sie ihn darum gebeten haben, wird Erzengel Metatron einen Strahl hochfrequenten Lichtes von seinem neundimensionalen Aspekt durch Ihre monadische Gegenwart schicken. Dieser wird dann durch Ihr Sternentor-, Kausal-, Seelenstern-, Kronen-, Drittes-Auge-, Hals-, Herz-, Solarplexus-, Nabel-, Sakral-, Basis- und Erdsternchakra in die Hohlerde geleitet werden.

3. Erzengel Sandalphon wird ihn dort verankern.

Jedes Ihrer Chakras ist nun vollständig geöffnet und schwingt auf einer fünfdimensionalen Frequenz. Sie sind gesegnet und jederzeit vollkommen geschützt.

Befreiung vom Karma

Gegen Ende des lemurischen Experiments bat eine kleine Gruppe von ausgewählten Seelen den Quell darum, das Leben in fester Form erfahren zu dürfen. Nachdem ihre Bitte gewährt worden war, wurden sie zu den ursprünglichen Teilnehmern des ersten atlantischen Experiments. Mit dem physischen Körper wurde ihnen auch der freie Wille geschenkt. Sie gingen durch den Schleier des Vergessens und vergaßen ihr göttliches Selbst. Für viele von ihnen war es schon bald schwierig, sich mit dem Quell zu verbinden.

Diese Erfahrungen bildeten die Grundlage der gegenwärtigen menschlichen Wurzelrasse. Die Wesen, die uns von den höheren Welten aus beobachten, erkannten, dass die Erfahrung des Lebens auf der Erde einen Prozess aus Ursache und Wirkung erzeugte, der das geistige Gesetz des Karmas benötigte, um zu funktionieren. Von dem Augenblick an, in dem wir in die dritte Dimension hinabstiegen, wo wir die Polarität erleben, waren wir daher dem Gesetz des Karmas unterworfen. Dieses wurde so gestaltet, dass wir selbst erleben konnten, was wir anderen angetan hatten. Karma ist das grundlegende Lerninstrument der irdischen Schule. Alle Gedanken, Worte und Taten ziehen identische Energien an, die zu uns zurückkehren. Gute, warmherzige, liebevolle Gedanken, Worte und Taten werden mit Gleichem vergolten. Positives zieht Positives an, Negatives zieht Negatives an.

Während des atlantischen Zeitalters erlebten alle auf Erden so viel wie möglich, während sie das Leben auf unterschiedlichen Frequenzen erforschten. Aber dabei wurde von jeder lebenden Seele, die zur Erde kam, Karma erzeugt – auch von den großen

Meistern. Es ist sehr leicht, Karma zu erzeugen. Jeder unserer Gedanken, jedes unserer Worte und jede unserer Taten wird mit den Maßstäben dieses exakten Gesetzes gemessen.

Heute haben wir einen Punkt erreicht, an dem wir alle bereit sind, das Rad des Karmas zu verlassen und glorreich in die fünfte Dimension aufzusteigen. Damit wir dies aber tun können, müssen wir das im Verlauf unserer Leben angesammelte Karma geklärt und die entsprechenden Lektionen schnell gelernt haben. Es geht hier nicht nur um das persönliche Karma, das geklärt werden muss, denn viele Familien haben das Karma ihrer Vorfahren übernommen, das sich im Laufe von Generationen akkumuliert hat. Und Nationen haben ein kollektives Landeskarma.

Das Karmische Direktorium

Das Karmische Direktorium regelt und beaufsichtigt die Anwendung des Karmas für alle Wesen, die auf der Welt leben. Ihm gehören zwölf besonders erleuchtete Wesen an. Es folgen ihre Namen und die Strahlen, die sie repräsentieren.

- Erster Strahl: Der Große Göttliche Lenker
- Zweiter Strahl: Die Göttin der Freiheit
- Dritter Strahl: Nada
- Vierter Strahl: Pallas Athene
- Fünfter Strahl: Elohim Vista, der Engel der Schöpfung
- Sechster Strahl: Guanyin
- Siebter Strahl: Portia
- Achter Strahl: Jesus
- Neunter Strahl: Josia
- Zehnter Strahl: Abraham
- Elfter Strahl: Peter der Große
- Zwölfter Strahl: Katharina von Siena

Von diesen zwölf Mitgliedern haben es sich drei Göttinnen zur Aufgabe gemacht, den Lichtarbeitern dabei zu helfen, ihren Aufstieg zu beschleunigen, um sie für den planetarischen Dienst freizustellen, um dessentwillen sie sich inkarniert haben. Das sind Guanyin, Portia und Nada, die wir während der Meditation um göttlich karmische Befreiung vom Karma bitten können.

Eine Visualisierungsübung, um Befreiung vom Karma zu erbitten

1. Bereiten Sie einen Raum vor, in dem Sie sich entspannen können und nicht gestört werden. Zünden Sie, wenn es Ihnen möglich ist, eine Kerze an.
2. Sitzen Sie still da und atmen Sie gleichmäßig. Ihre Intention ist es, die Göttinnen des Karmischen Direktoriums um Befreiung vom Karma zu bitten.
3. Erden Sie sich, indem Sie sich vorstellen, dass aus Ihren Füßen Wurzeln tief hinein in das Erdreich dringen.
4. Bitten Sie Erzengel Michael, Sie in seinen dunkelblauen Schutzmantel zu hüllen. Seien Sie sich seiner erleuchteten Gegenwart bewusst, während er Sie mit seiner Kraft und Liebe umhüllt.
5. Rufen Sie die majestätischen Feuerdrachen an und bitten Sie sie, alle dichten, blockierten Energien aufzulösen. Spüren Sie, wie ihre lodernden Flammen alles auflösen, was Ihnen nicht mehr dient.
6. Sobald Sie sich hell und klar fühlen, rufen Sie die Göttinnen des Karmas mit dieser Invokation an:

»Geliebte Göttinnen des Karmas, Guanyin, Portia und Nada, Reprä-
sentantinnen der reinen Liebe des göttlich Weiblichen für das Was-
sermannzeitalter.

Ich [Setzen Sie hier Ihren Namen ein.] bitte in aller Demut darum,
dass ich von folgendem Karma befreit werden möge: [Setzen Sie hier
Ihr spezifisches Anliegen ein. Falls Sie nicht wissen, worum Sie genau
bitten wollen, werden die Göttinnen wissen, von was Sie befreit werden müssen.]

Ich gelobe im Namen des Lichts, dass ich diese Befreiung nutzen
werde, um meine göttliche Mission zum Wohle des Alles-Was-Ist vollständig auszuführen.«

7. In der Kristallkugel Ihres Dritten Auges erscheinen nun die
drei Göttinnen des Karmas.

8. Guanyin, die in einem wunderschönen kirschroten Rosaton
auftaucht, nimmt Ihre Hand und geht mit Ihnen durch einen
herrlich gestalteten Garten. Sie sind ruhig und erfüllt von
Frieden. Sie strahlen.

9. Während Sie nebeneinander hergehen, fragt Sie Guanyin,
welches Karma und welche Umstände Sie klären möchten.
Teilen Sie es ihr in Gedanken mit.

10. Sie gehen eine Treppe hinunter zu einem Platz, auf dem vier
Stühle stehen. Im leuchtenden Gold und reinen Silber der
Gnade strahlend tritt Meisterin Portia hervor und zeigt auf
Ihren Sitzplatz.

11. Nun erscheint auch Meisterin Nada und sagt: »Geliebte Seele, wir haben gesehen, welchen Fortschritt du im Leben auf
der Erde gemacht hast und wir haben dich auch in allen anderen Leben beobachtet, die du auf vielen Planeten, in vielen
Galaxien und Dimensionen geführt hast. Dein Dienst an der
Erde ist außergewöhnlich und wir haben deine Bitte vernom-
men, von deinem Karma befreit zu werden. Deine Bitte wird
dir gewährt, um es dir zu ermöglichen, frei von Einschränkun-

gen zu sein. Voraussetzung ist allerdings, dass du deine Lektionen in ausreichendem Maß gelernt hast, um dieser Verantwortung auch gerecht werden zu können.«

12. Portia steht auf. Sie legt ihre Hand sanft auf Ihre Krone. Sie spüren, wie Sie von Kopf bis Fuß von einer wunderschönen beruhigenden Schwingung durchströmt werden. Diese Schwingung erfasst nun auch Ihre physischen, emotionalen, mentalen und spirituellen Körper, Ihre Aura und die Energiefelder; sie strömt durch die Zeitachse Ihrer jetzigen Inkarnation und durch alles Karma Ihrer Vorfahren und löst alle bewussten und unbewussten Handlungen all jener auf, die Ihrer Blutlinie angehören. Sie strömt durch alle Taten derjenigen, in deren Ländern Sie sich inkarniert haben, durch Zeit und Raum, durch alle Erfahrungen in allen Realitäten und Universen, in denen Sie sich seit dem Augenblick der Erschaffung Ihrer Seele aufgehalten haben.

13. Sitzen Sie einfach still da und spüren Sie, wie das silberne Licht der Gnade durch jede Ihrer Körperzellen strömt. Vielleicht sehen Sie dieses Licht ganz deutlich.

14. Guanyin steht gekleidet in wunderschöne asiatische Gewändern vor Ihnen. Um ihre Schultern windet sich ein rosafarbener Drache, der friedlich schläft. Sie legt ihre rechte Hand auf Ihr Herz, und Sie spüren, wie Sie von der Schwingung der reinen, bedingungslosen Liebe durchströmt werden und wie jeder Aspekt Ihres Wesens geheilt wird. Jeder einzelne niedere Gedanke, jedes niedere Wort und jede niedere Tat wird in diesem unglaublich schönen Energiefluss aufgelöst und ist Ihnen vergeben.

15. Während Guanyin sanft ihre Hand zurückzieht, spüren Sie, wie sich die dreiunddreißig Blütenblätter Ihres Herzchakras wie die einer reinen weißen Rose öffnen. Sie sind sich bewusst, dass diese Energie alle Zeiten, Räume und Realitäten transzendiert, in denen Sie sich jemals aufgehalten haben.

16. Die drei Göttinnen des Karmas sind aufgestanden. Sie tun es ihnen gleich. Sie strahlen und fühlen sich leicht wie eine Feder.

17. Während Sie sich bei ihnen bedanken, legen die Göttinnen ihre Hände auf ihre Herzchakras, um Sie so zu ehren, und verabschieden sich.

18. Sie geleiten Sie zurück zur Treppe und bis zum Beginn des Weges. Dann gehen Sie allein zu Ihrem geheiligten Raum zurück.

19. Seien Sie sich des gewaltigen Ausmaßes dieser heiligen Segnung bewusst. Die Göttinnen haben alle karmischen Ereignisse aus Ihrer Akaschachronik gelöscht, sodass Sie nun leicht in die fünfte Dimension hineingleiten können. Sie sind jetzt frei, um der Welt unter der liebevollen Anleitung Ihres Höheren Selbst zu dienen. Jeder Gedanke, jedes Wort und jede Tat können noch immer neues Karma erzeugen, aber Sie sind nun bereit, in das Wassermann-Zeitalter einzugehen und mit dem unglaublichen Team des Lichts zu arbeiten und gemeinsam mit ihm auf der Erde intergalaktische Geschichte zu schreiben.

20. Rufen Sie Erzengel Metatron mit noch immer geschlossenen Augen an und bitten Sie ihn, seine Lichtsäule durch Ihre Chakras in Ihren Erdstern zu senden.

21. Bitten Sie Erzengel Sandalphon, Sie fest in Gaia und der Hohlerde zu verankern.

22. Bedanken Sie sich bei den beiden.

23. Öffnen Sie die Augen, strecken Sie sich ein wenig und lächeln Sie. Sie sind nun frei, um den Weg der Meisterschaft zu beschreiten.

Empfangen Sie die Mäntel der Erzengel

Da sich die Schwingungsfrequenz zurzeit so schnell erhöht, bieten die Erzengel Metatron und Sandalphon jenen von uns, die bereit sind, spezielle Energiemäntel an, die spezifische Lichtcodes enthalten. Alle Hohepriester und Hohepriesterinnen, die jemals gelebt haben, sind zurzeit wieder inkarniert. Wenn Sie jemals einer davon in irgendeiner Zivilisation irgendwo auf der Welt waren, können Sie diese Erzengelmäntel empfangen, wenn Sie nur darum bitten.

Falls Sie kein Hohepriester und keine Hohepriesterin waren, aber dennoch den tiefen Wunsch verspüren, der Welt zu dienen, muss Ihre Seele entscheiden, ob Sie bereit sind, diese Mäntel des Lichts und der Macht zu tragen. Entspannen Sie sich und vertrauen Sie darauf, dass es für Sie richtig ist, wenn Sie den Wunsch haben, diese Mäntel zu empfangen.

Der Mantel Metatrons

Da Erzengel Metatron jener mächtige Erzengel ist, der den Aufstieg des Planeten beaufsichtigt, müssen wir bereits die Grundlagen für unseren eigenen Aufstieg geschaffen haben, bevor wir den Metatronmantel tragen dürfen. Das heißt, unsere zwölf fünfdimensionalen Chakras müssen offen sein. Sobald wir den Mantel tragen, wird Metatron dafür sorgen, dass sie offen bleiben. Er wird uns auch Schutz vor dreidimensionalen Energien gewähren, solange wir uns in Harmonie mit seiner Energie befinden.

Wenn wir bereit sind, diesen Mantel in unseren Energiefeldern zu tragen, verspüren wir den Wunsch zu dienen und unterstützen andere automatisch auf ihrem Aufstiegsweg. Dazu gehört auch, dass wir andere Menschen ermächtigen, damit sie erkennen können, wer sie wirklich sind, und verstehen, was sie tun können.

Wenn wir den Metatronmantel tragen, erhalten wir Zutritt zur Hohlerde. Wir können die große Kristallpyramide betreten, um uns mit den vier Aufstiegsgestirnen Neptun, Orion, Sirius und den Plejaden zu verbinden und deren Weisheit in unsere Energiefelder zu ziehen.

Der Gold- und Silbermantel

Der Gold- und Silbermantel bringt uns in eine vollkommene Balance, was für den Weg des Aufstiegs sehr wichtig ist. Er bringt nicht nur unsere männliche Hohepriesterenergie und unsere weibliche Hohepriesterinnenenergie, unsere Weisheit und Macht, unsere Fähigkeit zu geben und zu empfangen ins Gleichgewicht, sondern auch unsere Fähigkeit, Entscheidungen sowohl auf der Grundlage von Intuition als auch von Fakten zu treffen. Zudem schenkt er uns ein Gefühl des Friedens und der persönlichen Macht ebenso wie auch den Mut zu lieben. Sobald er einmal aktiviert ist, wird unser Mantel im rosafarbenen Kristalllicht der höheren Liebe leuchten.

Wenn wir ihn tragen, sind wir für Menschen, Tiere und Situationen besonders attraktiv. Als Folge ziehen wir zum Beispiel das perfekte Heim, den richtigen Partner oder den Beruf an, der sich in Übereinstimmung mit den Wünschen unserer Seele befindet.

Das Tragen des Gold- und Silbermantels bringt unsere Energie auf eine höhere Frequenz, sodass wir uns in Harmonie mit allem und allen befinden. Das bedeutet, wir können uns unserer Umgebung perfekt anpassen und sogar »verschwinden«, wenn unsere Energie der unserer Umgebung entspricht.

Außerdem können wir die Klänge der Engel anziehen und sie nutzen, um unseren Raum zu reinigen und die Menschen in unserer Umgebung zu läutern. Dann wird alles möglich, weil wir in die Magie und das Mysterium des Universums eingetreten sind. Wir können auch andere Menschen und Gruppen in diesen Mantel hüllen, damit auch sie dieses Wunder erleben.

Und schließlich können wir, wenn wir die siebte Dimension der Hohlerde betreten, dort auf das Wissen und die Weisheit der Erde zugreifen, wenn wir diesen Mantel tragen. Wir können auch die siebte Dimension der Engel betreten, um dort erleuchtet zu werden.

Erzengel Sandalphon, in dessen Obhut sich das Erdsternchakra befindet, und Erzengel Metatron, der über das Sternentorchakra wacht, werden Ihnen in dieser Meditation gemeinsam den Gold- und Silbermantel umlegen. Wir haben diese Reise unterteilt, damit Sie ihre Geschenke der Reihe nach empfangen können. Sie können die einzelnen Abschnitte nacheinander oder jeden für sich allein ausführen.

Empfangen Sie den Mantel des Metatron und den Gold- und Silbermantel

1. Rufen Sie den prächtigen Erzengel Metatron mit folgenden Worten an:

»Geliebter Metatron, ich bitte dich in aller Demut, mir deinen gold-orangenen Mantel des Aufstiegs umzulegen.«

2. Nehmen Sie eine empfangende Haltung ein und spüren Sie, wie Erzengel Metatron seinen Mantel in Ihre Energiefelder

einfügt. Ihre Aura füllt sich mit goldorangenem Licht. Sehen Sie sich selbst wie eine goldorangene Sonne strahlen.

3. Nun, da Sie den Lichtmantel des Metatron tragen, sind Sie bereit, sich auf die Reise zur Hohlerde zu begeben. Entspannen Sie sich als Vorbereitung auf diese Reise.

4. Sie gleiten tiefer und immer tiefer in die Erde hinein.

5. Wenn Sie in die siebendimensionale Frequenz eintreten, können Sie möglicherweise das besondere Licht der Hohlerde wahrnehmen. Spüren Sie den Frieden und die Freude, die dort herrschen.

6. Es kann sein, dass Sie dort Repräsentanten verschiedener Kulturen sehen oder Tiere, die auf der Erdoberfläche ausgestorben sind. Möglicherweise sehen Sie sogar die Engel von Gaia.

Betreten Sie die Kristallpyramide

1. Vor Ihnen im Zentrum der Hohlerde befindet sich eine gigantische ätherische Kristallpyramide. Wenn Sie sich ihr voller Staunen und ehrfürchtig nähern, beginnt sie, magisch zu strahlen.

2. Sie betreten sie und setzen sich auf einen Thron, der in ihrer Mitte auf Sie wartet. Sie baden in Frieden, Sicherheit, Erleuchtung und Liebe. Die hohe Frequenz Ihres Metatronmantels ermöglicht es Ihnen, in Ihren Energiefeldern die Lichtcodes aufzunehmen, die gleich von den vier Aufstiegsgestirnen Neptun, Orion, Sirius und den Plejaden heruntergeladen werden. Entspannen Sie sich, atmen Sie tief ein und aus und bereiten Sie sich darauf vor, dieses spirituelle Geschenk zu empfangen.

3. Werden Sie sich nun eines Portals bewusst, das zu den Plejaden führt. Der Quell schickt heilende Energie direkt zu

den Plejaden und die Meister und Engel dort übermitteln sie dann der Erde.

4. Ein sanftes, heilendes blaues Licht strömt durch das Portal und hüllt Sie ein. Es erfüllt Ihr Herz. Alle Lichtcodes für perfekte Gesundheit und Vitalität werden nun in Sie heruntergeladen.

5. Richten Sie Ihre Aufmerksamkeit nun auf das Portal, das sich zum Orion öffnet, dem Sternbild der höheren Weisheit. Ihre Energiefelder enthalten möglicherweise Informationen und Wissen, das nur darauf wartet, dass Sie es anwenden oder mit anderen teilen. Die Meister vom Orion befinden sich in direktem Kontakt mit der Weisheit des Quells. Sie wissen, ob und wie Sie Ihr Wissen zum höchsten Wohle aller Wesen einsetzen. Spüren Sie, wie reines weißes Licht durch das Portal vom Orion in Ihr Seelensternchakra strömt und Ihre Verbindung zur höheren Weisheit stärkt. Lassen Sie dieses Licht in Ihre Aura einströmen und alle Schlüssel und Codes, die Sie bereits in sich tragen, werden von der Weisheit des Quells berührt werden. Entspannen Sie sich in dem Wissen, dass alle Ihre Entscheidungen nun von der Warte höherer Weisheit aus getroffen werden.

6. Konzentrieren Sie sich nun auf das Portal, das sich zum Sirius hin öffnet, wo viel höheres Wissen des Universums verfügbar ist. Die spirituelle Technologie unserer glorreichen Zukunft wird dort bewahrt und wartet nur darauf, heruntergeladen zu werden. Öffnen Sie sich, um nun Symbole und Lichtcodes des höheren Wissens und der spirituellen Technologie zu empfangen.

7. Stimmen Sie sich auf das Portal ein, das sich zum Neptun öffnet, also zu jenem Planeten, der die höhere Weisheit, die Wahrheit und das Licht von Atlantis und Lemuria bewahrt. Alle Schlüssel und Codes dieses Wissens, dieser Weisheit, dieses Lichts und dieser Mächte, die damals verfügbar

waren, warten nur darauf, jetzt in der Sprache des Lichts in Ihre Energiefelder zurückkehren zu können. Die Meister des Neptuns werden sie aktivieren, wenn Sie bereit sind. Sie sind dem aufgestiegenen goldenen Atlantis nun einen Schritt nähergekommen.

8. Ihre Energiefelder haben einen großen Schub an Licht und Macht bekommen. Entspannen Sie sich, während der Lichtregen noch einige Augenblicke lang weitergeht.

9. Empfangen Sie den Segen von Erzengel Metatron und den Meistern der vier Aufstiegsgestirne. Bleiben Sie offen, um ihn empfangen zu können. Sie stehen nun in der Herrlichkeit Ihrer wahren Meisterschaft.

10. Seien Sie sich Ihres goldorangenen Metatronmantels sehr bewusst, während Sie die Pyramide im Zentrum der Hohlerde verlassen. Bedanken Sie sich bei Erzengel Metatron, während Sie durch diese siebendimensionale Welt schreiten, und bekräftigen Sie, dass Sie anderen auf ihrem Aufstiegsweg helfen und sie unterstützen werden.

11. Wenn Sie jetzt aufhören möchten, spüren Sie, wie Sie voller Freude und staunend durch die siebte Dimension wandern. Senken Sie dann Ihre Frequenz ab, bis Sie wieder an Ihrem Ausgangspunkt angelangt sind. Sie können sich aber auch noch weiter entspannen, um den Gold- und Silbermantel zu empfangen.

Empfangen Sie den Gold- und Silbermantel

1. Sie sind nun bereit, den Gold- und Silbermantel von den Erzengeln Metatron und Sandalphon zu empfangen. Bekräftigen Sie Ihre Bereitschaft, diesen Mantel zu tragen, auf die folgende Weise:

»Geliebte Erzengel Metatron und Sandalphon,
*ich bitte euch in aller Demut, mir den Gold- und Silbermantel des
perfekten Gleichgewichts und der magnetischen Anziehung umzulegen. Ich bekräftige, dass ich seine Macht nur zum höchsten Wohle
aller Wesen einsetzen werde.«*

2. Sehen, spüren oder visualisieren Sie, dass Erzengel Metatron zu Ihrer Rechten steht und Erzengel Sandalphon zu Ihrer
   Linken.

3. Sie halten ein Tuch aus goldenem und silbernem Licht über
   Ihren Kopf, das aussieht wie schimmernde Seide.

4. Behutsam legen Ihnen die beiden Erzengel den Gold- und
   Silbermantel um und streichen ihn sorgfältig in Ihre Aura.

5. Während sich der Mantel in Ihre Energiefelder integriert,
   öffnet sich Ihr Herz und strahlt ein sanftes rosafarbenes Licht aus. Atmen Sie tief, während Sie immer heller werden.

6. In diesem Augenblick befindet sich Ihre Energie in einem
   vollkommenen Gleichgewicht. Spüren Sie, dass Ihr Licht bis
   hinauf in den siebten Himmel und hinunter bis in die Hohlerde reicht.

7. Sie ziehen nun das, was gut für Sie ist, magnetisch an. Sehen oder spüren Sie, wie Sie all das anziehen, was Ihrem
   höchsten Wohle dient. Genießen Sie das eine Zeit lang.

8. Danken Sie den Erzengeln Metatron und Sandalphon dafür,
   dass sie Ihnen den Gold- und Silbermantel umgelegt haben.

9. Spüren Sie, wie Sie in diesem Mantel gewandet durch die
   siebte Dimension schreiten.

10. Senken Sie dann Ihr Energieniveau ab, bis Sie wieder dort
    angekommen sind, von wo aus Sie aufgebrochen waren.

Sie tragen nun die höheren Energien des Metatronmantels und/
oder des Gold- und Silbermantels in Ihren Energiefeldern. Setzen

Sie sie voller Liebe und Dankbarkeit ein, denn Sie sind wahrlich gesegnet. Sie sind ein Botschafter des Lichts.

Sie können diese Visualisierungsübung so oft wiederholen, wie es Ihrem Gefühl nach notwendig ist, um die Mäntel in Ihren Energiefeldern zu verankern. Sofort beschützen sie Ihr höheres Licht.

Die höhere Mahatma-Energie
für die zwölf Chakras

Als die Frequenz während des goldenen Zeitalters von Atlantis
noch hoch und rein war, leisteten viele große Wesen und Energien
einen Beitrag zu einem besonderen Reservoir des Lichts. Das lässt
sich damit vergleichen, dass mehrere Menschen Zutaten zu einem
großen Kuchen beisteuern, den sie dann alle gemeinsam ver-
speisen.

Aus dieser gemeinsam geteilten Energie wurde ein Gruppenbe-
wusstsein von so hoher Frequenz, dass es nur noch Mahatma-
Energie, die Energie der großen Meister oder der Avatar der Syn-
these genannt wurde. Es enthält unter anderem die folgenden
Energien: die Buddhaenergie, die Christusenergie, den Geist des
Friedens und der Ausgeglichenheit, die weiße Aufstiegsflamme,
die zwölf Strahlen, den silbernen Strahl, die Metatronenergie, die
Einhornenergie und die Energie der Göttin der Liebe. Die Energie der Göttin der Liebe wiederum beinhaltet die Energie von
Guanyin, Maria, Nada, Portia, Kumeka, Lanto, Wuslu und Venus. Außerdem enthält sie die Sphinxenergie, also die schöpferische Gotteskraft dieses Universums.

Die Mahatma-Energie ist die höchste Energieform, auf die wir
gegenwärtig zugreifen können. Sie wird von Erzengel Metatron in
der neunten Dimension gespeichert, beschleunigt unseren Aufstieg und wirkt daran mit, die Antakarana-Brücke zum Quell zu
bauen. Sie wurde erzeugt, um uns zu helfen, unerwünschte mentale, emotionale und spirituelle Muster aufzulösen und um die
Drüsen, die unseren Gesundheitszustand und unser spirituelles

Wohlbefinden regulieren, stark und aktiv zu halten. Wenn wir ein Problem haben, kann die Mahatma-Energie unsere Frequenz entsprechend erhöhen, sodass wir uns über die Herausforderung erheben.

Wir können diese weißgoldene Energie auch anderen schicken, und wenn sie bereit sind, sie zu gebrauchen, kann sie wunderbar effektiv sein.

Als die Schwingung von Atlantis degenerierte, wurde dieses allmächtige, hochfrequente Licht missbraucht. Daraufhin wurde das Reservoir blockiert und wir konnten nicht mehr darauf zugreifen. Während der Harmonischen Konvergenz 1987 wurde uns die Mahatma-Energie in kleinen Dosen wieder zur Verfügung gestellt. Während des Kosmischen Moments 2012 erwarben wir das Recht, die Schleusen zu öffnen, sodass sie heute mit einer noch höheren Frequenz einströmt und nur darauf wartet, dass wir sie anrufen, sie nutzen und in ihr baden.

Da die Mahatma-Energie ein so besonderes hochfrequentes weißgoldenes Licht enthält, wird ihre Frequenz durch unsere Monade abgesenkt, damit sie perfekt zu unserer Schwingung passt.

Wir können sie einsetzen, um unseren kristallinen Lichtkörper in Vorbereitung auf das neue goldene Zeitalter aufzubauen. Indem wir diese Energie in unsere Zellen ziehen, erleuchten wir sie und erhöhen ihre Frequenz, damit sie dieses Lichtvolumen, das für unsere glorreiche Zukunft gebraucht wird, auch aufrechterhalten können.

Wenn wir die Mahatma-Energie durch unsere Energiefelder und unseren physischen Körper leiten, strömt sie in die Erde und hilft so unserem Planeten beim Aufstieg. Bitte machen Sie häufig von ihr Gebrauch, da sie sowohl für Ihren persönlichen Aufstieg als auch den des Planeten sehr wichtig ist.

Die Mahatma-Energie und die zwölf Chakras

Die höhere Mahatma-Energie aktiviert die zwölf Chakras. Während die einzelnen Chakras in ihr gebadet werden, tut sie Folgendes:

Das Sternentorchakra

Hier aktiviert die Mahatma-Energie unsere spirituellen Hirnmuster und verbindet sie mit unserem erweiterten Höheren Meisterselbst und mit Allem-Was-Ist.

Das Seelensternchakra

Hier aktiviert und vernetzt die Mahatma-Energie unser fünfdimensionales Gehirn, damit wir uns an unsere Begabungen und Talente als Meister erinnern.

Das Kausalchakra

Hier aktiviert die Mahatma-Energie das fünfdimensionale Gehirn, um unsere Meisterschaft und Verbundenheit mit der geistigen Welt zu vertiefen.

Das Kronenchakra

Hier absorbiert unsere Zirbeldrüse jene Lichtcodes, die vom Quell zu uns strömen und jenes Wissen und jene Weisheit des Universums enthalten, die wir zu empfangen bereit sind. Sie strahlt auch das Licht aus, das unseren Lichtkörper aufbaut. Sie schützt die Struktur unserer DNA, damit wir unsere Seelenentscheidungen respektieren und die Codes unserer spirituellen Begabungen, Talente und Kräfte aufrechterhalten können. So können wir sie nutzen, wenn wir dazu bereit sind. Die Zirbeldrüse hält uns zudem in perfekter göttlicher Harmonie. Hier wird Melatonin erzeugt, das es dieser spirituellen Energie ermöglicht, in der physischen Welt Form anzunehmen.

Das Dritte-Auge-Chakra

Hier befindet sich die Hypophyse, die auch Meisterdrüse genannt wird, weil sie Hormone oder chemische Botenstoffe aussendet, die das Funktionieren vieler anderer Drüsen kontrollieren, zum Beispiel jene, die mit der Urinproduktion, den Wachstumshormonen und der Fortpflanzung zu tun haben. Die Hypophyse ist die Drüse des ewigen Lebens. Befindet sie sich in vollkommenem Gleichgewicht und in Harmonie, fließen wir mit dem Strom der kosmischen Fülle.

Wir können die Mahatma-Energie bitten, diese Drüse so zu programmieren, dass sie verjüngende Hormone ausschüttet, die uns physisch, emotional und mental jung halten. Befindet sich die Hypophyse im Gleichgewicht, bleiben wir im Gleichgewicht.

Das Halschakra

Die Schilddrüse, die hier liegt, reguliert unseren Metabolismus und die Produktion von Antikörpern. Die Mahatma-Energie kann dieser Drüse helfen, unseren Stoffwechsel auf für unseren Körper optimale Weise zu regulieren, sodass wir vor Energie nur so sprühen. Die Nebenschilddrüsen, die sich ebenfalls hier befinden, ermöglichen es uns, Kalzium aufzunehmen, und sorgen dafür, dass der Kalziumspiegel ausgeglichen bleibt, um unsere Knochen und Gelenke stark und gesund zu erhalten.

Auf spiritueller Ebene ermöglicht uns dieses Chakra, uns auf alle Wesen einzustimmen und auf telepathischem Weg mit ihnen zu kommunizieren – wenn es sich in perfekter Harmonie befindet. Zudem speichert es einige unserer Kräfte aus Atlantis.

Das Herzchakra

Die Thymusdrüse, die sich hier befindet, reguliert unser Immun-system. Arbeitet sie ausgeglichen und harmonisch, sind wir stark, gesund und haben ein offenes Herz. Wir können die Mahatma-Energie bitten, unsere Thymusdrüse ins Gleichgewicht zu bringen und uns strahlende Gesundheit zu schenken.

Das Solarplexuschakra

Die hier sitzende Bauchspeicheldrüse regelt den Zuckerhaushalt und befasst sich auf physischer, emotionaler und mentaler Ebene mit Nahrungsverwertung. Sie schüttet Insulin und Verdauungsen-zyme aus, die es uns ermöglichen, emotionale und mentale Süße aufzunehmen. Ist sie ausgeglichen, sind wir von Selbstwertgefühl und Weisheit erfüllt. Die Mahatma-Energie enthält Schwingun-gen und Abdrücke höherer Weisheit, von denen wir dann profitie-ren können.

Das Nabelchakra

Hier trägt die Mahatma-Energie dazu bei, den fünfdimensionalen aufgestiegenen Aspekt der Sexualorgane zu aktivieren und die Schöpferkraft zu erleuchten, die uns zur Verfügung steht. Dieser Aspekt kommuniziert mit einer neuen Seele und zieht sie an, wenn die Zeit für die Elternschaft gekommen ist. Dieses Chakra trägt die dynamische, männliche Kraft des Baumeisters in sich. Außerdem verankert sie die Schlüssel und Codes der Manifestie-rung, die durch unsere Visualisierungen aktiviert wurden.

Das Sakralchakra

Unsere Keimdrüsen, Eierstöcke und Hoden regulieren die Sexual-
und Fortpflanzungsorgane des Körpers. Die Mahatma-Energie stimuliert unsere Drüsen, um den Geschlechtshormonen zu helfen,
auf perfekte Weise zu funktionieren, und um es uns zu ermöglichen, transzendente Liebe anzuziehen. Ist eine unserer Drüsen entfernt worden, wird die Mahatma-Energie mit den ätherischen
Drüsen arbeiten, damit diese dieselbe Funktion erfüllen.

Das Basischakra

In den niederen Dimensionen reagieren wir hier auf bestimmte
Situationen mit der Kampf-oder-Flucht-Reaktion. Die Mahatma-
Energie erleuchtet uns und ermächtigt uns, den Weg des Vertrauens und Glaubens, der spirituellen Disziplin und Glückseligkeit
zu gehen.

Das Erdsternchakra

Im Erdsternchakra hilft uns die Mahatma-Energie, unser Potenzial zu verankern und es zu aktivieren. Zudem sorgt sie für unsere
spirituelle Erdung auf dem Planeten, für unsere Verbindung zum
Herzen von Gaia. Sie trägt dazu bei, unseren fünfdimensionalen
Plan, die göttliche Vision eines vollkommenen Lebens, zurückzubringen.

Rufen Sie die höhere Mahatma-Energie herbei

1. Rufen Sie die glorreiche Mahatma-Energie mit folgenden
   Worten an:

»*Ich rufe nun die Mahatma-Energie herbei, damit sie durch meinen Körper und mein ganzes Energiesystem fließen und meinen Aufstieg und den der Erde beschleunigen möge. Möge sie es mir ermöglichen, mein Leben im Dienst des Göttlichen zu verbringen.*«

2. Vielleicht spüren oder sehen Sie eine warme weißgoldene Energie von Ihrer Monade in Ihr Sternentorchakra strömen und den Kelch füllen.

3. Gestatten Sie dem wunderschönen weißgoldenen Licht, in Ihr Seelensternchakra zu strömen und es zu erfüllen.

4. Lassen Sie die Mahatma-Energie nun in das Kausalchakra fließen und es erfüllen.

5. Lassen Sie die Mahatma-Energie in Ihr Kronenchakra strömen. Stellen Sie sich Ihre Zirbeldrüse wie eine kleine Kugel vor und gestatten Sie der weißgoldenen Mahatma-Energie, die Kugel zu umströmen und sie zu entspannen, damit sie prall und voll, ausgeglichen, energetisiert und aktiv wird.

6. Gestatten Sie dem weißgoldenen Licht nun, in das Zentrum Ihres Dritten Auges hinter der Nasenwurzel zu strömen. Stellen Sie sich Ihre Hypophyse wie eine kleine Kugel vor und gestatten Sie der Mahatma-Energie, sie zu entspannen, damit die Kugel prall und voll, ausgeglichen, energetisiert und aktiv wird. Bitten Sie sie in Gedanken darum, verjüngende Hormone auszuschütten, damit Sie physisch, emotional und mental jugendlich und frei sein und fließen können. Visualisieren Sie sich selbst bei bester Gesundheit und voller Vitalität, mit einem offenen Geist und voller Akzeptanz, von Glück und Freude erfüllt und mit einer erleuchteten Sicht der Dinge. Öffnen Sie sich der kosmischen Fülle.

7. Entspannen Sie sich nun einfach und konzentrieren Sie sich auf die Mitte des Halses. Stellen Sie sich Ihre Schilddrüse wie eine kleine Kugel vor und gestatten Sie der weißgoldenen Mahatma-Energie, sie zu umströmen und sie immer

mehr zu entspannen. Spüren Sie, wie die Kugel das weißgoldene Licht aufnimmt und prall und voll, ausgeglichen, energetisiert und aktiv wird. Stellen Sie sich vor, dass das Licht
zu allen Wesen in allen Dimensionen strahlt, sodass eine
wechselseitige Kommunikation hergestellt wird.

8. Gestatten Sie der weißgoldenen Energie nun, in das Herzchakra zu fließen, um das Immunsystem zu stärken. Spüren
Sie, wie Ihre Thymusdrüse das weißgoldene Licht wie eine
kleine Kugel aufnimmt, bis sie prall und voll, ausgeglichen,
energetisiert und aktiv geworden ist. Spüren Sie, wie sich Ihr
Herz öffnet und alle Wesen mit Licht und Liebe bestrahlt.
Diese Strahlung ist so stark, dass Sie sich ausdehnen und
sich mit der Venus, dem kosmischen Herzen, verbinden.

9. Lassen Sie die Mahatma-Energie nun weiter abwärts in Ihren
Solarplexus strömen und um die Bauchspeicheldrüse herum-
fließen, bis diese auf die für Sie richtige Weise prall und voll,
ausgeglichen, energetisiert und aktiv geworden ist. Spüren Sie,
wie das Alte weggewaschen wird, während Ihre höchste Weisheit und Ihr stärkstes Selbstwertgefühl zum Vorschein kommen. Sie bekommen ein Gefühl für Ihre wahre Großartigkeit.

10. Lassen Sie die Mahatma-Energie nun in Ihr Nabelchakra
strömen und spüren Sie, wie sich die weißgoldene Energie
mit diesem, in einem hellen Orangeton strahlenden Chakra
vermischt und so sein Potenzial auf höherer Ebene aktiviert.

11. Spüren Sie, wie sich die Mahatma-Energie mit dem blass
strahlenden Rosaton Ihres Sakralchakras vermischt. Das
Licht umspült die Fortpflanzungsorgane, sodass diese auf
die für Sie richtige Weise prall und voll, ausgeglichen, energetisiert und aktiv werden. Die Mahatma-Energie aktiviert
dieses Chakra und ermöglicht es ihm, von transzendenter
Liebe erfüllt zu werden.

12. Entspannen Sie sich, während das weißgoldene Licht Ihr Basischakra erfüllt. Spüren Sie, wie die Energie um Ihre Neben-

nieren herumfließt, sodass diese prall und voll, ausgeglichen, energetisiert und aktiv werden, damit Sie Herausforderungen klar und ruhig entgegentreten können.

13. Nun strömt die Mahatma-Energie weiter abwärts, um das Erdsternchakra zu erfüllen. Visualisieren Sie, dass Ihr Yin-Yang-Symbol von dieser Energie umströmt und dann von weißgoldenem Licht erfüllt wird.

14. Die Energie fließt weiter in die Erde, um unter Ihnen ein großes Reservoir an Mahatma-Energie zu bilden.

15. Lassen Sie die Mahatma-Energie über und durch Ihr gesamtes Energiefeld, Ihre emotionalen, mentalen und spirituellen Körper fließen. Sie bricht alle alten Schwingungen auf, sodass Ihnen nun höhere Möglichkeiten zur Verfügung stehen. Sie baut Ihren kristallinen Körper auf, sodass Sie für das neue goldene Zeitalter bereit sind.

16. Visualisieren Sie, dass die Mahatma-Energie in alle Teile der Welt strömt, dort das Alte aufbricht und die Entstehung neuer Paradigmen ermöglicht.

17. Visualisieren Sie, dass die ganze Erde vom weißgoldenen Licht der Mahatma-Energie umströmt wird.

18. Visualisieren Sie eine weißgoldene Lichtsäule, die eine Brücke von Ihrem Sternentor zum Quell bildet.

19. Laden Sie die mächtige Serafim Serafina ein, über Ihnen zu singen, um die Mahatma-Energie in Ihnen und Ihrer Antakarana-Brücke zu verankern.

Schritt 42

Das Aufstiegsreservoir des Wassermann-Zeitalters

Die Mitglieder des Intergalaktischen Konzils waren die Architekten von Atlantis und wirkten durch die Hohepriester und Hohepriesterinnen, welche die eigentlichen Baumeister waren. Es gab zu jeder Zeit zwölf Hohepriester und Hohepriesterinnen, die man die *Alta* nannte. Sie trafen alle praktischen irdischen Entscheidungen über die Erschaffung des Kontinents, während sie allgemeine Anweisungen vom Konzil erhielten.

Thot war einer der ersten Hohepriester von Atlantis. Er war auch einer der Letzten. Das Intergalaktische Konzil trug ihm auf, die geistigen Gesetze für die Erde zu bewahren, die schließlich in dem Gesetz »Wie oben, so unten« zusammengefasst wurden.

Der große Hohepriester Thot wusste, dass unser Planet extrem reich an Metallen und Mineralien ist und dass das Metall im Boden eine Strömung erzeugte, die ein Magnetfeld erschuf. Als er in seinem Tempel von Amenthes meditierte, wurde ihm die Erde als Kristallkugel gezeigt. Um sie herum befanden sich geometrische Linien aus reinem Gold, die das repräsentierten, was einmal zu den Leylinien des Planeten werden sollte. An jedem der unzähligen Kreuzungspunkte wurde ein Diamant platziert. Die ganze Sphäre sollte dann mit konzentriertem Laserlicht aktiviert werden.

Nachdem er diese Vision empfangen hatte, fügte Thot sie in seinen Kristallschädel aus Amethyst ein, von wo aus sie auf jeden der Kristallschädel übertragen wurde, die von den anderen Hohepriestern und Hohepriesterinnen bewahrt wurden. Diese hielten gemeinsam mit Thot die Vision aufrecht, bis sich die Leylinien im

Äther formten. Dann wurden die Linien vom Intergalaktischen Konzil in die Erde eingeprägt, sodass ein weltumspannendes Gitternetz aus Energie entstand.

Die *Alta* kombinierten regelmäßig ihre spirituellen Kräfte, um aufgrund ihrer energetischen Fähigkeiten wunderbare Leistungen zu vollbringen. Sie waren Experten auf dem Gebiet der Alchemie und Manifestierung und immer darauf bedacht, dass ihre Schöpfungen dem Wohle des Ganzen dienten. Dazu gehörten ein breites Spektrum an Dienstleistungen: von der Nahrungsbeschaffung bis zur Manipulierung der Schwerkraft, um außergewöhnliche Bauwerke zu errichten.

Nach dem Untergang von Atlantis wurde dieses Wissen vom Hohepriester Ra nach Ägypten gebracht und dort eingesetzt, um die große Pyramide von Gizeh zu erbauen, ein Monument, das eindrucksvoll die Macht des goldenen Zeitalters von Atlantis demonstriert. Fünf weitere kosmische Pyramiden wurden auf diese Weise von den Hohepriestern und Hohepriesterinnen, die das Wissen von Atlantis besaßen, an verschiedenen Orten der Erde erbaut.

Aphrodite beaufsichtigte die Konstruktion der kosmischen Maya-Pyramide in Guatemala, die noch heute steht. Die materielle Form der übrigen vier ist zwar zerstört, aber noch immer sind sie energetisch aktiv. Zeus wachte über die Errichtung der tibetischen Pyramide; Poseidon über die der griechischen, die sich heute unter dem Parthenon befindet; Thot beaufsichtigte den Bau der Pyramide, die heute unter Machu Picchu liegt, und Apollon die Errichtung der großen Pyramide in Mesopotamien.

Während des goldenen Zeitaltes von Atlantis trugen viele erleuchtete Wesen ihren Teil zum großen Reservoir an Mahatma-Energie bei, auf das wir heute noch zugreifen können. Erzengel Metatron und Thot haben auch die Erschaffung eines neuen neundimensionalen Lichtreservoirs koordiniert. Ursprünglich hatte eine Gruppe engagierter Seelen, die alle der Priesterschaft

von Atlantis angehörten, ein heilendes Vollmondreservoir ange-
legt. Dann gaben alle Erzengel und viele Außerirdische und Meister ihr Licht hinzu. Daraus wurde eine vollkommen neue Form
der Energie geboren: das Aufstiegsreservoir des Wassermann-Zeitalters. Es befindet sich heute neben Erzengel Metatrons Aufstiegslicht über der großen Pyramide von Gizeh. Die Erzengel Christiel
und Metatron kümmern sich darum. Erzengel Christiel singt
darüber, um seine Reinheit und hohe Frequenz aufrechtzuerhalten. Daher hat es auch die Farben Erzengel Christiels angenommen: Milchweiß, Regenbogenfarben und Silber wie eine Mond-
steinperle.

Die Mahatma- und die Wassermann-Energie unterscheiden
sich in ihrer Schwingungsfrequenz, obwohl sie auf dieselbe Weise
erzeugt wurden. Das Wassermann-Reservoir unterliegt auch weiterhin der Verantwortung derjenigen, die es erschufen, und wird
bis in alle Ewigkeit existieren.

Wie man mit dem Aufstiegsreservoir des Wassermann-Zeitalters arbeitet

Das Aufstiegsreservoir des Wassermann-Zeitalters sieht aus wie
ein riesiger See, der im Licht eines vom Mond beschienenen Regenbogens schimmert. Erzengel Christiel lässt sein Licht ständig
darüber leuchten und hält es so auf einer neundimensionalen Frequenz, wodurch es seine flüssige Struktur bewahrt. Es ist ein
wahrhaft herrlicher Anblick.

Und es ist ganz einfach, damit zu arbeiten. Um darauf zugreifen
zu können, müssen Sie nur, wie bei allen anderen spirituellen Gaben und Instrumenten auch, darum bitten. Das Reservoir kann
benutzt werden, um das persönliche Lichtvolumen zu erhöhen,
die Chakras zu öffnen, psychischen Müll zu entfernen, um bei
Projekten auf dem spirituellen Weg und bei vielen anderen Din-

gen zu helfen. Diese Energie kann auch anderen Menschen und Orten geschickt werden. Sie ist sehr machtvoll, und wenn sich eine Situation verändern soll, wird sie eine höherfrequente Alternative manifestieren.

Sie können auf dieses Reservoir zugreifen und ihm Ihre Energie hinzufügen, indem Sie die nachfolgende Meditation benutzen. Bei Vollmond ist dies am wirksamsten.

Eine Anrufung des Aufstiegsreservoirs des Wassermann-Zeitalters

»Ich [Hier fügen Sie Ihren Namen ein.], ein Kind des Lichts, bitte darum, dass sich die Aufstiegsenergie des Wassermanns vollständig in meine fünfdimensionale kristalline Matrix ergießen möge.

Ich gestatte meinen vereinigten Körpern, meinen Feldern und meiner Merkaba, diese Segnung zu empfangen und mein göttliches, aufgestiegenes Selbst zum Wohle der Menschheit, von Gaia und Allem-Was-Ist erstrahlen zu lassen. Jetzt.«

Eine Visualisierungsübung, um auf das Aufstiegsreservoir des Wassermanns zugreifen zu können

1. Bereiten Sie einen Platz vor, an dem Sie sich entspannen können und nicht gestört werden. Zünden Sie, wenn es Ihnen möglich ist, eine Kerze an.

2. Sitzen Sie still da und atmen Sie ruhig ein und aus. Nehmen Sie sich dabei fest vor, Zugang zum Aufstiegsreservoir des Wassermanns zu erhalten und diesem Ihr Licht hinzuzufügen.

3. Erden Sie sich, indem Sie sich vorstellen, dass aus Ihren Füßen Wurzeln bis tief hinein in die Erde dringen.

4. Bitten Sie Erzengel Michael, seinen dunkelblauen Schutzmantel um Sie zu legen.

5. Rufen Sie Erzengel Christiel an. Bitten Sie ihn, Ihr Kausalchakra vollständig zu erleuchten und es mit dem Reich der Engel zu verbinden.

6. Visualisieren Sie, dass Sie direkt unter einem Vollmond sitzen. Das Wasser eines nächtlichen Sees leckt sanft an Ihren Zehen.

7. Wenn Sie vom Wasser berührt werden, sendet es kleine strahlende Funken weißen Lichts aus, die durch Ihren Körper strömen.

8. Überall um Sie herum versammeln sich nun Erzengel und aufgestiegene Meister, soweit das Auge reicht. Sie stehen auf Armeslänge voneinander entfernt.

9. Sie heben gemeinsam mit ihnen allen die Hände mit den Handflächen nach oben und unzählige Kausalchakras werden wie eines erleuchtet und strahlen wie tausend Monde. Energie strömt aus all den Händen in den See.

10. Schauen Sie zu, wie der See immer heller wird und immer stärker strahlt, weil er sich mit diesen hochfrequenten Energien füllt.

11. Nach einer Weile hören alle damit auf. Helle weiße, vom Mond beschienene Energie aus dem Reservoir umgibt Sie nun. Langsam und behutsam tritt sie in Ihr Herzchakra ein und all Ihre Chakras vereinigen sich zu einer einzigen Lichtsäule.

12. Das Licht strömt vom Erdsternchakra unter Ihren Füßen durch das Basis-, Sakral-, Nabel-, Solarplexus-, Herz-, Hals-, Drittes-Auge-, Kronen-, Kausal-, Seelenstern- und Sternentorchakra. Schauen Sie zu, wie es weiter über Ihrem Kopf nach oben und durch den Kosmos aufsteigt, bis es die Große Zentralsonne erreicht.

13. Unter Ihren Füßen sendet Ihr Erdsternchakra Lichtfäden aus und vereinigt Sie mit Mutter Erde.

14. Bitten Sie die Aufstiegsenergie des Wassermanns in sich, alles zu berühren und zu erleuchten, von dem Sie wünschen, dass es auf einer höheren Frequenz schwingen möge.

15. Öffnen Sie die Augen, atmen Sie tief durch und seien Sie gewiss, dass Sie dazu beigetragen haben, ein vollkommen erstaunliches Licht zu erzeugen.

Der Mantel der Maria

Die universelle Engelin Maria

Maria ist eine große universelle Engelin, die sich über alle Universen erstreckt und dort Mitgefühl, Liebe, Weisheit und Heilung verbreitet. Sie befehligt Millionen von Engeln, die gemeinsam mit ihr daran arbeiten, diejenigen, die sie anrufen, mit den Eigenschaften des göttlich Weiblichen zu erfüllen.

Der Name »Maria« hat seinen Ursprung im lateinischen Wort *mare*, was so viel wie »Meer« oder »See« bedeutet. Erzengelin Maria schwingt auf einem sehr zarten aquamarinfarbenen Strahl. *Aqua* heißt »Wasser« und *marine* bedeutet so viel wie »des Meeres«. Wasser ist das Element, das die Liebe in allen Universen verbreitet. Es befindet sich in der Atmosphäre ebenso wie in unseren Körperzellen und in Flüssen und Meeren. Marias Liebe ist in allem Wasser enthalten.

Während des goldenen Zeitalters von Atlantis wurde Erzengelin Maria in reinem, durchscheinendem aquamarinfarbenem Licht wahrgenommen. Als das Energieniveau aber absank, machte sie ihr Licht dichter, um es den niederen Frequenzen der Menschen anzupassen. Sie erschien fortan in einem dunkleren undurchsichtigen Blau. Heute zeigt sie sich uns wieder in einem helleren Blau.

Erzengelin Maria reist mit den Einhörnern. Eine prachtvolle Gruppe dieser mächtigen Wesen erleuchtet und läutert ihren Weg, wo immer sie auch hingehen mag.

Mutter Maria

Mutter Maria, die Jesus gebar, war eine hoch entwickelte, sehr reine Eingeweihte und Meisterin. Sie inkarnierte sich speziell, um das Wesen zu gebären, das der Menschheit das Christuslicht bringen würde. Ihr Herzchakra war so weit offen, dass die wundervolle Erzengelin Maria, die sie während jener Inkarnation überstrahlte, in der Lage war, ihr Licht durch sie hindurchscheinen zu lassen. So kam es, dass viele Menschen dachten, Mutter Maria wäre ein Engel.

In Lemuria, wo sie die erste Eingeweihte wurde, war Mutter Maria als Ma-Ra bekannt. In Atlantis nannte man sie Isis und dort brachte sie in einer jungfräulichen Geburt Horus auf die Welt. Sie wurde immer mit ihrem wunderschönen leuchtenden Einhorn von reinem Weiß gesehen.

Ätherische Refugien

Sowohl die universelle Engelin Maria als auch Mutter Maria haben ihre ätherischen Refugien im französischen Lourdes. Erzengelin Marias Refugium befindet sich in einer Lichtkugel zwischen der neunten und zwölften Dimension, die aquamarinfarben bis reinweiß leuchtet. Dort können wir auf der Zellebene in göttlich weiblicher Liebe baden.

Mutter Marias Refugium ist neundimensional und gleicht einem Schloss mit schimmernden aquamarinfarbenen Mauern. In ihm singen Millionen Engel den Ton »Aah«, um Herzen zu öffnen und alle Wesen voller Liebe zu berühren.

Ganz gleich, welches Refugium Sie auch aufsuchen mögen, Sie werden auf jeden Fall in reine Liebe gehüllt werden.

Sowohl Mutter Maria als auch die universelle Engelin Maria trösten Menschen überall auf der Welt. Sie stehen Hinterbliebenen, Traurigen und Einsamen zur Seite und helfen ihnen, ihre Herzen zu öffnen, damit sie sich wieder des Lebens erfreuen. Sie fügen blaues Licht in die Auras schwangerer Frauen ein, damit deren Babys sich in Liebe aufgehoben fühlen, wenn sie geboren werden. Ihre blaue Energie bietet der eintretenden Seele zudem Schutz. Diese besondere Energie bleibt etwa zwei Jahre lang bei der Seele, um ihr Hoffnung zu schenken und Mut zu machen.

Beide Marias schicken ihre Engel und Einhörner, um jenen Kindern zu helfen, die Liebe und Unterstützung brauchen. Sie antworten auf die Bittgebete der Mütter, die sich um ihre Kinder sorgen – selbst wenn diese Kinder bereits erwachsen sind.

Braucht eine Seele beim Übergang ins Licht Hilfe, können Sie Mutter Maria oder Erzengelin Maria anrufen. Sie und ihre Engel werden dann den Geist empfangen und ihn auf liebevolle und fürsorgliche Weise auf die andere Seite geleiten.

Der Mantel der universellen Engelin Maria

Wenn Ihr Herz offen und fünfdimensional ist, kann es sich mit dem kosmischen Herzen verbinden. Wenn Sie dann darum bitten, wird die universelle Erzengelin Maria ihren blassen, durchscheinenden aquamarinfarbenen Mantel, der von der Energie der Liebe, des Mitgefühls, der Empathie, Weisheit und Heilung erfüllt ist, in Ihre Aura einfügen.

Um ihn aber empfangen zu können, müssen Sie andere mit diesen Energien berühren und umhüllen. Wenn Sie den Mantel der Maria tragen, können Sie mit Maria arbeiten und ihr bei ihrer Mission helfen, denn Sie werden riesige ätherische Schwingen aus Licht entwickeln. Das wird es Ihnen ermöglichen, die Segnungen des göttlich Weiblichen auf Erden zu verbreiten.

Wenn Sie also bereit sind und den Mantel der Maria empfangen möchten, können Sie die Einhörner bitten, Ihr Herz zu berühren und es zu öffnen. Dann können Sie Erzengelin Maria darum bitten, ihren Mantel aus aquamarinfarbenem Licht in Ihre Aura einzufügen.

Empfangen Sie den Mantel
der universellen Erzengelin Maria

1. Bereiten Sie einen Platz zum Meditieren vor, erden Sie sich und rufen Sie Erzengel Michaels blauen Schutzmantel herbei.
2. Sie befinden sich nun unter einem azurblauen Himmel in einem wunderschönen Tal, in dem ein Wasserfall über Felsen und grüne Farne herabstürzt.
3. Gestatten Sie sich, sich an diesem friedlichen Ort zu entspannen. Spüren Sie Ihre nackten Füße im Gras und fühlen Sie, wie sich Ihre Zehen entspannen.
4. Rufen Sie in Gedanken ein Einhorn herbei. Sehen Sie, wie ein wunderschönes Pferd von reinem Weiß mit einem Horn spiralförmigen Lichts friedlich und langsam auf Sie zukommt.
5. Das Einhorn senkt vor Ihnen den Kopf und das Licht aus seinem Horn berührt Ihr Herz. Spüren Sie, wie es sich öffnet.
6. Rufen Sie nun Erzengelin Maria mit folgenden Worten an:

»Geliebte Erzengelin Maria,
ich bitte dich in aller Demut, mir deinen aquamarinfarbenen Mantel der Liebe und Weisheit, des Mitgefühls und der Heilung umzulegen. Ich bekräftige, dass ich dein Licht mit anderen teilen und die Energien des göttlich Weiblichen hier auf Erden verankern werde.«

7. Sehen Sie nun, wie sich Ihnen die große Erzengelin, umgeben von Hunderten Engeln und Einhörnern, nähert. Vielleicht hören Sie die Engel singen, während sie näherkommen.

8. Die große Engelin schaut Sie voll unendlicher Liebe und Freude an. Ihre klaren blauen Augen schauen in Ihre Seele, und Sie erkennen, dass sie Sie bedingungslos liebt.

9. Sie hüllt Sie in ihre weichen wunderschönen Schwingen. Lassen Sie zu, dass ihr schimmerndes, blasses aquamarinfarbenes Licht Ihre Aura vollständig erfüllt.

10. Sie streicht das Licht in Ihre Energiefelder, sodass sich ein weicher, seidener Mantel um Sie herum bildet.

11. Lassen Sie sich einen Augenblick lang Zeit, um diesen wunderschönen Mantel zu spüren und die Liebe und Weisheit, die gerade auf Sie übertragen wurde, einzuatmen.

12. Bedanken Sie sich bei Erzengelin Maria.

Mit Marias Mantel heilen

1. Konzentrieren Sie sich auf die Rückseite Ihres Herzzentrums und spüren Sie, dass von dort aquamarinfarbenes Licht austritt und Flügel bildet. Spüren Sie, wie diese immer größer werden, weil immer mehr Energie Ihrem Herzen entströmt.

2. Stellen Sie sich vor, jetzt gigantische aquamarinfarbene Flügel zu besitzen, die sich entfalten und ausbreiten. Lassen Sie sie einen Augenblick lang schwingen.

3. Umfangen Sie Menschen in Not, um sie zu trösten und zu heilen. Durch Sie werden diese Menschen von Marias Licht berührt.

4. Ihre Flügel werden nun noch größer, sodass Sie Ihre Gemeinde, Ihre Stadt oder sogar Ihre Region umfassen. Umfangen Sie alle Menschen und Tiere in diesem Gebiet. Spüren Sie,

wie sie weicher werden und sich in der Sicherheit Ihrer Flügel aus Licht entspannen.

5. Gestatten Sie Ihren Flügeln nun, so leicht und riesig zu werden, dass sie Ihr ganzes Land bedecken. Die Herzen von Politikern, Bankern und Geschäftsleuten, aber auch Schulen, Krankenhäuser und Organisationen werden von Ihrer Liebe und Weisheit berührt. Spüren Sie, wie sich alle niederen Energien auflösen und durch höhere Liebe ersetzt werden.

6. Nun umspannen Ihre Flügel die ganze Welt und werden dabei immer größer. Die Herzen der globalen Führer, der Menschen, die internationale Konzerne und Organisationen leiten und Entscheidungen fällen, die den ganzen Planeten betreffen, werden von Ihrer Liebe und Weisheit berührt.

7. Schicken Sie das Licht der Maria allen Tieren und Vögeln auf der ganzen Welt und schenken Sie ihnen Liebe, Heilung, Trost und Hoffnung. Berühren Sie die Herzen aller Menschen, damit sie die Tiere ehren und respektieren.

8. Lassen Sie das Licht der Maria durch Ihr Herz zu jedem Wasserwesen in Teichen, Seen, Flüssen und Meeren strömen und schenken Sie ihnen Liebe, Respekt, Heilung, Trost und Hoffnung.

9. Lassen Sie das Licht der Maria durch Ihr Herz zu jedem Baum und jeder Pflanze auf der Welt strömen, auf dass es sie ermutigen und mit Liebe erfüllen möge.

10. Visualisieren Sie eine aquamarinfarbene Lichtsäule vor sich, die von der Erde bis in den Himmel hinaufreicht. Am Boden erscheint ein Fahrstuhl. Bitten Sie darum, dass alle stecken gebliebenen Seelen, ob nun Mensch oder Tier, die Hilfe beim Übergang brauchen, von Erzengelin Marias Engeln hierhergebracht werden.

11. Vielleicht nehmen Sie die vielen Engel wahr, die Seelen zur Lichtsäule bringen, wo sie den riesigen kosmischen Fahrstuhl betreten. Umgeben von Erzengelin Marias Engeln fährt

der Fahrstuhl wie eine Lichtkugel nach oben und bringt viele Menschen und andere Wesen voller Liebe nach Hause.

12. Während Sie das Licht von Marias Mantel verbreiten, nehmen Sie wahr, dass sich das Gleichgewicht der Welt vom Männlichen hin zum Weiblichen, zu Liebe und Frieden verschiebt und dass dieser Wandel das neue Paradigma hervorbringt.

13. Sie sind nun ein Botschafter der Liebe und der Heilung, dessen Energie die Welt verändern kann.

Instrumente des Wohlstands und der Fülle

Gewaltige Veränderungen erschüttern gegenwärtig unseren geliebten Planeten. Zum ersten Mal findet eine Entwicklung in einem solchen Tempo statt, und während dies geschieht, stehen wir alle vor der Herausforderung, unser tägliches Leben zu bewältigen.

Das Rezept dafür ist völlig einfach. Damit dieser Wandel stattfinden kann, müssen wir uns entspannen und darauf vertrauen, dass das Universum unsere irdischen Bedürfnisse schon erfüllen wird. Das Motto sollte daher sein: »Gib auf, dann gibt dir Gott.« Gleichzeitig müssen wir aber Verantwortung für unsere höhere Energie übernehmen.

Reichtum, wozu alles gehört, was sich unser Herz wünscht, und Geld sind für viele von uns schwierige Lektionen. Die Frequenz wandelt sich und der Energiefluss, der Fülle sowohl in finanziellen Angelegenheiten als auch in Bezug auf Glück repräsentiert, verändert sich.

In der fünften Dimension sind wir Meister, und von uns wird erwartet, dass wir eine Energie aussenden, die uns einen reinen universellen Ertrag liefert. Das bedeutet, dass wir für uns selbst sorgen müssen. Das ist für die fünfte Dimension sehr wichtig. Solange unsere Schwingungsfrequenz nicht rein ist, senden wir dem Universum doppeldeutige Botschaften.

Hier ist ein Beispiel dafür, wie das funktioniert: Sie haben bisher in einer kleinen Hütte gelebt (dritte Dimension). Dann haben Sie einige Zimmer hinzugefügt (vierte Dimension), aber nun möchten Sie darüber einen Palast errichten (fünfte Dimension). Aber Sie leben immer noch in der alten Hütte, solange Sie diese nicht vollständig abgerissen und das neue, größere Gebäude errichtet haben.

Manifestierung ist Ihr Geburtsrecht. Sie ist Teil Ihres fünfdimensionalen Bauplans, auf den Sie jetzt zugreifen sollten. Die Erzengel haben uns zwei sehr wirkungsvolle Instrumente an die Hand gegeben, um uns bei diesem Prozess zu unterstützen: die Huna-Gebete und Merlins Wohlstands-Schablonen-Meditation.

Die Huna-Gebete

Während wir das Neue aufbauen, können wir durch die Huna-Gebete Hilfe von Experten herbeirufen. Diese Gebete sind ein sehr effizientes Manifestierungswerkzeug und übermitteln unsere auf positive Weise formulierten Wünsche direkt dem Quell, um uns den Wohlstand und die Fülle zu bringen, die wir brauchen. Die Ergebnisse können wie wahre Wunder erscheinen, wenn wir in reiner Absicht um etwas bitten. Dieser Prozess wird von Erzengel Raphael überwacht.

Huna-Gebete sind Tausende Jahre alt und wurden von den Kahunas erschaffen, als diese nach dem Untergang von Atlantis nach Hawaii zogen. Sie wollten einen reineren Lichtfluss anziehen, der ihnen den Überfluss gewähren sollte, den sie brauchten, um sich ein neues Leben aufzubauen. Der Hohepriester Hermes »erinnerte« sich an diese Methode, Energie so zu manipulieren, dass sie sich in eine höhere Form verwandelte.

Da ein Huna-Gebet den kosmischen Fluss sehr wirkungsvoll formt, darf es nur mit größter Integrität benutzt werden.

Ein Huna-Gebet für Fülle

Hier ist ein Beispiel eines Huna-Gebets für Fülle. Sie können es abwandeln, wie Sie wollen, solange die Formulierung positiv bleibt. Sie müssen es laut und kraftvoll in reiner Absicht dreißig Tage lang aufsagen. Zum Schluss jedes Gebets sitzen Sie mit nach oben gerichteten Handflächen still da, um den göttlichen Segen zu empfangen, den Sie befohlen haben.

»Geliebter Erzengel Raphael und göttlicher Quell,
ich [Setzen Sie hier Ihren Namen ein.], ein Kind des Lichts, bitte aus dem Zentrum meines glühenden Herzens heraus, um die sofortige Bereitstellung göttlicher Fülle in folgender Form: [Hier formulieren Sie Ihren Wunsch.]
Ich widerrufe alle meine früheren Einschränkungen vollständig und öffne mich meinen gottgegebenen Geschenken vom Quell.
Ich öffne mich meiner unbegrenzten Macht der Manifestierung vollständig, um mir den Zugriff auf meine Quell-Mission zu gewähren.
Im Namen des geliebten Quells akzeptiere ich vollständig und empfange dankbar alles, was mir nun gegeben wird.
Danke.
So ist es.«

Wiederholen Sie dies dreimal.
Sagen Sie dann einmal:

»Mein geliebtes Höheres Selbst,
ich erbitte nun aus dem Zentrum meines glühenden Herzens, dass du diese Bitte gemeinsam mit meiner vollständig aktivierten Macht der Manifestierung dem Quell übermittelst.
So ist es.«

Atmen Sie dieses Gebet zu Erzengel Raphael und zum Quell und nutzen Sie dabei die volle Macht der Intention.

Sitzen Sie mit nach oben gerichteten Handflächen und erklären Sie mit lauter Stimme:

»Ich verfüge nun, dass der Regen der Segnungen herniederfällt.«

Da sich die Energie beschleunigt hat, ist es möglich, dass Sie Ihre Segnung bereits vor Ablauf der dreißig Tage erhalten. Falls Sie sie nach dreißig Tagen nicht empfangen haben sollten, hören Sie mit dem Beten auf. Geben Sie dem Universum Zeit, Ihre Anweisung auszuführen. Sollten Sie dann immer noch nicht angezogen haben, um was Sie gebeten hatten, meditieren Sie darüber, um herauszufinden, was in Ihnen möglicherweise dagegenstehen könnte. Es kann auch sein, dass das Universum noch etwas viel Besseres für Sie bereit hat!

Merlin, der Meistermagier, und Erzengel Raphael haben ihre Unterstützung angeboten, um die benötigte Veränderung herbeizuführen. Hier ist eine Meditation für Sie:

Erzengel Raphaels und Merlins Wohlstands-Schablonen-Meditation

1. Rufen Sie Erzengel Metatron an und bitten Sie ihn, Ihr Sternentor zu erleuchten. Es ist von strahlend goldener Farbe.
2. Rufen Sie Erzengel Mariel an und bitten Sie ihn, Ihren Seelenstern zu erleuchten. Er ist von einem strahlenden Magenta.
3. Rufen Sie Erzengel Christiel an und bitten Sie ihn, Ihr Kausalchakra zu erleuchten. Sehen Sie es in phosphoreszierendem Mondweiß glühen.

4. Rufen Sie Erzengel Jophiel an und bitten Sie ihn, flüssiges Gold in Ihre Krone zu schütten.

5. Rufen Sie Erzengel Raphael an und bitten Sie ihn, Ihr smaragdgrünes Drittes Auge zu berühren und es so zu aktivieren.

6. Rufen Sie Erzengel Michael an und bitten Sie ihn, Ihr stahlblaues Halschakra zu erleuchten.

7. Rufen Sie Erzengel Chamuel an und bitten Sie ihn, Ihr reinweißes fünfdimensionales Herzzentrum zu aktivieren.

8. Rufen Sie Erzengel Uriel an und bitten Sie ihn, Ihren goldenen Solarplexus zu erleuchten.

9. Rufen Sie Erzengel Gabriel an und bitten Sie ihn, Ihr hellorangefarbenes Nabelchakra, Ihr zartrosafarbenes Sakralchakra und Ihr glänzendes platinfarbenes Basischakra zu erleuchten.

10. Rufen Sie schließlich Erzengel Sandalphon an und bitten Sie ihn, Ihren wirbelnden dunkelgrauen Erdstern zu erleuchten.

11. Als Nächstes rufen Sie eine Säule aus Aufstiegslicht aus dem Kern von Helios zu sich. Sehen Sie, wie diese durch Ihre offenen, aktivierten Chakras herabsinkt.

12. Während sie herabsinkt, rufen Sie die Aufstiegsenergien des Wassermann-Zeitalters und die höhere Mahatma-Energie herbei und bitten Sie sie, mit der Lichtsäule zu verschmelzen.

13. Wenn Sie beim Sakral- und Basischakra angekommen sind, rufen Sie den aufgestiegenen Meister Merlin und Erzengel Raphael an.

14. Bitten Sie die beiden, die Schablone des Armutsbewusstseins aus diesen Chakras zu entfernen und sie in höheres Licht zu verwandeln.

15. Spüren Sie, wie diese Energie aus den Chakras verschwindet und sie rein und klar hinterlässt.

16. Erklären Sie dreimal mit lauter Stimme:

»Ich [Setzen Sie hier Ihren Namen ein.], erkläre mich frei von jeder Armutsbewusstseinsabmachung, Armutsbewusstseinsschablone oder Armutsbewusstseinsrealität aus diesem Leben oder einem anderen. Ich gelobe im Namen des Lichts reinen Überfluss für mich und meinen Planeten anzuziehen.«

17. Visualisieren Sie, wie Sie Merlin und Erzengel Raphael die Hände reichen und die goldenen Feuerdrachen von Lemuria herbeirufen.

18. Wirbeln Sie die Energie des alten Paradigmas des kollektiven Bewusstseins mit immer höher werdender Geschwindigkeit im Uhrzeigersinn um den Planeten.

19. Schauen Sie zu, wie die Feuerdrachen diese Energie in höheres Licht verwandeln.

20. Ist dies vollbracht, wiederholen Sie – immer noch verbunden mit Merlin und Raphael – den Vorgang im Gegenuhrzeigersinn.

21. Sehen Sie schließlich, wie dieselbe Energie sanft aus den Sakral- und Basischakras aller auf der Erde lebenden Seelen entfernt wird.

22. Sehen Sie, wie Ihr Zwölf-Chakra-System in seinen aufgestiegenen Farben leuchtet.

23. Legen Sie nun gemeinsam mit Merlin und Erzengel Raphael einen neuen goldenen Lichthof aus fünfdimensionaler Fülle und fünfdimensionalem Überfluss um die Erde. Dies ist ein Energiereservoir, auf das jeder ungehindert zugreifen kann. Alle sind Eins.

24. Danken Sie Merlin, Erzengel Raphael, den Feuerdrachen und sich selbst.

Schritt 45

Heilung des Herzens von den Plejaden

Die Plejaden sind ein siebendimensionaler aufgestiegener Sternhaufen, sie werden auch die heilenden Sterne genannt. Wie bei
den anderen Aufstiegsgestirnen, die eng mit der Erde verbunden
sind, gibt es auch hier hoch entwickelte Wesen, insbesondere
zwölf Meister, die für die dort herrschende Energie verantwortlich
sind.

Die große Erzengelin Maria, die durch die Venus zu uns kommt,
um uns Liebe, Mitgefühl, Empathie und das rosafarbene Licht des
göttlich Weiblichen zu bringen, senkt ihre Frequenz auf den Plejaden ab, um Menschen mit ihrer aquamarinblauen Energie der
Herzheilung zu berühren. Sie überstrahlt Mutter Maria. Wenn Sie
Erzengelin Maria oder Mutter Maria anrufen, werden diese ihnen
die Energie bringen, die Ihnen angemessen ist.

Die blaue plejadische Rose

Die Meister der Plejaden ziehen die reine blaue Energie der Herzheilung direkt vom Quell in eine gigantische blaue ätherische
Rose, die als Transformator ihrer siebendimensionalen Energie
fungiert. Sie setzen diese Energie weise und diskret ein und leiten
sie zu Wesen und Orten, an denen sie ihrer Meinung nach gebraucht wird. Sie tun dies als Akt des liebevollen Dienens.

Die blaue Rose hat wie das menschliche Herz auch dreiunddreißig Blütenblätter, die Zahl des Christusbewusstseins. In ihrem
Zentrum befindet sich das reine weiße Licht des Quells.

Menschen, die von den Plejaden stammen oder ihre Energiefrequenz in diesem Sternhaufen absenken, tragen heilende Energie in ihren Auras. Die Tiere und Insekten, die von den Plejaden zur Erde kommen, tragen ebenfalls einen Teil dieses blauen heilenden Lichts in ihren Energiefeldern, damit sie es hier verbreiten können, sobald sie sich inkarniert haben.

Die von den plejadischen Lichtwesen benutzte spirituelle Technologie übersteigt unser menschliches Vorstellungsvermögen bei Weitem. Die blaue Rose ist ein heiliges geometrisches Instrument, das zu vielen Zwecken eingesetzt werden kann – auch zur Heilung. Und sie kann es uns ermöglichen, unsere Auras zu reinigen und deren Drehgeschwindigkeit zu erhöhen.

Medizinische Versorgung

Die Plejader überstrahlen gegenwärtig die Beschleunigung des medizinischen Wissensstandards auf Erden, während wir in einen fünfdimensionalen Frequenzbereich aufsteigen. Bis 2032 wird sich das gesamte Gesundheitssystem auf eine Weise entwickelt haben, die unser jetziges Vorstellungsvermögen übersteigt. Jede Heilung wird Heilung auf der Seelenebene sein, wie es bereits während des goldenen Zeitalters von Atlantis der Fall war. Heilung durch Schwingungen – das wird auf alles angewendet werden. Geheilt wird, was nicht der Vollkommenheit der Seele entspricht, was sich natürlich auch auf den physischen Körper auswirken wird.

Die Plejader können ihre Energie durch den elektrischen Strom, den wir gegenwärtig benutzen, auf die dritte Dimension absenken. Sie können dadurch auch den Energiefluss beeinflussen. Zurzeit arbeiten sie durch medizinische Geräte, wenn sie darum gebeten werden. Wenn jemand zum Beispiel an ein Dialysegerät angeschlossen ist und zum höchsten Wohle aller Wesen um Heilung für ihn gebeten wird, sind die Plejader in der Lage, durch den elektrischen Strom Kontakt zu ihm herzustellen und seine Energiefrequenz anzuheben.

Während des goldenen Zeitalters von Atlantis wurde Energie gewonnen, indem Sonnenlicht durch pyramidenförmige Kristalle in Kupferrohre geleitet wurde. Dies gelang dank der Unterstützung der Elementarwesen, die sich den Kristallen anglichen. Die so erzeugte elektrische Energie war von einer sehr hohen Frequenz, und die Plejader nutzten sie, um den ursprünglichen göttlichen Gesundheitsplan eines Menschen aufrechtzuerhalten.

Die Arbeit mit Computern

Wenn Sie die Plejader um Hilfe dabei bitten, Ihre Energiefelder mit der Schwingung, die von Ihrem Computer oder Smartphone ausgeht, zu harmonisieren, werden sie das tun.

Die Arbeit mit Kristallen

Quarzkristalle sind perfekte Leitungen für die Plejader, um ihre Energie zu uns zu bringen. Sie können einen Quarzkristall mit der plejadischen Rose programmieren, damit er auf den Körper gelegt und bei Bedarf aktiviert werden kann. Die Deva des Kristalls wird die Frequenz der Information aufzeichnen, sodass sie abgerufen werden kann, wann immer der Träger des Kristalls dies wünscht.

Die blaue Rose in Ihrem Erdsternchakra sorgt für eine permanente Verbindung zur Hohlerde, indem sie blaue Wurzeln in den Boden schickt. Sie sorgt für eine einzelne vereinheitlichte Säule aus blauem heilendem Licht, das Ihr ganzes Chakrasystem erleuchtet und durch das Sternentor und die Monade in Ihre Antakarana-Brücke strömt. Wenn diese Säule voll funktionsfähig ist, wird dadurch Ihre Verbindung zu den Plejaden gestärkt.

Eine Visualisierungsübung, um sich mit der plejadischen Rose zu verbinden

Wie jede andere spirituelle Gabe, so müssen wir auch die blaue plejadische Rose herbeirufen. Dann werden die Engel der Plejaden sie in unsere Chakras einfügen. Da die Rose ein so machtvolles Instrument der Heilung ist, raten uns die Engel der Plejaden, erst einmal darum zu bitten, dass sie in das Herzchakra eingefügt werden möge. Dort wird sie sich drehen und so viel von der plejadischen Heilenergie aufnehmen, wie verarbeitet werden kann. Vielleicht spüren Sie, wie die Energie aus Ihrem Herzen die Arme hinunter in die Hände strömt. Dann können Sie die Hände auf jeden Körperteil legen, der heilende Energie braucht, oder sie an andere weitergeben. Wenn sich der Körper an die Rose in Ihrem Herzen gewöhnt hat, können Sie darum bitten, dass weitere Rosen in Ihre anderen Chakras eingefügt werden.

1. Bereiten Sie einen Raum vor, in dem Sie sich entspannen können und nicht gestört werden. Zünden Sie eine Kerze an.
2. Sitzen Sie still da und atmen Sie gleichmäßig. Ihre Intention ist es, sich mit der blauen plejadischen Rose zu verbinden.
3. Erden Sie sich, indem Sie sich vorstellen, dass aus Ihren Füßen Wurzeln bis tief hinein in das Erdreich dringen.
4. Bitten Sie Erzengel Michael, Sie in seinen dunkelblauen Schutzmantel zu hüllen.
5. Stimmen Sie sich auf die Meister der Plejaden ein und bitten Sie sie darum, in eine blaue Lichtkugel gehüllt zu werden.
6. Rufen Sie die plejadische Rose herbei und visualisieren Sie diese direkt vor sich.
7. Bitten Sie darum, dass eine Rose in jedes Ihrer zwölf fünfdimensionalen Chakras eingefügt werden möge, und entspannen Sie sich, während dies geschieht.

8. Visualisieren Sie, dass sich das blaue Licht mit dem gold-orangenen Licht Ihres Sternentors vermischt. Dadurch werden Ihre Verbindungen zum Göttlichen automatisch geheilt und alle Unterbrechungen in Ihren energetischen Bahnen zum Quell repariert werden. Das bedeutet: Sollten irgendwelche Teile Ihrer Antakarana-Brücke gebrochen sein, wird die plejadische Energie sie wiederherstellen, sodass Sie sich wieder mit der Großen Zentralsonne verbinden können.

9. Visualisieren Sie, wie sich das blaue Licht mit dem Magenta Ihres Seelensterns vermischt. Das wird Ihre Seelenverbindungen heilen – sowohl zu Ihren Vorfahren als auch zu Menschen, die gegenwärtig inkarniert sind.

10. Visualisieren Sie, wie sich das blaue Licht mit dem Weiß Ihres Kausalchakras vermischt. Dies wird Ihre Verbindung zur geistigen Welt beruhigen und als eine Art Leuchtfeuer dienen, das die Energie der Engel anzieht.

11. Visualisieren Sie, wie sich das blaue Licht mit dem Kristallgold Ihres Kronenchakras vermischt. Das heilende blaue Licht wird durch die Blütenblätter Ihres tausendblättrigen Lotos fließen und beginnen, die universellen Verbindungen von hier aus zu heilen.

12. Visualisieren Sie, wie sich das blaue Licht mit dem Kristallgrün Ihres Dritten Auges vermischt. Hier stimuliert die Rose Hellsichtigkeit, indem sie alles heilt, was bisher die vollständige Aktivierung dieses Chakras verhindert hat. So wird es Ihnen möglich, mit Wesen von anderen Planetensystemen zu kommunizieren.

13. Visualisieren Sie, wie sich das blaue Licht mit dem Königsblau Ihres Halschakras vermischt. Hier aktiviert sich die Wahrheit durch perfekte verbale Resonanz und ermöglicht es Ihnen, durch Worte zu heilen und mit anderen Arten zu kommunizieren.

14. Visualisieren Sie, wie sich das blaue Licht mit dem reinen Weiß Ihres Herzchakras vermischt, sodass von Ihnen jeder-

zeit Heilung ausgeht, es sei denn, Sie schalten dies bewusst ab.

15. Visualisieren Sie, wie sich das blaue Licht mit dem Gold Ihres Solarplexus vermischt. Es hebt die Frequenz auf ein fünfdimensionales Niveau und hält sie dort, damit Sie den Kontakt zu Ihrem essenziellen Selbstvertrauen und Selbstwertgefühl aufrechterhalten können.

16. Visualisieren Sie, wie sich das blaue Licht mit dem Orange Ihres Nabelchakras vermischt, sodass Sie wirklich alle Wesen akzeptieren und willkommen heißen können. Ist diese Rose dort platziert, strahlt Ihr Nabelchakra auch dann ein sanftes, weibliches, heilendes Licht aus, wenn es einladend in männlicher Energie auflodert.

17. Visualisieren Sie, wie sich das blaue Licht mit dem Rosa Ihres Sakralchakras vermischt. Die blaue plejadische Rose bereitet dieses Chakra darauf vor, transzendente Liebe in die Welt zu bringen. Das fügt all Ihren Beziehungen eine wunderschöne heilende Energie hinzu.

18. Visualisieren Sie, wie sich das blaue Licht mit dem Platin Ihres Basischakras vermischt, es vergeistigt und es der fünfdimensionalen Frequenz der Glückseligkeit ermöglicht, sich hier zu verankern.

19. Visualisieren Sie, wie sich das blaue Licht mit dem Schwarzweiß Ihres Erdsternchakras vermischt. Sehen Sie, wie es nun zu einer einheitlichen Säule aus strahlendem blauem Licht wird, das bis in die Hohlerde hinabreicht und hinauf bis in den diamantenen Kern der Großen Zentralsonne.

20. Danken Sie den Wesen von den Plejaden.

Die geistigen Gesetze der Aktivierung von Alchemie und Magie

Während des goldenen Zeitalters von Atlantis übermittelten die Hohepriester und Hohepriesterinnen Botschaften des Intergalaktischen Konzils an die Magi, die so genannt wurden, weil sie magische Handlungen vollzogen. (»Magi« ist die Mehrzahl von »Mager«, auch »Magus«.) Das bedeutet, die Magi konnten die Eigenschaften des Universums manipulieren, weil sie die geistigen und physikalischen Gesetze verstanden. Sie waren hoch entwickelte Schamanen. Die Informationen, welche die Hohepriester und Hohepriesterinnen übermitteln wollten, wurden vom großen Kristall im Tempel des Poseidons in verschiedene Tempelkristalle heruntergeladen. Die Magi eines jeden Tempels versetzten sich dann in einen tiefen Trancezustand und zogen die Informationen aus dem Kristall heraus und gaben das an die Menschen weiter, was ihnen angemessen erschien.

Zur Ausbildung der Magi gehörte auch die Gedankenkontrolle, was ihnen ermöglichte, Magie in Form von Levitation, Telekinese, Teleportation und Manifestierung zu praktizieren. Sie lernten, Klang- und Lichtfrequenzen einzusetzen und mit ihnen zu heilen. Auch wurde ihnen das Fliegen und die Kommunikation mit anderen Galaxien beigebracht. Das erforderte eine unglaubliche spirituelle Disziplin und absolute Kontrolle über die Gedanken und Emotionen.

Die Magi setzten ihre große Macht einzig ein, um den Menschen zu dienen. Es war gerade die Reinheit ihrer Hingabe, die es ihnen ermöglichte, diese Macht zu behalten. Erst als einer der

Magi die Energie des großen Reservoirs von Atlantis für seine eigenen Zwecke einsetzte, begann diese große Zivilisation in sich zusammenzufallen. Die Reinheit der Absicht ist der wichtigste Bestandteil wahrer Alchemie und Magie.

Magie und Wunder haben ihren Ursprung in den spirituellen und höheren geistigen Welten und die Energie strömt von dort auf die physische Ebene, wo sie eine alchemistische Reaktion auslöst. Wenn wir beispielsweise unserer Intuition folgen und entsprechend handeln, befinden wir uns in Übereinstimmung mit der göttlichen Wahrheit. Dann können Wunder geschehen.

Der größte Alchemist aller Zeiten war Saint Germain, der sich auch als Merlin inkarniert hatte. Er wusste um die großen, unveränderlichen geistigen Gesetze und konnte sie anwenden, um Magie auszuüben. Er war sich nur zu bewusst, dass alle Energien miteinander vernetzt sind und nur zum höchsten Wohle aller Wesen eingesetzt werden dürfen. Wenn man Magie ausübt, wird alles Niedere vervielfacht auf den Sender zurückgeworfen, während reine Liebe den Sender mit Segnungen aller Art überflutet.

Wir können Saint Germain und Erzengel Zadkiel um Unterstützung anrufen und sie bitten, uns, andere Menschen oder Situationen in der kosmischen violetten Diamantflamme der Umwandlung zu halten. Indem wir das Alte auflösen, werden wir in die Lage versetzt, auf die höheren Welten zuzugreifen, um Magie und Wunder zu bewirken.

Erzengel Gabriel, der reine weiße Engel der Reinheit und Klarheit, ist für das Nabelchakra zuständig, wo unsere schöpferische Macht ruht. Haben wir die rechte Absicht, wird er uns zeigen, wie wir die Tür zu inspirierter Kreativität öffnen können, was ein weiterer Schlüssel zu Magie und Alchemie ist. Unsere schöpferische Vision löst im Universum eine Reaktion aus, durch die es zu einer materiellen Manifestierung kommen kann.

Öffnen Sie Wundern die Tür

Wenn wir das Selbst loslassen und etwas im Interesse des höchsten Wohles eines anderen Wesens tun, öffnen wir Wundern die Tür. Wenn wir uns die göttliche Vollkommenheit eines anderen vorstellen, kann unsere reine Vision dazu beitragen, dieses Bild Wirklichkeit werden zu lassen. Sieht eine Heilerin ihren Klienten als göttlich und ganz, kann wunderbare Heilung geschehen. Verspürt unser Herz Mitgefühl für einen Menschen in Not, erzeugt unsere Liebe eine göttlich chemische Reaktion in ihm, die zu physischer und emotionaler Wandlung führen kann. Das ist die praktische Seite geistiger Gesetze.

Wenn wir jemandem echte, positive, liebevolle Gedanken senden, erleuchten wir ihn mit fünfdimensionaler Energie. Das hebt seine Frequenz an und ermöglicht es ihm, sich sicher zu fühlen, sodass er sich ganz tief auf der Zellebene entspannen kann. So kann eine wunderbare Änderung der Einstellung stattfinden. Das gilt unabhängig davon, ob wir einfach mit jemandem reden, ihn massieren oder Heilarbeit machen.

Jeder Same enthält den göttlichen Bauplan der Blume, zu der er werden soll. Bestimmte Dinge wie Wasser, Licht und Nahrung sind nötig, damit diese Perfektion erblühen kann, aber es gibt auch noch etwas anderes. Wenn wir eine Vision der ausgewachsenen Pflanze in all ihrer Pracht aufrechterhalten, wird die Reinheit unserer Energie in ihr eine alchemistische Reaktion erzeugen, die es der Pflanze ermöglicht, ihr höchstes Potenzial zu entfalten. Dann werden die Elementarwesen eingreifen und helfen, es zu verwirklichen. Pflanzen, Bäume und andere fühlende Wesen reagieren auf reine Liebe.

Das gilt auch für die Art und Weise, wie wir uns selbst behandeln. Untersuchungen haben gezeigt, dass selbst unsere DNA auf positive Energien reagiert, die wir uns senden. Die darin enthaltenen Codone werden gestreckt, entspannt und miteinander verbunden, sodass es uns möglich wird, mit unseren heiligen Begabungen und Talenten in Kontakt zu kommen. Unsere gesamte Körperchemie verändert sich und selbst tief verwurzelte karmische und genetische Muster wandeln sich um, wenn wir zu Meistern der Wunder und der Magie werden.

Ganz gleich wie schwierig eine Situation auch sein mag, wird es doch zu einer alchemistischen Reaktion kommen, durch die etwas Gutes möglich wird, wenn Menschen sich gemeinsam das bestmögliche Ergebnis vorstellen. Wenn alle so auf ein gemeinsames Ziel hinarbeiten, spüren sie plötzlich und wunderbarerweise ihre Einheit. Das war eines der Geheimnisse des goldenen Atlantis.

Es gibt bestimmte Eigenschaften, die es möglich machen, dass Wunder geschehen: Wahrhaftigkeit, Glaube, bedingungslose Liebe, Integrität, Aufrichtigkeit, Ehrenhaftigkeit und andere fünfdimensionale Eigenschaften gehören dazu. Sie wandeln die Energie des Universums um.

Die Alchemie von Beziehungen

Erster Teil

1. Entspannen und erden Sie sich und legen Sie einen Schutzmantel um Ihre Aura.
2. Denken Sie an eine Person, die bei Ihnen nicht so beliebt ist. Das kann ein Nachbar sein, eine Arbeitskollegin, ein Vereinsmitglied, die Mutter eines Mitschülers Ihrer Kinder, eine Verwandte oder sogar ein Fremder.
3. Rufen Sie Erzengel Gabriel an und bitten Sie ihn, sein reines weißes Licht über Ihnen auszuschütten, und Erzengel Zadkiel, Sie in der violetten Flamme zu halten.

4. Formulieren Sie Ihre höchste Absicht, die betreffende Person in ihrer göttlichen Vollkommenheit zu sehen.

5. Stellen Sie sich die Person als gesund und glücklich vor.

Zweiter Teil

1. Behandeln Sie diese Person in den nächsten einundzwanzig Tagen so, als wäre sie beliebt, würde geschätzt und respektiert.

2. Begrüßen Sie sie mit einem strahlenden Lächeln, als ob Sie sie wirklich schätzen würden.

3. Achten Sie auf die Veränderung Ihrer Einstellung und der Einstellung dieser Person.

4. Erweitern Sie nach einundzwanzig Tagen diese Übung und schließen Sie auch andere darin ein.

Eine Situation heilen

1. Entspannen und erden Sie sich und legen Sie einen Schutzmantel um Ihre Aura.

2. Denken Sie an eine Situation, die sich ändern muss.

3. Rufen Sie Erzengel Gabriel an und bitten Sie ihn, sein reines weißes Licht über der Situation auszuschütten, und Erzengel Zadkiel, Sie in der violetten Flamme zu halten.

4. Formulieren Sie Ihre höchste Absicht, diese Situation in göttliche Vollkommenheit zu verwandeln.

5. Setzen Sie Ihre Vorstellungskraft ein, um ein harmonisches Resultat für alle Beteiligten zu visualisieren.

Schritt 47

Die Portale
des Christusbewusstseins

Während unser Planet aufsteigt, findet ein sehr spezieller Energie-wandel statt. Der Übergang von einer dreidimensionalen zu einer fünfdimensionalen Realität in einer so kurzen Zeitspanne erfor-dert ein hohes Maß an energetischer, struktureller und alchemisti-scher Manipulierung. Der Großteil dieser Arbeit geschieht in den höheren Welten, wo ein Bauplan der neuen Realität erschaffen wird. Dieser wird dann auf die Energie unseres Planeten angewen-det, was die notwendigen Veränderungen erzeugt.

Dem Intergalaktischen Konzil zufolge sind die Anfangsarbeiten bereits abgeschlossen. Erzengel Metatron und sein engagiertes Team haben die Erde in eine vierdimensionale Realität gebracht. Die dreidimensionale Welt bricht zusammen und wird durch eine höhere Frequenz überlagert. Weil sich dieser Prozess beschleunigt, erwachen auch immer mehr Seelen auf der Erde. Jedes fühlende Wesen lebt bereits in einem höheren Lichtstrom. Das Fundament dafür wurde bereits gelegt, als sich Jesus inkarnierte. Als er auf-stieg, öffnete er ein goldenes Portal des Christusbewusstseins, das es den neuen, höheren Strukturen erlaubte, sich in die dichtere Energie der Erde zu integrieren.

Viele der aufgestiegenen Meister in der geistigen Welt haben sich während der letzten zweitausend Jahre darauf konzentriert, diesen Energiefluss aufrechtzuerhalten. Gemeinsam mit Erzengel Metatron und seinem Aufstiegsteam haben sie die Energie des Christusbewusstseins an spezifischen Punkten überall auf der Welt in das dreidimensionale Gitternetz der Leylinien eingespeist.

Diese Punkte stellen die dreiunddreißig kosmischen Portale dar, die sich alle während des Kosmischen Moments 2012 zu öffnen begannen und auch weiterhin bis zum Jahr 2032 immer größer werdende Mengen des glorreichen Christuslichts auf den Planeten strömen lassen.

Numerische Codes nutzen

Erzengel Metatron hat uns Informationen angeboten, um diesen Prozess noch besser zu unterstützen. Es wurden numerische Codes freigegeben, mit denen kleinere Portale des Christusbewusstseins aktiviert werden können, um es Lichtarbeitern auf diese Weise zu ermöglichen, ihre eigenen Portale hochfrequenten Christuslichts zu erschaffen. Dies ist ein sehr machtvolles Geschenk, das uns nur nach Abklärung mit dem Intergalaktischen Konzil gewährt wurde.

Eine Seele, die eine hohe Schwingung der Liebe und Integrität aufweist, kann mithilfe dieser uralten numerischen Codes diese Portale benutzen.

Es gibt einen Anfangscode, der die Merkaba des Christusbewusstseins in einem Menschen aktiviert. Er lautet: 13-20-33. Wenn diese Zahlenkombination absichtsvoll ausgesprochen wird, strömt das Christuslicht direkt in das Vier-Körper-System. Es wird dieses System energetisieren, die Aura und die fünfdimensionale Merkaba mit reinem Christuslicht erleuchten.

Der zweite Code lautet: 12-22-33. Wird diese Zahlenkombination in liebevoller Absicht ausgesprochen, aktiviert sie ein Portal des Christuslichts an einem von Ihnen gewählten Ort. Diese Methode ist schön, sanft und doch sehr machtvoll, da sie augenblicklich die Frequenz von allem in der Umgebung anhebt.

Vor dem Gebrauch des zweiten Codes sollte immer die Erlaubnis des Intergalaktischen Konzils eingeholt werden, da diese

Energie unmittelbare Auswirkungen auf den Ort hat, auf den sie angewendet wird.

Eine Visualisierungsübung, um ein Portal des Christusbewusstseins zu erschaffen

1. Bereiten Sie sich auf die Meditation vor. Sie sind dabei, hochfrequente Arbeit für sich selbst und Ihren Planeten zu leisten.
2. Rufen Sie Meister Jesus vom Intergalaktischen Konzil an und erzählen Sie ihm, dass Sie beabsichtigen, das Portal des Christusbewusstseins nur mit größter Integrität zu benutzen. Er wird Sie genau beobachten, während Sie damit arbeiten.
3. Setzen Sie sich still hin, schließen Sie die Augen und sprechen Sie diese Worte:

»13-20-33, Merkaba des Christusbewusstseins, aktiviere dich.«

4. Ihr Körper und Ihre Energiefelder werden augenblicklich mit reinem goldenem Licht gefüllt. Sie sind nun direkt mit dem Reservoir des goldenen Christusstrahls verbunden. Atmen Sie diese Energie in Ihr ganzes Wesen.
5. Visualisieren Sie, wie sich Ihre fünfdimensionale Merkaba um Sie herum ausdehnt und alles erleuchtet, was sie berührt.
6. Denken Sie an einen Ort, dem Sie Christuslicht hinzufügen möchten. Das kann Ihr eigenes Heim sein, irgendein Ort in Ihrer Nähe oder ein weit entfernter Platz. Die Energie wird dort augenblicklich wirksam.
7. Erklären Sie:

»12-22-33, Portal des Christusbewusstseins, aktiviere dich.«

8. Sehen Sie einen Strahl reinen goldenen Lichts das betreffende Gebiet erleuchten.

9. Bitten Sie den mächtigen Erzengel Christiel und Meister Jesus, dieses Licht auszudehnen und es behutsam in die existierende Schwingung einzuspeisen.

10. Sehen Sie, wie alles, was von diesem Licht berührt wird, in reiner bedingungsloser Liebe aufleuchtet.

11. Bitten Sie darum, dass Ihr Portal zu einem vollständig geöffneten Durchgang für die Energien des Christusbewusstseins werden möge.

12. Rufen Sie die goldenen Feuerdrachen von Lemuria an und bitten Sie sie, dieses Portal zu bewachen und seine Integrität ständig zu bewahren.

13. Bedanken Sie sich bei Meister Jesus, Erzengel Christiel und den goldenen Drachen.

14. Öffnen Sie die Augen und lächeln Sie. Sie sind ein Mitschöpfer des Göttlichen und helfen dem Herzchakra unseres Planeten mit diesem Portal des Christusbewusstseins.

Das Herzchakra der Erde

Glastonbury in England ist das Herzchakra unseres Planeten. Hier speisen die höheren Welten die stärksten Frequenzen in die planetarische Matrix ein. Es wurde bereits dafür gesorgt, dass der Energiefluss stark, rein und klar bleibt. Je mehr Seelen sich darauf konzentrieren, desto schneller wird sich die Energie bewegen.

Eine Visualisierungsübung, um Licht durch das planetarische Herzchakra zu verbreiten

———◆———

1. Stellen Sie sich während Ihrer Meditation einige Augenblicke lang Glastonbury Tor vor.

2. Sehen Sie, wie reines goldenes Licht aus dem kosmischen Herzen durch den Hügel in den Planeten strömt.

3. Schauen Sie zu, wie sich dieses Licht in goldenen Linien ausbreitet und einen wunderschönen sechszackigen Stern am Fuße des Hügels bildet.

4. Sehen Sie, wie sich das Licht weiter durch die Leylinien ausbreitet und ein Netz aus strahlendem Gold um unseren Planeten bildet.

5. Um diesen Energiefluss im planetarischen Herzchakra zu verankern, sprechen Sie:

»12-22-33, Portal des Christusbewusstseins, aktiviere dich.«

6. Rufen Sie die mächtigen Feuerdrachen, die Heerscharen Erzengel Michaels und Anubis herbei und bitten Sie sie, stets die aufgestiegene Integrität von Glastonbury zu bewahren.

7. Danken Sie ihnen, öffnen Sie die Augen und seien Sie sich sicher, dass Sie den göttlichen Plan auf Erden unterstützt haben.

8. Geben Sie dieser Vision durch positive, frohe und schöne Gedanken mehr Energie.

Werden Sie zum Träger des reinen weißen Lichts und der Aufstiegsflamme

Reines weißes Licht enthält alle Farben. Wenn wir dieses Licht in unsere Aura integrieren, finden wir vollkommenen inneren Frieden. Das bedeutet, dass wir friedfertig und daher vollkommen sicher sind. Nichts und niemand kann uns mehr angreifen oder verletzen.

Es gibt mehrere mächtige Wesen oder Energien, die dieses reine weiße Licht in die Energiefelder der Erde ausstrahlen. Wir können eines davon oder alle anrufen, damit wir weißes Licht auf der Zellebene aufnehmen können. Es wird von unseren mentalen, emotionalen und physischen Körpern aufgenommen werden, wenn wir so weit sind. Hier sind einige dieser Wesen:

Maitreya

1956 wurde Maitreya zum Herrn der Welt erklärt. Er zieht Liebe direkt vom Quell und sendet sie durch das kosmische Herz zu denen, deren Licht scheint. Als Oberherr des ganzen Sonnensystems, also auch der Erde, besteht seine Aufgabe darin, das Bewusstseinsniveau der Menschheit anzuheben, damit wir uns dem universellen Geist Gottes öffnen und glorreich in das neue goldene Zeitalter eingehen können.

Maitreya ist der Führer der Weißen Bruderschaft und des Ordens des Melchisedech, die das reine weiße Licht bewahren und verbreiten. Er inkarnierte sich auf Erden, um uns die Buddhaenergie zu bringen, damit wir Menschen Zugriff auf die fünfte, sechste und siebte Dimension haben können. Seit 2012 sind viele Menschen in der Lage, die neunte Dimension zu erreichen. Er inkarnierte sich auch als Krishna.

Maitreya überstrahlte Jesus, als dieser die Christusenergie trug und als er am Kreuz hing. Gegenwärtig hilft er jenen Menschen, welche die spirituelle Technologie der Zukunft auf die Erde bringen, und aktiviert außerdem die Heilung der Welt.

Sie können sich während der Meditation in seinem ätherischen Refugium am Konfuziustempel im chinesischen Beijing mit ihm verbinden. Bitten Sie ihn, Sie im Christuslicht zu halten und Sie zu öffnen, damit Sie mehr davon aufnehmen können. Er wird das Christuslicht auch in Ihren Solarplexus einfügen, um ihn mit Frieden und einem Gefühl der persönlichen Macht zu erfüllen.

Melchisedech

Melchisedech wird auch der ewige Herr des Lichts genannt. Er besteht aus einer Gruppenenergie, die sowohl das Christuslicht trägt als auch die alte Weisheit dieses Universums und Lehren direkt vom Quell empfängt. Abraham, Moses, Elia, David und Jesus waren Hohepriester des Ordens des Melchisedech und inkarnierten sich, weil ihr Licht auf Erden gebraucht wurde.

Sie können sich mit Melchisedech in seinem ätherischen Refugium über Guam im Pazifik verbinden, um kosmische Unterweisungen zu erhalten.

Erzengel Gabriel

Erzengel Gabriel ist ein reiner weißer Engel, der hilft, allen Menschen und Situationen Klarheit und Reinheit zu bringen, indem er die Illusion durchtrennt und sie mit in höhere Dimensionen nimmt. Die konkretisierte Form seiner Energie auf Erden ist der Diamant, der Reinheit, Klarheit, Wahrheit und Ehre repräsentiert.

Die Einhörner

Diese hochfrequenten reinen weißen Wesen, die zwischen der siebten und neunten Dimension schwingen, bringen jenen, die sie berühren, Liebe, Erleuchtung, Freude und Wissen um die Aufgabe ihrer Seele. Ihre Hörner bestehen aus spiralförmigem Licht, das ihrem Dritten Auge entströmt. Wenn sie uns mit reinem weißem Licht überfluten, schenken sie uns wunderbare Segnungen.

Die weiße Aufstiegsflamme von Atlantis

Die reine weiße Aufstiegsflamme wurde im goldenen Atlantis erschaffen. Sie trägt die höchsten Frequenzen des Plans für den Aufstieg in sich und enthält die Schlüssel und Codes des ewigen Lichts und Friedens. Serapis Bey ist der Hüter der weißen Flamme. Wenn wir bereit sind, wird er, unterstützt von Erzengel Gabriel, diese Flamme in unsere Energiefelder einfügen.

Der universelle Engel Butyalil

Der mächtige universelle Engel Butyalil strahlt reines weißes Licht aus. Er ist für die kosmischen Ströme verantwortlich, zu denen auch unser persönlicher kosmischer Fluss gehört, und arbeitet mit der Serafim Serafina zusammen. Er hilft uns, unsere eigene Großartigkeit zu erkennen und zu akzeptieren, und ermöglicht es uns so, auf höheren Frequenzebenen mitzuschwingen. Er kann uns mit dem Intergalaktischen Konzil verbinden, damit wir persönliche Bitten um Licht vorbringen können, wie wir bereits erwähnt haben.

Wir können uns mit Erzengel Butyalil in seinem Refugium über der Erde verbinden, das sich an der Schnittstelle der vier Aufstiegsgestirne Neptun, Plejaden, Orion und Sirius befindet. Da er durch die ägyptischen Pyramiden auf die Erde eintritt, können wir auch darum bitten, ihn im Äther über der großen Pyramide treffen zu dürfen.

Werden Sie zum Träger des reinen weißen Lichts

Die folgende Visualisierungsübung wird reines weißes Licht in Ihren Körper und Ihre Energiefelder bringen, wenn Sie sich entspannen und zulassen, dass es aufgenommen wird. Dadurch wird Ihnen die Möglichkeit gegeben, zum Mithüter der weißen Aufstiegsflamme zu werden und dem Orden des Melchisedech zu dienen.

Eine Visualisierungsübung, um das reine weiße Licht zu tragen

1. Entspannen und erden Sie sich und legen Sie sich Erzengel Michaels Schutzmantel um.
2. Geben Sie sich ganz diesem Gefühl von Geborgenheit hin, während Erzengel Gabriel Sie in seine reinen weißen Schwingen hüllt.
3. Ein schimmerndes reines weißes Licht nähert sich Ihnen und Ihr wunderschönes Einhorn tritt daraus hervor. Es strahlt

Frieden, Liebe und Freude aus und senkt seinen Kopf, um Sie mit weiß funkelnden Segnungen aus seinem spiralförmigen Lichthorn zu überfluten. Seien Sie ganz still und nehmen Sie diesen Segen an.

4. Erzengel Gabriel setzt Sie behutsam auf das Einhorn, und geschwind steigen Sie durch die vielen Dimensionen der inneren Welten auf, bis Sie vor sich einen reinen weißen Palast des Friedens sehen.

5. Als Sie im Innenhof landen, sehen Sie, dass die Gärten voller weiß blühender, duftender Blumen sind. Steigen Sie vom Einhorn ab und riechen Sie an den Blüten.

6. Der weiß gekleidete Serapis Bey kommt mit der reinen weißen Flamme in der Hand auf Sie zu. Die Flamme dehnt sich aus und wird immer größer, als Serapis Bey Sie über Ihre Energiefelder legt und Sie erleuchtet.

7. Erzengel Gabriel hebt Sie wieder auf Ihr majestätisches Einhorn und setzt sich hinter Sie. Gemeinsam fliegen Sie durch den Kosmos zu dem Ort, an dem sich die vier Aufstiegsgestirne über der Erde treffen.

8. Dort erwartet Sie der riesige, reine weiße Erzengel Butyalil. Nur schon das Verweilen in seiner Gegenwart erfüllt Sie mit weißem Licht und trägt dazu bei, dass Ihr Leben glatter und reibungsloser verläuft.

9. Erzengel Butyalil hält Ihnen einen gigantischen kosmischen Spiegel vor. Als Sie hineinschauen, sehen Sie bewusst oder unbewusst Ihr großartiges, erweitertes kosmisches Selbst.

10. Erzengel Gabriel und das Einhorn fliegen mit Ihnen zurück an Ihren Ausgangspunkt.

11. Dort angekommen legt Erzengel Gabriel seinen glitzernden, schimmernden Diamanten über Ihre Energiefelder.

12. Sie sind reines weißes Licht.

Die goldene Flamme von Atlantis

Die goldene Flamme von Atlantis wurde vom wundervollen Erzengel Metatron im Äther bewahrt. Sie ist ein machtvolles Instrument, das vor allem dafür gebraucht wird, bestimmte Gebiete in neue Orte mit hoher Frequenz zu verwandeln.

Atlantis war ursprünglich ein riesiger Kontinent, der sich über das Gebiet des heutigen Atlantischen Ozeans erstreckte. Es erhob sich im Laufe seiner Geschichte fünfmal und ging fünfmal unter. Jedes Mal, wenn sich das Land aus dem Meer erhob, war es neu und frisch, aber es wurde im Lauf der Zeit immer kleiner und nahm jedes Mal eine neue Form an, wenn ein neues Experiment begonnen wurde. Auch das Format änderte sich bei jedem neuen Versuch. Die Technologie musste von Neuem entwickelt werden, Gebäude mussten neu erbaut werden und Methoden, wie man spirituell leben konnte, mussten aus dem Äther in die materielle Welt gebracht werden. Der Prozess wurde von den Alta, dem Ältestenrat der Priesterschaft, unter der direkten Führung des Intergalaktischen Konzils geleitet. Geduld, Hingabe und Ausdauer waren gefragt und erst während des fünften und letzten Experiments wurde eine fünfdimensionale Lebensweise über einen Zeitraum von eintausendfünfhundert Jahren erreicht.

Das war ein gewaltiger Durchbruch, mit dem bewiesen wurde, dass eine derartige Reinheit im alltäglichen Leben umgesetzt werden konnte, wenn man sich an das geistige Gesetz des Einen hielt. Das war das grundlegende Gesetz von Atlantis. Es beruhte auf den beiden Grundprinzipien »wie innen, so außen« und »wie oben, so unten«.

Die goldene Flamme von Atlantis wurde den Alta während des zweiten Experiments geschenkt. Da die Anhebung der Schwingung des Landes durch die persönliche Frequenz nicht ausreichte, wurden den Alta Instrumente an die Hand gegeben, um ihr Überleben zu sichern und die Materie so zu manipulieren, dass sie damit ihre Bedürfnisse erfüllen konnten.

Die goldene Flamme, die von Wuslu und Erzengel Metatron an Ra und Thot übergeben wurde, wurde sofort eingesetzt. Wenn man sie durch direkte Invokation auf Land und Wasser zur Anwendung brachte, hob sie die atomare und energetische Substruktur bestimmter Gebiete auf die angestrebten Oktaven der fünften Dimension an und hielt sie dort. Dann wurden die Leylinien erleuchtet und in Harmonie mit dieser Energie aktiviert. Nach diesem Prozess wurden auch die bereits vorhandenen Kraftpunkte entsprechend ausgerichtet. Dann wurde das Land mit massiven Quarzkristallen bestückt. Das hielt die Frequenz der gewählten Gebiete durch Ausnutzung der Sonnenenergie hoch, sodass sie zu den harmonischen Landschaften von Atlantis wurden.

Sobald dieses Werk vollbracht worden war, bekam jeder Hohepriester und jede Hohepriesterin eine Facette der goldenen Flamme, die sie nach Belieben einsetzen konnten. Diese Facetten wurden neben vielen anderen spirituellen Gaben zu lebenswichtigen Instrumenten, um alles in Harmonie zu halten.

Gegen Ende des letzten Experiments hatte sich der Kontinent Atlantis in fünf einzelne Inseln aufgespalten. Die Alta bewohnten die Insel Poseida, auf welcher der große Tempel des Poseidons stand. Das Leben auf den anderen Inseln unterschied sich sehr stark voneinander, und bestimmte Gebiete konnten nicht einmal von den Alta betreten werden, die früher einmal ganz Atlantis in einem goldenen Licht für alle gehalten hatten. Dort war man ihnen nun feindlich gesinnt, es wurden in diesen Gebieten die Schablonen für die Trennungen und Grenzen erschaffen, die wir heute noch haben.

Die daran beteiligten Kräfte waren weitaus mächtiger als die, mit denen wir es heute zu tun haben. Daher mussten Barrieren errichtet werden, um die Reinheit der Schwingung an so vielen Orten wie möglich aufrechtzuerhalten. Die goldene Flamme von Atlantis wurde eingesetzt, um hochfrequente Zonen zu markieren und sie vor energetischer Verderbtheit zu schützen. Hellblaue Fahnen mit dem Emblem der goldenen Flamme kennzeichneten diese Regionen und hochfrequente Wesen, die treu das Licht hochhielten, wissend, dass sie in diesen Gebieten sicher waren.

Die goldene Flamme von Atlantis hatte neben dieser wichtigen Aufgabe aber noch andere Aufgaben, wie die Aufrechterhaltung der Nahrungsreinheit, zu erfüllen. Alle Nahrung in Atlantis, besonders während des goldenen Zeitalters, wurde gesegnet, um sie so rein wie möglich zu halten. Sie glühte buchstäblich vor Licht.

Der Gebrauch der goldenen Flamme

Da sich die Schwingung auf der Erde erhöht, hat sich seit Kurzem auch das Maß an Verantwortung für die Lichtarbeiter erhöht. Die wandelnden Meister der Erde sind jene Seelen, welche die Welle des Aufstiegs anführen. Sie sind die Vorreiter des Wandels und durch sie gelangen die aufbewahrten Werkzeuge und Informationen zur Erde. Die goldene Flamme von Atlantis wurde im November 2013 zurückgegeben und steht uns nun wieder zur Verfügung. Sie wurde sofort global eingesetzt und in einer Wassersegnungszeremonie in das planetarische Wassersystem eingespeist, sodass die Meere der Erde zu funkeln begannen und reines Gold ausstrahlten.

Die uralte goldene Flamme ist extrem machtvoll und wird uns unter Aufsicht von Erzengel Metatron zur Verfügung gestellt. Hier sind einige Möglichkeiten, wie Sie die Flamme herbeirufen und nutzen können, um dem Planeten zu helfen:

- Rufen Sie Erzengel Metatron, Thot und Wuslu an und bitten Sie die drei, die goldene Flamme in Ihre Energiefelder einzufügen. Wenn dies geschehen ist, werden Sie diese Schwingung in sich tragen und sie durch einen auf der Zellebene ausgesandten Ton an Ihre gesamte Umgebung weitergeben.
- Senden Sie die goldene Flamme in Gebiete, von denen Sie wissen, dass sie Licht brauchen. Sie wird an den energetischen Strukturen arbeiten, die verändert werden müssen wie zum Beispiel die politischen oder pädagogischen Systeme.
- Segnen Sie Wasser, Nahrung, Land, Bäume und Pflanzen mit dieser Energie.
- Visualisieren Sie, wie sich die goldene Flamme über den ganzen Planeten ausbreitet. Dadurch wird das Christusbewusstsein auf alles übertragen, was sie berührt.
- Programmieren Sie Kristalle, um die goldene Flamme in bestimmten Gegenden zu aktivieren. Das kann Ihr eigenes Heim sein oder Orte, die Sie besuchen, oder sogar Gebäude wie beispielsweise Krankenhäuser.
- Wassersysteme bieten gute Möglichkeiten, diese erstaunliche Energie zu verbreiten. Benutzen Sie die nachfolgende Übung, um die goldene Flamme von Atlantis zum höchsten Wohle aller Bewohner der Erde zu verstärken.

Eine Visualisierungsübung, um die goldene Flamme von Atlantis einzusetzen

1. Bereiten Sie einen Platz vor, an dem Sie sich entspannen können und nicht gestört werden. Zünden Sie, wenn es Ihnen möglich ist, eine Kerze an, um das Energieniveau anzuheben.

2. Sitzen Sie still da und atmen Sie ruhig ein und aus. Nehmen Sie sich dabei fest vor, mit der goldenen Flamme von Atlantis zu arbeiten.

3. Erden Sie sich, indem Sie sich vorstellen, dass aus Ihren Füßen Wurzeln bis tief hinein in die Erde dringen.

4. Bitten Sie Erzengel Michael, seinen dunkelblauen Schutzmantel um Sie zu legen.

5. Begeben Sie sich innerlich an den Ort, an dem Sie am liebsten meditieren – entweder in Ihrer Wohnung oder in der Nähe eines Baches oder Flusses.

6. Wählen Sie einen Stein oder Kristall und legen Sie ihn in fließendes Wasser, zum Beispiel in einen Fluss, ins Meer oder unter einen Wasserfall.

7. Rufen Sie Thot an, König und Hohepriester von Atlantis, und die Erzengel, die mit ihm zusammenarbeiten.

8. Thot und die Erzengel Metatron, Gabriel, Michael, Raphael, Uriel, Zadkiel und Jophiel gesellen sich zu Ihnen und überfluten Sie mit hochfrequentem Licht. Auch andere Erzengel und Meister kommen hinzu. Ehren Sie sie.

9. Segnen Sie Ihren Stein oder Kristall mit Liebe und in reiner Absicht und bitten Sie die Wesen, die bei Ihnen sind, dasselbe zu tun. Visualisieren Sie, wie er in einer Vielzahl von Farbfrequenzen erstrahlt. Sehen Sie, wie sich diese zu einem goldenen Leuchten vermischen, in dem sich gesprenkelte Lichter befinden.

10. Legen Sie Ihren Stein oder Kristall in das von Ihnen ausgewählte Wasser. Achten Sie darauf, dass das Wasser fließt. Schließen Sie die Augen und stellen Sie sich vor, dass eine goldene Wolke jedes Flüssigkeitsmolekül erfüllt.

11. Rufen Sie die goldene Flamme von Atlantis herbei. Bitten Sie sie, die uralten Energien zu aktivieren und Ihrer goldenen Wolke noch mehr Licht zu verleihen.

12. Sehen Sie, wie das Wasser heller als die Sonne strahlt.

13. Nun beginnt sich die Energie sehr schnell zu bewegen. Visualisieren Sie, wie sie durch Ihr Wassersystem fließt, sich in die schnell dahinströmenden Flüsse und schließlich ins offene Meer ergießt.

14. Wenn diese Energie das Meer erreicht hat, schauen Sie zu, wie sie sich immer schneller ausbreitet, bis sie den ganzen Planeten umschlossen hat.

15. Sitzen Sie still da, atmen Sie tief und sehen Sie alle Gewässer des Planeten als sanft, golden und fünfdimensional. Tun Sie das in dem Wissen, dass diese Energie durch die Wasserleitungen in jedes Haus und zu jedem auf der Erde lebenden Wesen gelangt.

16. Öffnen Sie die Augen in dem Wissen, dass unser Planet wahrhaft gesegnet wurde.

Schritt 50

Der goldene Christusstrahl

Das Christusbewusstsein ist die Energie der bedingungslosen Liebe, die einen goldenen Lichtstrahl bildet, der von jedem für eine Vielzahl von Zwecken eingesetzt werden kann. Er ist Träger von Liebe, Weisheit, Heilung, Schutz und besitzt die Fähigkeit, alle und alles zu erleuchten. Wenn man ihn anruft, wird der goldene Christusstrahl auf der neundimensionalen Frequenz aus dem Reservoir des auf Sirius gespeicherten Christusbewusstseins gezogen und auf die benötigte Frequenz abgesenkt. Da er seine Schwingung aber nicht unter die der fünften Dimension senken kann, werden wir in fünfdimensionalem Licht gebadet, wenn wir ihn empfangen.

Dieser Strahl ist der Träger bedingungsloser Liebe. Diese Liebe akzeptiert den Empfänger genauso, wie er ist. Wenn wir vollkommene Urteilsfreiheit und Akzeptanz ausstrahlen, schmelzen in der Person, der wir diese Energie schicken, alle Barrieren und Selbstzweifel dahin. Das ermöglicht es ihr, alles von einer höheren Warte aus wahrzunehmen und zu fühlen. Außerdem öffnet dies ihr Herzzentrum und schließt ihr die Tür zum Reichtumsbewusstsein auf. Als Folge davon wird sie entspannter, großzügiger und freigiebiger. Wenn wir dieses Licht in uns tragen, berühren wir die Menschen in unserer Nähe auf tief greifende Weise. Das Licht kann auch zu Menschen oder an Orte gesendet werden, um die Frequenz einer bestimmten Situation anzuheben. Dies ist ein wunderbares Geschenk, das mit anderen geteilt werden sollte.

Der goldene Christusstrahl ist auch eine Schutzenergie. Wenn wir schon in einem anderen Leben mit ihm gearbeitet haben, befindet er sich bereits in unseren aurischen Lichtcodes und ist darauf programmiert, uns vollkommen zu beschützen. Wenn wir zum ersten Mal mit ihm arbeiten, wird er sich schon bald mithilfe von Erzengel Christiel in unseren Energiefeldern etabliert haben.

Wenn wir den goldenen Christusstrahl in unserer Aura haben, überführt er alle Energien in unserer Umgebung in ihren höchsten Aspekt. Er wird hochfrequente Energie zu uns ziehen und unsere Felder in Resonanz mit unserem Höheren Selbst halten. Er trägt die Weisheit des Christusbewusstseins in sich, die es uns ermöglicht, Entscheidungen in Bezug auf Beziehungen und Lebensumstände von einer höheren Warte aus zu fällen.

Das Christusbewusstsein und die Öffnung des Herzchakras der Erde

Nach dem Untergang von Atlantis ging das Maß an Christuslicht auf der Erde dramatisch zurück und sank weiter ab, bis das Intergalaktische Konzil einen Plan ausarbeitete. Der große Eingeweihte Jesus wurde mit einer speziellen Aufgabe zur Erde geschickt, um das Christusbewusstsein auf dem Planeten zu erhöhen. Er tat dies unter großen Schwierigkeiten und reaktivierte gleichzeitig den goldenen Christusstrahl, sodass dieser wieder durch das durch seinen Aufstieg geschaffene Portal auf die Erde strömen konnte.

In letzter Zeit hat das einströmende Christusbewusstsein durch die Öffnung des Herzchakras des Planeten im englischen Glastonbury enorm zugenommen. Die Geometrie der heiligen Leylinien in der Umgebung von Avalon – dem alten Namen für Glastonbury – befindet sich nun in Harmonie mit der fünfdimensionalen kristallinen Matrix, die um unseren Planeten gelegt wird. Das ermöglicht es den erleuchteten Wesen, das Christusbewusstsein permanent auf der Erde zu verankern und so die Öffnung des Herzen aller aufsteigenden Wesen zu beeinflussen. Dies geschieht seit dem goldenen Zeitalter von Atlantis zum ersten Mal. Statt wie in Atlantis Teil eines Experiments zu sein, ist das Christusbewusstsein heute zu einer festen Einrichtung auf Erden geworden.

Das Christuslicht schwingt auf der Frequenz der Dreiunddreißig. Sie ziehen bereits Christuslicht an, wenn Sie nur »Dreiunddreißig« sagen. Fügen Sie eine weitere Drei hinzu, sodass Sie auf Dreihundertdreiunddreißig kommen, steigern Sie die Intensität der Energie noch.

Jedes der dreiunddreißig kosmischen Portale, die sich während des Kosmischen Moments 2012 öffneten, trägt ein gewisses Maß an Christuslicht sowie andere individuelle Eigenschaften in sich. Als sich diese Portale öffneten, verströmten sie neundimensionale Herzensenergie durch die Leylinien und den Äther und stellten so die fünfdimensionale planetarische Merkaba wieder her.

In einigen Regionen hat die Herzenergie, die nach Freiheit, Liebe und Gleichheit strebt, die Herzen der Menschen schneller geöffnet, als es die politischen Systeme ihrer Länder gestatten. Das hat manchmal zu Konflikten mit der herrschenden Lebensweise geführt und tapfere Seelen dazu gezwungen, sehr schwierige Einweihungen auf sich zu nehmen. Letztendlich wird es dadurch dem Christuslicht aber ermöglicht, dort freier zu fließen. In anderen Regionen des Planeten findet der Einsatz des Christuslichts unter weitaus milderen Umständen und in Harmonie mit dem göttlichen Aufstiegsplan statt.

Immer mehr Menschen nehmen Orbs und andere Energien wahr, die auf ihren Fotos auftauchen. Das hat unsere Aufmerksamkeit auf die Tatsache gelenkt, dass jede Seele, die sich jemals auf der Erde inkarniert hat, von einem Engel oder dem goldenen Christusstrahl begleitet wird. Der Grund dafür liegt darin, dass wir Mitgefühl gegenüber anderen verspüren, sobald wir das irdische Leben einmal in einem physischen Körper erlebt haben. Wenn wir daher in unserem Geistkörper reisen, möchten wir vielleicht anderen Wesen auf der Erde helfen und verhindern dadurch unwissentlich, dass diese ihre Lektionen lernen. Das gilt selbst für die größten Meister. Daher werden alle Geister immer von einem Engel oder dem goldenen Christusstrahl begleitet, um sicherzustellen, dass sie sich nicht in das Karma eines anderen einmischen.

Eine Anrufung des goldenen Christusstrahls

Um den goldenen Strahl herbeizurufen, sagen Sie:

»Ich rufe jetzt den goldenen Christusstrahl an, damit er mich vollständig erleuchte und beschütze.«

Wiederholen Sie diesen Satz dreimal.

Eine Visualisierungsübung, um eine Kugel aus Christuslicht zu schicken

1. Bereiten Sie sich auf diese Meditation vor, indem Sie sich entspannen und erden. Der goldene Christusstrahl wird Ihre Aura schützen.
2. Rufen Sie Erzengel Christiel und Meister Sananda an. Bitten Sie die beiden, für Sie auf die höchste Ebene des goldenen Christusstrahls zuzugreifen.
3. Visualisieren Sie, wie die glühende Frequenz aus reinem Gold aus dem neundimensionalen Reservoir des goldenen Christusstrahls herabströmt.
4. Spüren Sie, wie Sie durch Ihre Monade herabfließt und in Ihrem höheren Seelenkörper gefiltert wird, wobei sie diesen mit reiner bedingungsloser Liebe erleuchtet.

5. Der goldene Christusstrahl tritt nun in Ihr Sternentor ein und öffnet und aktiviert es vollständig. Er strömt durch Ihren Seelenstern, Ihr Kausalchakra, Ihre Krone, Ihr Drittes Auge, Ihren Hals und Ihr Herz. Dort verweilt er einen Augenblick.

6. Spüren Sie, wie sich Ihr Herz ausdehnt, bis sich alle dreiunddreißig Blütenblätter vollständig geöffnet haben.

7. Dann strömt der goldene Christusstrahl weiter durch Ihren Solarplexus, Ihr Nabel-, Sakral- und Basischakra und schließlich in den Erdstern unter Ihren Füßen. Ihr Zwölf-Chakra-System ist nun offen. Es glüht und ist erfüllt von reinem Christuslicht.

8. Strecken Sie die Hände mit einander zugewandten Handflächen vor sich aus.

9. Visualisieren Sie, dass der goldene Christusstrahl aus Ihrem offenen Herzen strömt, die Arme hinunter und aus den Händen hinausfließt.

10. Die Energie beginnt eine Kugel zu formen. Lassen Sie noch mehr Energie in diese Kugel einströmen und entfernen Sie die Hände langsam voneinander, bis die Kugel so groß und mächtig geworden ist, wie Sie es sich wünschen.

11. Lassen Sie sie mit Liebe und Intention los und schicken Sie sie einem Menschen, einem Tier oder einer Situation, die Sie segnen möchten.

12. Sehen Sie zu, wie Erzengel Christiel die Kugel des goldenen Christusstrahls hinwegträgt und sie sanft an dem von Ihnen gewünschten Ort ablegt. Öffnen Sie die Augen in der Gewissheit, dass Sie eine wunderschöne, machtvolle Segnung verschickt haben.

Seien Sie gewiss, dass Sie stets geliebt und beschützt werden und das Christuslicht in Ihrem Vier-Körper-System, in Ihrer Aura und Merkaba tragen.

Schritt 51

Die Weisheit der Bäume

Die Bäume der Welt befinden sich in der Obhut von Erzengel Purlimiek, dem Engel der Natur. Die Elfen helfen ihm bei seiner Arbeit.

Bäume sind uralte fühlende Wesen, die auf unserem Planeten direkt aus dem Herzen des Quells geboren wurden. Sie bewahren die Codes der göttlichen Liebe in ihrem Kern. Außerdem ist jeder einzelne Baum mit einer bestimmten Eigenschaft gesegnet, dank der er Menschen, Tieren, Elementarwesen und Insekten helfen kann. Wenn wir in der Aura eines Baumes stehen oder sitzen, wird die heilige Geometrie dieser Eigenschaften in unsere Aura heruntergeladen und unsere Frequenz wird durch die harmonische Übertragung angehoben. Wenn wir dem Baum dann unser Herz öffnen und seine Energie aufnehmen, werden wir uns auf subtile Weise verändert fühlen.

Menschen erkennen intuitiv zum Beispiel, dass kräftige, massive Eichen Eigenschaften wie Stärke, Mut, Ausdauer und Standhaftigkeit besitzen. Sie werden diese Eigenschaften empfangen, wenn Sie sich unter eine Eiche stellen. Wenn Sie dann noch gleichzeitig Erzengel Michael anrufen und sein dunkelblaues Licht durch den Baum in sich selbst hineinbringen, wird dies die Macht der Eiche noch verstärken. Falls Sie einen Extraschub Kraft oder Mut brauchen, stellen Sie sich in der Kriegerhaltung unter den Baum: Stemmen Sie Ihre Fersen fest auf den Boden und spüren Sie, wie Erzengel Michaels blaue Energie in Sie einströmt. Stellen Sie sich dann vor, wie Sie siegreich aus der betreffenden Situation hervorgehen. Wenn Sie keine Eiche finden können, stellen Sie sich einfach eine vor.

Die Bäume speichern die örtliche Geschichte und Wälder sind die Hüter der alten Weisheit. Wenn wir dazu bereit sind, werden sie uns wichtige Informationen liefern.

Gelegentlich wächst ein besonderes Exemplar, das einzeln stehend gepflanzt wird, zu einem so gewaltigen und machtvollen Wesen heran und strahlt eine solche Präsenz aus, dass es die ganze Gegend mit seiner Majestät und seinem Licht überstrahlt. So sieht man zum Beispiel auch heute noch riesige Zedern, die ein ganzes Grundstück dominieren und schmücken. Solche Bäume beschützen und ermächtigen alles und alle in ihrem Energiefeld und geben den Anwesenden das Gefühl, zu etwas zu gehören, das größer ist als sie selbst.

Birken heilen, indem sie die Herzen der Menschen der Vergebung öffnen. Wenn Sie Erzengel Chamuel anrufen und sich vorstellen, dass seine rosafarbene Energie durch eine Birke hinunter in ihre Wurzeln strömt, werden sich Liebe und Herzheilung durch das gesamte Wurzelnetzwerk verbreiten, selbst wenn sich andere Bäume in größerer Entfernung befinden. Alle, die sich zu ihnen hingezogen fühlen, werden von ihrer Güte und ihrem Wohlwollen genährt werden.

Sie können Ihren Teil dazu beitragen, indem Sie hochfrequente Energien herbeirufen und visualisieren, wie diese durch die Bäume in die Erde fließen. Das wird nicht nur dem einzelnen Baum nützen, sondern der ganzen Gegend. Wenn Sie zum Beispiel die kosmische violette Diamantflamme durch einen Baum in einem Waldgebiet aktivieren, wird sie sich ausbreiten, bis sie alle niederen Frequenzen in diesem Wald umgewandelt hat.

Sie können auch die Mahatma-Energie, den goldenen Christusstrahl, die neuen Aufstiegsstrahlen oder die Erzengelenergien durch einen Baum auf die Erde bringen und so dazu beitragen, dass sich dieses Licht ausbreitet.

Die Eigenschaften der Bäume

Eiben sind schon immer auf Friedhöfen oder an heiligen Stätten gepflanzt worden, weil sie den Ort vor psychischen Bedrohungen schützen. Dann können die Geister in Frieden ruhen und die heiligen Stätten können ihr Licht ungestört aufrechterhalten.

Ein anderer Baum, der jene, die innerhalb seines Schutzes leben, tapfer verteidigt, ist der Weißdorn. Er mag klein sein und manchmal etwas verwahrlost aussehen, aber er besitzt große Macht. Wenn Sie ein Haus oder einen Bauernhof mit einer Weißdornhecke besitzen, sollten Sie den Weißdorn segnen und sich bei ihm bedanken. Er arbeitet unermüdlich daran, niedere Energien fernzuhalten.

Nachfolgend finden Sie einige Eigenschaften der Bäume:

- Esche: Dieser elegante Baum trägt die Eigenschaften des göttlich Weiblichen in sich.
- Kastanie: Dieser freigiebige Baum lehrt uns Reichtumsbewusstsein und lädt uns zum Spielen ein.
- Ulme: Dieser empfindsame Baum hilft uns, ausgewogen in unserer Macht zu stehen.
- Tanne und Kiefer: Diese Bäume helfen uns, uns zu erneuern und unsere Stimmung anzuheben. Wenn wir es zulassen, werden sie auch unsere Frequenz erhöhen.
- Stechpalme: Dieser stachlige Baum lehrt uns, dass Menschen sich aufgrund ihrer eigenen Verletztheit schlecht verhalten. Er ermutigt uns, sie nicht zu verurteilen.
- Mahagoni: Dieser prachtvolle Baum schenkt uns Verlässlichkeit und Vertrauen.
- Platane: Dieser sehr sensible Baum kann sich auf menschliche Schwächen einstimmen. Er verschmilzt seine Energie mit unserer und hebt dann unsere Frequenz an, damit wir uns besser fühlen.

- Pappel: Dieser hochgewachsene Baum lehrt uns Zuverlässigkeit und Vertrauen.
- Weißbirke: Dieser zarte Baum hilft uns, unser Herz zu öffnen.
- Weide: Dieser liebliche Baum lehrt uns Flexibilität und wie nützlich diese sein kann.

Früchte der Bäume

Die Frucht eines Baumes enthält seinen Samen, seine Lebenskraft oder Essenz, und häufig auch Nährstoffe in konzentrierter Form. Diese ernähren uns nicht nur, sie bringen das Geschenk des Baumes in unsere Zellen. Eine Banane bringt Weisheit, ein Apfel Gesundheit, eine Kastanie Wohlstand und gesunden Menschenverstand, eine Kirsche Liebe, eine Orange Freude und eine Birne innere Ruhe.

In der natürlichen Ordnung der Dinge sind Frucht- oder Gemüsesorten übrigens dann reif, wenn sie von den einheimischen Menschen und Tieren am meisten gebraucht werden.

Wälder

Die Wälder sind die Lungen unseres Planeten. Durch die Fotosynthese versorgen sie die Welt mit Sauerstoff – das Element, welches das Licht des Quells durch die Universen trägt. Die Glorie des großen göttlichen Plans stellt sicher, dass jedes fühlende Wesen Sauerstoff einatmet – selbst Fische, die Sauerstoff aus dem Wasser durch ihre Kiemen aufnehmen. Jeder Atemzug bringt das Licht des Quells direkt in unsere Zellen. Aber die Luft, die wir atmen, enthält auch winzige Wassertropfen, die göttliche Liebe transportieren. Wenn wir also tief atmen, nehmen wir das Licht und die

Liebe des Quells in uns auf. Je tiefer wir atmen, desto ruhiger und verbundener fühlen wir uns. Babys, die immer noch mit dem Quell verbunden sind, atmen automatisch langsam und sehr tief.

Spaziergänge im Wald helfen uns, uns zu heilen und zu regenerieren, weil wir dadurch unsere Verbindung zum Quell erneuern. Bäume, besonders Kiefern, bringen uns in die fünfte Dimension, wenn wir dazu bereit sind.

Die Wälder ziehen auch Licht von anderen Sternensystemen und Planeten an und speichern es. So ist zum Beispiel der Schwarzwald mit Jupiter und seinem aufgestiegenen Aspekt Jumbay verbunden. Dort sind viele Schlüssel für zukünftige Heilmethoden gespeichert, die Menschen, Tiere und den Planeten ins Gleichgewicht bringen können. Zurzeit hat die allopathische Medizin noch ihre Berechtigung, weil das tief in uns verwurzelte Karma dazu geführt hat, dass die Unausgewogenheit in unserem Körper extrem geworden ist. Wenn wir vom Rad des Karmas abspringen, werden wir zu den von der Natur bereitgestellten Heilmethoden und -mitteln zurückkehren, die unser System im Gleichgewicht halten. Viele von diesen gewinnen wir aus Bäumen.

Viele der südamerikanischen Wälder sind mit der Venus verbunden und bewahren die höheren Codes der Liebe, um es der natürlichen Welt zu ermöglichen, in unvorstellbarer Harmonie und Freude zu leben.

Die Welt verändert sich schnell und ihre Schwingungsfrequenz steigt rapide an. Der göttliche Plan sieht vor, dass Australien wieder aufgeforstet sein wird, wenn der Kontinent lernt, das Klima zu kontrollieren und die Regenfälle zu regulieren. Diese noch zu pflanzenden Wälder werden riesige Mengen an Wissen über spirituelle Technologie und Weisheit anziehen, dank derer Australien der Welt helfen kann.

Da gegenwärtig überall auf der Welt so viele Bäume gefällt werden, müssen die übrig gebliebenen umso schwerer arbeiten. Daher sind sie manchmal erschöpft und fühlen sich nicht wertgeschätzt.

Wenn Sie ihnen Liebe schicken, werden sie dadurch gestärkt und ihre Fähigkeit wird verstärkt, bedingungslose Liebe auszustrahlen.

Eine Visualisierungsübung,
um sich mit Bäumen zu verbinden

Sie können diese Übung unter einem Baum ausführen oder sich einen vorstellen. So oder so stimmen Sie sich auf die Energie der Bäume ein.

1. Bereiten Sie einen Platz vor, an dem Sie sich entspannen können und nicht gestört werden. Zünden Sie eine Kerze an, wenn es Ihnen möglich ist.
2. Sitzen Sie still da und atmen Sie gleichmäßig. Ihre Intention ist es, sich mit dem Reich der Bäume zu verbinden.
3. Erden Sie sich, indem Sie sich vorstellen, dass aus Ihren Füßen Wurzeln bis tief hinein in das Erdreich dringen.
4. Bitten Sie Erzengel Michael, Sie in seinen dunkelblauen Schutzmantel zu hüllen.
5. Werden Sie sich eines blaugrün schimmernden Leuchtens um Sie herum gewahr, während Erzengel Purlimiek Sie in seine Schwingen aus Licht hüllt. Entspannen Sie sich in seiner Umarmung.
6. Er nimmt Sie mit zu einem Baum. Dieser kann riesig oder winzig sein, aber Sie spüren, dass er Ihnen etwas zu geben hat.
7. Öffnen Sie Ihr Herz und stimmen Sie sich auf den Baum ein. Spüren Sie seine Aura.
8. Während Sie unter ihm sitzen oder stehen, bereichert die heilige Geometrie seiner Energiefelder Ihre eigenen Felder. Entspannen Sie sich und lassen Sie es geschehen.

9. Welche Eigenschaften schenkt Ihnen der Baum? Spüren Sie, wie diese in Ihnen aufleuchten.

10. Der Baum hat möglicherweise eine direkte Botschaft für Sie. Akzeptieren Sie diese bewusst oder unbewusst.

11. Vielleicht nehmen Sie wahr, dass eine Elfe auf einem Zweig sitzt und Sie beobachtet.

12. Danken Sie ihr für ihre Gegenwart und genießen Sie die Verbindung zu ihr.

13. Danken Sie dem Baum und Erzengel Purlimiek.

14. Öffnen Sie die Augen.

Schritt 52

Dehnen Sie das
fünfdimensionale Herz aus

Wenn Ihr fünfdimensionales Herz offen ist und glüht, ist dies ein ganz großartiger Anblick, denn dies ist der Moment, auf den die Erzengel seit den goldenen Jahren von Atlantis gewartet haben. Sie sehen ein helles weißes Licht, durch das die dreiunddreißig offenen Blütenblätter Ihre persönliche Aufstiegsfrequenz ausstrahlen, während die goldene Schnur in der Mitte sich in all ihrer Glorie mit dem kosmischen Herzen und durch dieses mit dem Quell verbindet.

Das fünfdimensionale Herz ist die Schablone für den Aufstiegsprozess. Das gesamte Chakrasystem ist um diesen zentralen Punkt herum aufgebaut. Sobald das Herz einmal aktiv ist, erleuchtet es die anderen Chakras, bis diese vollkommen klar sind. Das bedeutet aber nicht, dass die Lektionen der anderen Chakras automatisch gelöscht wären, da dies nur geschieht, wenn sich jedes einzelne Chakra weiterentwickelt hat.

Wie bereits erwähnt beaufsichtigt Erzengel Chamuel die Öffnung der ersten zehn Blütenblätter des Herzens und den anfänglichen Aufstiegseinweihungsprozess. Da zurzeit so viele Menschen ihr Herz öffnen, überwacht Erzengel Christiel, der das Licht des Kausalchakras bewahrt, die Aktivierung des höheren Herzens während des Aufstiegsprozesses. Er lässt reines Christuslicht in die aufgestiegenen Herzen jener Menschen strömen, die bereit sind, diese Energie an andere weiterzugeben. Der dabei entstehende zelluläre Klang öffnet die Herzen einer immer größer werdenden Zahl von spirituellen Suchern, die sich von dieser Frequenz angezogen fühlen.

Während der Sommersonnenwende im Juni 2014 fand eine gewaltige Aktivierung des Herzens durch Glastonbury Tor, das Herzzentrum der Erde, statt. Diese Aktivierung erfolgte auf der Merkaba der Christusbewusstseins-Frequenz 13-20-33. Jene, die daran beteiligt waren, strahlten sehr machtvolle Frequenzen aus, die noch von den Energien der Sonnenwende und Erzengel Metatron unterstützt wurden, um einen globalen Impuls der Herzöffnung zu geben.

Viele ähnliche Aktivierungen finden gegenwärtig überall auf der Welt statt. Sie beschleunigen die Öffnung unserer glorreichen Herzchakras, um die Welt an das höhere kristalline Gitternetz anzupassen.

Das neue goldene Gitternetz

Bis 2012 funktionierte auf der Erde noch das uralte System der Leylinien, die von Thot zu Beginn von Atlantis etabliert worden waren. Während des Kosmischen Moments senkte Erzengel Metatron langsam und behutsam die Frequenz des alten planetarischen Gitternetzes.

Ein neues Gitternetz aus flüssigem Gold wird nun in die höherfrequente Struktur der den Planeten umspannenden Leylinien eingespeist. Während die Leylinien durch Lichtarbeiter unter der Anleitung von Thot gedanklich an Ort und Stelle gebracht werden, nimmt Erzengel Metatron die Energie auf und etabliert die neue heilige Geometrie.

Dies ist ein eindrückliches Beispiel dafür, wie die Lichtarbeiter und die Engel gemeinsam das neue Paradigma erschaffen.

Das neue Gitternetz wird zu einem kristallinen Netz aus Licht, das eine weitaus höhere Frequenz hat als das alte. Höhere Informationen werden durch dieses neu geschaffene Netzwerk geleitet, und während sich der Planet weiterentwickelt, wird dieses kristalline Gitternetz zum permanenten Leylinien-System der Erde. Wenn dies geschieht, werden Physik, Mathematik und die Magie der reinen Alchemie miteinander verschmelzen. Dann werden auch unser Wissen und unsere Erkenntnisse grundlegend reformiert werden.

Die Informationen, die wir im goldenen Zeitalter von Atlantis besaßen, sind seither in verschiedenen Formaten an unterschiedlichen Orten gespeichert worden. Spezielle heilige Teile davon befinden sich in jedem der zwölf Kristallschädel und in der Sphinx. Die Engel von Atlantis und die Engeldelfine bewahren ebenfalls einige davon. Viel wird in den Hallen von Amenthes aufbewahrt, den Lernsälen der inneren Welten, und in der großen Kristallpyramide der Hohlerde. Das gesamte Wissen ist in den dreizehnten Schädel einprogrammiert: in den Amethyst-Kristallschädel von Atlantis. Das goldene Atlantis bildet die Grundlage für das neue goldene Zeitalter, in das wir nun bald eintreten. Wenn genügend Menschen ein fünfdimensionales Herz haben, wird dieses Wissen wieder verfügbar sein, um eine neue Welt auf einem höheren Niveau hervorzubringen.

Während das neue, höhere, kristalline Gitternetz von den erleuchteten Meistern und den für den Aufstiegsprozess verantwortlichen Erzengeln energetisch um den Planeten gelegt wird, werden die Herzen der Menschen buchstäblich vor Freude aufplatzen, weil eine so große Welle an Liebe durch das planetarische Gitternetz strömt. Die auf der Erde lebenden Seelen werden täglich Wundern beiwohnen, die den Prozess noch beschleunigen.

Diese Energie kann nicht mehr ignoriert werden und wird schon bald das Herzzentrum eines jeden Menschen erleuchten. Dieses Phänomen ist geweissagt worden, und wir sind aufgefordert, auch inmitten des Wahnsinns nach Wundern Ausschau zu halten.

Eine Visualisierungsübung, um das fünfdimensionale Herz zu öffnen und es auszudehnen

1. Bereiten Sie einen Platz vor, an dem Sie sich entspannen können und nicht gestört werden. Zünden Sie eine Kerze an, wenn es Ihnen möglich ist.

2. Sitzen Sie still da und atmen Sie ruhig ein und aus. Nehmen Sie sich dabei fest vor, Ihr fünfdimensionales Herz zu öffnen und es zu erweitern.

3. Erden Sie sich, indem Sie sich vorstellen, dass aus Ihren Füßen Wurzeln bis tief hinein in die Erde dringen.

4. Bitten Sie Erzengel Michael, seinen dunkelblauen Schutzmantel um Sie zu legen.

5. Konzentrieren Sie sich auf Ihr Herzzentrum und visualisieren Sie, dass es in reinem Weiß erglüht und erstrahlt und sich dreht.

6. Rufen Sie Erzengel Chamuel, Erzengelin Maria und Erzengel Christiel an.

7. Bitten Sie Erzengel Chamuel, die ersten zehn Blütenblätter Ihres Herzens zu berühren, sie zu öffnen und zu erleuchten. Während er dies tut, spüren Sie, wie sie sich entfalten und mit reiner Liebe erfüllt werden. Ihr Herz beginnt hell zu erstrahlen.

8. Die wunderschöne Erzengelin Maria, die Engelin des göttlich Weiblichen, berührt nun Ihr Herzzentrum. Atmen Sie tief ein und langsam aus, während sich die sieben Blütenblätter Ihrer Herzmitte gemeinsam öffnen. Das Licht aus Ihrem Herzen beginnt nun ganz wunderbar und machtvoll zu glühen. Weißes und rosafarbenes Licht strahlt von Ihnen aus und verwirbelt sich in Ihrer Umgebung.

9. Erzengel Christiel ist nun bei Ihnen in seinem reinen Mondweiß. Er berührt die sechzehn Blütenblätter Ihres höheren Herzens, das sich daraufhin vollständig öffnet.

10. Atmen Sie tief ein und langsam aus. Beobachten Sie, wie das strahlend weiße Licht aus Ihrer Brust strömt. Es hat die Farbe des kosmischen Herzens.

11. Lassen Sie sich Zeit, um dieses herrliche Licht zu Menschen, Tieren, Orten und Situationen zu atmen. Ihr Licht umhüllt sie und erhebt sie auf eine fünfdimensionale Frequenz.

12. Visualisieren Sie, wie eine reine weiße Lichtsäule aus Ihrer Brust austritt. Sie steigt auf, durchströmt die höheren Chakras und Ihre monadische Gegenwart und fließt schließlich in die gewaltigen Weiten des Kosmos hinaus.

13. Eine weiße Lichtsäule strömt vom neundimensionalen kosmischen Herzen auf Sie zu. Das Licht vermischt sich mit Ihrem und Sie werden eins mit diesem unbegrenzten Reservoir an Liebe des Quells.

14. Visualisieren Sie, wie Ihr offenes Herz die ganze Erde mit Liebe umhüllt. Stellen Sie sich vor, dass alle Seelen auf dem Planeten so strahlen wie Sie selbst. Sehen Sie, wie Sie eins mit ihnen werden.

15. Öffnen Sie die Augen, bedanken Sie sich bei den Erzengeln und geben Sie deren Segen weiter.

Entdecken Sie die Energie
Ihres eigenen Aufstiegsstrahls

Vielleicht sind Sie bereits mit der Farbe Ihres Strahls vertraut, der Ihre persönliche spirituelle Energie, Ihre Begabungen und Talente repräsentiert. Da Sie nun aufsteigen und Ihre Energiekörper ausdehnen, verändert sich die Farbe dieses Strahls. Erzengel Metatron bietet Ihnen eine neue, höhere Farbschwingung an, mit der Sie arbeiten können. Das kann irgendeine Farbe des Spektrums sein: Rot, Blau, Grün, Rosa, Orange, Gelb oder jede andere, die Ihnen spontan einfällt. Mit ihr stimmen Sie sich auf die Strahlenenergie Ihres Höheren Selbst ein.

Das andere mächtige Wesen, das Ihnen helfen kann, den Strahl Ihres Höheren Selbst zu entdecken und sich auf ihn einzustimmen, ist Wuslu. Er ermöglicht es Ihnen, sich auf Ihre höchsten Bestrebungen auf Ihrer Reise zum Aufstieg einzustimmen.

Um Ihnen zu helfen, in engeren Kontakt mit Wuslu zu treten, damit er die neuen Verbindungen herstellen kann, fügen wir an dieser Stelle ein paar Informationen über ihn ein.

Wuslu

Wuslu kommt aus einem anderen Universum zu uns, um uns während dieser besonderen Zeit der spirituellen Beschleunigung auf dem Planeten zur Seite zu stehen. Er war einer der Weisen von Mu. Später inkarnierte er sich während des goldenen Zeitalters von Atlantis. Er war der Hohepriester mit der höchsten Schwingungsfrequenz, der sich je während der gesamten atlantischen Periode verkörperte, und eines der wenigen Wesen aus der elften Dimension, das jemals einen Körper angenommen hat. Nun ist er zu uns zurückgekehrt, um uns die glorreiche Vision dessen wiederzubringen, was in diesem gewaltigen Universum möglich ist. Er trägt die große Flamme der universellen Möglichkeit. Um uns zu helfen, unsere Bestrebungen Wirklichkeit werden zu lassen, unterstützt er uns alle dabei, unser Gleichgewicht – mental wie spirituell – zu bewahren.

Da Wuslu alles über Atlantis weiß und den Überblick darüber hat, was damals geschehen ist, kann er uns in Kontakt mit der höchsten Weisheit des goldenen Zeitalters bringen. Er hilft uns auch, unsere zwölf Chakras ins Gleichgewicht zu bringen, damit wir unsere zwölf DNA-Stränge wiedererlangen können.

Gegenwärtig werden bereits einige Babys mit zwölf DNA-Strängen geboren; diese können aber nicht aktiviert werden, weil die Schwingungsfrequenz zu niedrig ist. Aufgrund dessen ziehen einige von ihnen einen Teil ihrer Seelenenergie zurück, sodass wir sie als autistisch wahrnehmen. Oft kann ihnen schon allein dadurch geholfen werden, dass ihre Familie ihre Energie hoch und klar hält. Auch die Einhörner können helfen, indem sie die Kinder wieder mit ihrer Seelenenergie verbinden, wenn diese dazu bereit sind. Es ist sehr nützlich, Wuslu und die Einhörner anzurufen, um die Energie um diese speziellen Seelen rein, leicht und ausgeglichen zu halten, damit sie ihr Potenzial entfalten können. Es gibt zurzeit nur wenige dieser Kinder, aber ihre Zahl wird dramatisch zunehmen, je näher das Jahr 2032 rückt.

Der neunte Strahl

Wuslu ist hier, um uns und unserem Planeten zu helfen, glorreich aufzusteigen. Seit Kurzem greift er sehr aktiv in den Aufstiegsprozess ein. Er arbeitet eng mit Serapis Bey und Erzengel Metatron zusammen. Gemeinsam erschafft dieses mächtige Team die Aufstiegsschablonen für die Menschheit und die höheren kristallinen Atomstrukturen für Gaia. Diese Strukturen werden über die existierenden drei- und vierdimensionalen Energien gelegt, damit sie die neuen Energien des Christusbewusstseins verstärken und überall auf dem Planeten verbreiten können. Gegenwärtig findet dieser Prozess ununterbrochen statt.

Wuslu ist der Meister des neunen Strahls geworden, des gelben Strahls der Harmonie, der 2001 auf den Planeten zurückkehrte. Er trägt die Schlüssel, Codes und die heilige Geometrie der menschlichen Harmonie, des Weltfriedens und der freudvollen Zusammenarbeit in sich. Lässt Wuslu seinen gelben Strahl in unser Bewusstsein, unsere Energiefelder und Chakras scheinen, leuchtet in uns der Wunsch nach Einklang, Einheitsbewusstsein und Harmonie auf, der in unserem fünfdimensionalen Bauplan enthalten ist. Sein Licht wird dazu beitragen, uns das Gleichgewicht und die Ausgewogenheit zu bringen, welche die Welt braucht, um reibungslos in das neue Zeitalter einzugehen.

Wir können Wuslu bitten, uns im Gleichgewicht zu halten, damit wir auf unserem goldenen aufgestiegenen Weg bleiben können.

Verbinden Sie sich mit Wuslu

Wuslus ätherisches Refugium befindet sich über Stonehenge. Das Portal von Stonehenge ist nur teilweise geöffnet, aber es wird sich bis 2032 vollständig geöffnet haben. Es ist siebendimensional und nimmt Sie mit in Ihren siebendimensionalen Lichtkörper. Dann

werden Sie die Welt von einer viel höheren Warte aus wahrnehmen und die Funktionsweise des Universums besser verstehen
können. Sie werden durch die Augen der Liebe schauen, als ob Sie
ein Engel wären.

Wuslu arbeitet auf einer sehr hohen Frequenz. Um sich auf den
Besuch seines Refugiums vorzubereiten, sollten Sie nur leicht essen, sich entspannen und sich gewahr sein, wie sich sein Licht
bereits während des Tages um Sie herum aufbaut.

Eine Visualisierungsübung, um Wuslu
in seinem Refugium aufzusuchen

1. Bereiten Sie einen Raum vor, in dem Sie sich entspannen
   können und nicht gestört werden. Zünden Sie eine Kerze an,
   wenn es Ihnen möglich ist.
2. Sitzen Sie still da und atmen Sie gleichmäßig. Ihre Intention
   ist es, Wuslus Refugium aufzusuchen, um dort Ihre persönliche Aufstiegsenergie zu entdecken.
3. Erden Sie sich, indem Sie sich vorstellen, dass aus Ihren
   Füßen Wurzeln bis tief hinein in das Erdreich dringen.
4. Bitten Sie Erzengel Michael, Sie in seinen dunkelblauen
   Schutzmantel zu hüllen.
5. Stellen Sie sich vor, Sie säßen in der Mitte des Steinkreises
   von Stonehenge.
6. Rufen Sie Erzengel Metatron und Wuslu an.
7. Erzengel Metatron erscheint und führt Sie aus der Mitte des
   Steinkreises über eine wundervoll erleuchtete Treppe hinab
   in eine reich geschmückte Kammer. Überall um Sie herum
   sehen Sie Gold. Atmen Sie es in Ihre Zellen ein.
8. Wuslu nähert sich Ihnen lächelnd. Er trägt leuchtende orangefarbene Roben mit dem Emblem der Sonne auf der Brust.

Er bittet Sie, auf einem wunderschönen goldenen Stuhl Platz zu nehmen.

9. Erzengel Metatron steht hinter Ihnen und strahlt reines Aufstiegslicht aus.

10. Schließen Sie die Augen und konzentrieren Sie sich auf Ihr Drittes Auge. Achten Sie darauf, welche Farbe Ihnen spontan in den Sinn kommt. Die Erste, die Sie sehen, ist Ihre primäre Strahlenfarbe.

11. Gestatten Sie dieser Farbe, durch jede Ihrer Körperzellen zu strömen. Während dies geschieht, strömt Energie von Ihrem Höheren Selbst durch Ihr Kronenchakra und erleuchtet Ihr Drittes Auge.

12. Wuslu steht vor Ihnen. Er hält eine Kugel aus strahlender Energie in den Händen. Welche Farbe sehen Sie? Dies ist Ihre erweiterte Strahlenenergie, die Ihnen Wuslu jetzt übergibt.

13. Halten Sie diese Kugel aus farbigem Licht einige Augenblicke lang in den Händen. Achten Sie darauf, wie sie sich anfühlt. Spüren Sie ihre Schwingung und wie mächtig sie ist.

14. Nehmen Sie diese farbige Lichtkugel und fügen Sie sie in Ihr Herzzentrum ein. Spüren Sie, wie sie sich durch jedes Molekül Ihres Wesens in Ihre Aura, Ihre Felder und in Ihre Umgebung ausdehnt. Sie dehnt sich aus, bis sie Ihre fünfdimensionale Merkaba erfüllt und einen Umfang von zweiunddreißig Kilometern erreicht hat.

15. Jetzt haben Sie Ihre aufgestiegene Strahlenfarbe. Dies ist die Energie, mit der Sie von nun an arbeiten werden: die Farbe Ihres Höheren Selbst.

16. Bedanken Sie sich bei Wuslu und Erzengel Metatron und verlassen Sie die Kammer voller Liebe und Dankbarkeit.

17. Öffnen Sie die Augen und spüren Sie Ihre neue, größere Macht.

Aufstiegskristalle und Kristallschädel

Die Affinität der Menschen gegenüber Kristallen geht auf die vor-atlantische Zivilisation Lemuria zurück. Während dieser Periode bildete sich aus der Quarz- und Kristallschablone unseres Planeten die dritte Dimension. Überall fanden massive geologische Veränderungen statt, die unter großer Hitze und starkem Druck ausgedehnte unterirdische Kristalllager schufen.

Die Lemurer wussten, welche Auswirkungen diese bewussten, aber nicht fühlenden Gebilde in der Zukunft haben würden. Sie sammelten Quellenergie durch das kosmische Herz und in diese mischten sie die göttlichen Eigenschaften aus der Aura der Erde und von vielen anderen Planeten, Sternen und Sternbildern. Sie programmierten diese Energie mit hochfrequentem spirituellem Wissen und speisten dieses unerschöpfliche Licht in die Leylinien der Erde ein, wo es sich verfestigte. Auf diese Weise entstanden die lemurischen Kristalle mit ihrer fantastischen Macht und Energie.

Lemuria verging und Atlantis wurde geboren. Während dieser Zeit fanden die kristallinen Ressourcen in allen Bereichen des täglichen Lebens Verwendung: von einfacher Kommunikation bis hin zu Spitzentechnologien, wie sie die Erde noch nie gesehen hat. Heute, Äonen später, sind die Kristalle und ihr ganzes Machtspektrum in Harmonie mit dem planetarischen Erwachen wieder in unser Bewusstsein gerückt.

Da sich die planetarische Frequenz erhöht, werden sich mehr Seelen dieser Quelle natürlicher Energie und spiritueller Bereicherung bewusst, und die Informationen, die in den Kristallen gespeichert wurden, werden aktiviert. Jeder Fels, jeder Stein und jedes Sandkorn hat eine Schwingung und besitzt die Fähigkeit, Informationen zu speichern. Die heutige Technologie benutzt Silizium-Chips in den Computerplatinen, und die Wissenschaftler beginnen gerade erst damit, zu entdecken, wie sehr die Menschheit in der Zukunft von diesen Technologien profitieren kann und will. Die Meister von Atlantis haben erklärt, dass Kristalle die Energiequelle der fünfdimensionalen Welt sein werden. Diese Zeit rückt nun immer näher.

Auf einer persönlichen Ebene fühlen sich viele Lichtarbeiter zu Kristallen hingezogen, die dieselbe Schwingung aufweisen wie sie. Einige fühlen sich einfach von der Farbe oder Klarheit angezogen, andere, weil sie um die besonderen Schwingungseigenschaften eines Kristalls wissen und wie diese ihre persönliche Entwicklung fördern können. So ist es zum Beispiel allgemein bekannt, dass der wunderschöne violette Amethyst eine beruhigende und beschützende Frequenz aufweist, die sich in Resonanz zur violetten Flamme befindet. Der Sugilith hingegen steht mit den beschützenden Energien von Erzengel Michael in Verbindung und überträgt diese Frequenz auf jene Menschen, die ihn gebrauchen. Rosenquarz beruhigt, tröstet und verbindet uns mit Erzengel Chamuel.

Eine besonders schöne Kristallform wird heute immer mehr benutzt und ist als Aufstiegskristall bekannt – ein Kristall von höchster Reinheit und Klarheit, der keinerlei Trübungen aufweist.

Die Kristallschädel

Während des besonders hochfrequenten goldenen Zeitalters von Atlantis wurden von allen Menschen Kristallschädel benutzt. Die Hohepriester und Hohepriesterinnen entschieden sich in Absprache mit dem Intergalaktischen Konzil für diese Form, weil der Schädel das Bewusstsein, den Intellekt und die Persönlichkeit der

Menschen repräsentiert. Jedes Haus auf dem atlantischen Kontinent beherbergte einen Schädel, der auf die Meisterfrequenzen der Tempel eingestimmt war. Diese wiederum waren mit dem großen Kristall im Tempel des Poseidons auf der Insel Poseida verbunden.

Diese Schädel fungierten als Kommunikationsmittel, als Computer und um die Verbindung zum Fluss der höheren Informationen vom Intergalaktischen Konzil zu gewährleisten. Die Menschen lernten in Kristallseminaren, ihre eigenen Schädel herzustellen, und verbanden ihre eigene Energie eng mit der des Schädels, den sie erschufen und der ihnen als Gefährte dienen sollte.

Später in dieser fünfdimensionalen Periode lernten Experten, wie man verschiedene Kristallarten vermischen konnte. So gaben sie den Schädeln ein Spektrum an Frequenzen und Kräften, das an die individuellen Bedürfnisse und Erfordernisse angepasst war. Wenn eine aufstrebende Seele zum Beispiel ihre Fähigkeit verbessern wollte, sich mit ihren übersinnlichen Kräften zu verbinden, konnte sie den Schädel aus besonders reinem Kristall herstellen. Anschließend wurde mit fortgeschrittenen Methoden der Lasertechnik zusammen mit bestimmten Klangfrequenzen und Gedankenkontrolle ein Smaragd in das Dritte Auge des Schädels eingefügt, der das erweiterte Dritte Auge des Besitzers repräsentierte. Oder es wurde reines verflüssigtes Gold in die Krone des Schädels gegossen, was einen höheren Zustrom von Quellenergie symbolisierte.

Diese Fertigkeiten sind nun zusammen mit dem notwendigen Wissen und einer tiefen Liebe zu diesem Handwerk auf der Seelenebene den Kristallarbeitern von heute eingegeben worden. Während sich die Türen zu den höheren Welten öffnen, arbeiten die Schädelmacher intuitiv und mit zunehmender Kraft daran, die Rohmaterialien in wunderschöne Kunstwerke zu verwandeln, welche die in Atlantis erreiche Perfektion widerspiegeln.

Um die Jahrtausendwende wurden erstaunliche Entdeckungen gemacht und Kristallschädel aus vielen verschiedenen Kristalltypen haben sich der Menschheit offenbart. Die Mehrzahl dieser Entdeckungen wurde in Südamerika gemacht und die Kristalle wurden überwiegend aus klarem oder rauchfarbenem Quarzkristall gefertigt. Nur einer tauchte auf, der aus einem reinen Amethyst hergestellt worden war. Die Archäologen, die diese Artefakte entdeckten, merkten bald, dass einige von ihnen älter als die geschriebene Geschichte der Menschheit sein mussten. Heute werden diese Kristalle in Museen oder von auserwählten Hütern aufbewahrt, deren Bestimmung es ist, sie zu bewachen, während sie zum Leben erwachen und ihre Geheimnisse preisgeben.

Viele Menschen fühlen sich zu Kristallen hingezogen, und wenn sie mit ihnen kommunizieren, merken sie, dass sie Zugriff auf ein höheres Wissen haben. Kristallschädel sind wieder zu Instrumenten geworden und werden immer beliebter, weil sich immer mehr Menschen auf diese höheren Frequenzen einstimmen.

Ein von einem Kunsthandwerker gefertigter Kristallschädel ist für viele Seelen auf dem spirituellen Weg ein Gefährte, ein Archivar und ein wertvoller Gewinn. Viele benutzen solche Schädel, um sich auf die in ihnen enthaltenen uralten Energien einzustimmen, die ihnen dabei helfen, sich daran zu erinnern, wer sie wirklich sind.

Kristalle programmieren

Alle Kristallschädel können programmiert werden. Ein Stück Quarzkristall kann eine riesige Menge an Informationen speichern. Erzengel Metatron beaufsichtigte die Kristalltechnologie von Atlantis und unterstützt uns nun. Seine Energie kann jeden Menschen erleuchten, aktivieren und anleiten, der seine Kristallverbindung stärken möchte.

Eine Übung, um einen Kristall oder Kristallschädel zu programmieren

1. Sie fangen mit einem klaren Quarzkristall an. Aufgrund seiner klaren und neutralen Schwingung ist dies der Kristall, der am leichtesten zu programmieren ist.

2. Reinigen Sie den Kristall unter fließendem Wasser. Legen Sie ihn entweder ins Licht der Sonne oder des Mondes und hüllen Sie ihn in die kosmische violette Diamantflamme.

3. Nehmen Sie Kontakt zur Deva des Kristalls auf. Alle Kristalle haben ein Elementarwesen, das sich um ihre Frequenz kümmert. Bitten Sie die Deva, Ihren Kristall zu aktivieren, damit Sie ihn programmieren können.

4. Rufen Sie Erzengel Metatron an und bitten Sie ihn, Ihren Kristall mit reinem Aufstiegslicht zu erfüllen. Das wird seine Kraft massiv verstärken und Sie noch enger an ihn binden.

5. Bitten Sie Erzengel Metatron, andere spezifische Energien in den Kristall einzufügen, die er für richtig hält.

6. Überlegen Sie sich, welche Meditationsform Sie regelmäßig praktizieren.

7. Nehmen Sie den Kristall in die rechte Hand und nehmen Sie sich fest vor, ihn zu programmieren.

8. Sagen Sie Ihre Meditationsformel auf, wie Sie es normalerweise auch tun.

9. Wenn Sie fertig sind, bitten Sie die Deva, diese Informationen aktiv in den Kristall einzufügen. Erklären Sie, dass Sie regelmäßig darauf zugreifen möchten.

10. Bitten Sie Erzengel Metatron, den Kristall in seine Energie zu hüllen, um diese Information zu verstärken und zu schützen.

11. Jetzt ist Ihr Kristall programmiert und kann von Ihnen jederzeit aktiviert werden – schnell, einfach und praktisch.

12. Denken Sie daran, Ihren Kristall regelmäßig zu reinigen, besonders wenn Sie ihn an sich tragen.

13. Bedanken Sie sich bei Ihrem Kristall, bei der Deva und bei Erzengel Metatron für ihre Hilfe.

Schritt 55

Die Instant-Sonne

Es folgt eine weitere, sehr machtvolle Aufstiegsaktivierung und ein Instrument, um Ihre Energien rein zu halten. Die Instant-Sonne ist ein reines ätherisches Feuer, das alle Schlacken in Ihren Energiefeldern verbrennt. Da sie extrem machtvoll und vielseitig anwendbar ist, eignet sie sich perfekt dafür, Ihre individuelle Frequenz rein und klar zu halten, besonders dann, wenn Sie in einer Umgebung mit unterschiedlichen Schwingungen leben. Wenn Sie sie aktivieren, können Sie sie so groß oder so klein machen, wie Sie möchten. Sie wird aktiv bleiben, bis sie abgeschaltet wird oder kollabiert. Sie kann so weit ausgedehnt werden, wie Sie möchten, Sie können sie sogar benutzen, um den ganzen Planeten darin einzuhüllen.

Thot war in der Anwendung energetischer Instrumente besonders geschickt, und der große atlantische Meister Wuslu schenkte ihm die Instant-Sonne, die ein chakrabasiertes energetisches Mittel ist, das um eine Person oder einen Gegenstand herum benutzt wird. Wie der Name schon andeutet, ist dies eine Sonnen- oder Heliosenergie, die – wenn sie aktiviert wird – eine neundimensionale Lichtkugel um den Aktivierenden herum erzeugt.

Diese Technologie ist ein Geschenk und wird nur jenen gegeben, die es einsetzen wollen, um sich selbst und der Entwicklung des Planeten zu dienen. Die Meister Wuslu und Thot präsentieren Ihnen dieses Geschenk jetzt, da Sie einer jener Menschen sind, die ihre Verantwortung akzeptiert haben und ihren Teil dazu beitragen wollen, der Welt beim Aufstieg zu helfen.

Jetzt, da das neue goldene Zeitalter naht, werden die spirituellen Gaben, über die wir in Atlantis verfügt haben, jenen Menschen wiedergeben, die verantwortungsbewusst genug sind, sie richtig einzusetzen. Während des goldenen Zeitalters gab es eine Vielzahl von Instrumenten, die den Mitgliedern der Priesterschaft zur Verfügung standen, um ihre persönlichen Frequenzen und die ihrer Umgebung rein und klar zu halten. Häuser, Tempel, Land, Wasser und Nahrung wurden durch die ununterbrochene Wachsamkeit in einer funkelnden, fünfdimensionalen Schwingung gehalten. Alle profitierten über einen Zeitraum von eintausendfünfhundert Jahren davon, bis das atlantische Experiment zum letzten Mal degenerierte. Nun haben sich aber die Schwingung und das kollektive Bewusstseins der Lichtarbeiter bis zu einem Punkt erhöht, an dem uns die Instrumente zurückgegeben werden können.

Die Hohepriester Wuslu und Thot werden gemeinsam mit Erzengel Metatron die Instant-Sonne direkt in Ihren Solarplexus einfügen und sie dann für Sie erstmalig aktivieren. Danach erwartet man von Ihnen, dass Sie dieses Instrument mit der Weisheit und dem Verantwortungsbewusstseins eines wandelnden Meisters nutzen.

Sobald die Instant-Sonne einmal aktiviert ist, umfasst sie Ihr Energiefeld und verbrennt alle Frequenzen, die sie ändern möchten oder die Ihnen unangenehm sind. Dazu gehören Schnüre und Anhaftungen, die Energie anderer Menschen und Karma, energetische Implantate, Wesenheiten oder irgendetwas anderes, das auf der Grundlage der Polarität wirkt.

Sobald Sie sich geklärt fühlen, kann die Instant-Sonne auf Ihren Befehl hin kollabieren und zu einem winzigen Kern schrumpfen, der die Energien enthält, die Sie gerade entfernt haben. Erzengel Uriel und die Einhörner werden diese dichte Energie dann in höheres Licht umwandeln.

Wenn die Instant-Sonne kollabiert, können Sie darum bitten, dass sie die frische höhere Energie anzieht, die Sie in Ihren Feldern haben möchten. Ihnen muss allerdings vollkommen klar sein, was

Sie anziehen möchten, da sich Gedanken heute sehr schnell manifestieren.

Hier ist ein Bild, wie das Ganze funktioniert: Stellen Sie sich vor, Sie hätten einen Schuppen im Garten, der voller Spinnweben und alter kaputter Geräte ist. Wenn Sie deswegen die Instant-Sonne anrufen, bildet sie eine Lichtkugel über dem Schuppen, die von Wuslu, Thot und Erzengel Metatron aktiviert wird. Die Frequenz erhöht sich so sehr, dass der ganze Müll in eine winzige Kugel aufgesogen wird, die dann von Erzengel Uriel und den Einhörnern erleuchtet und in reines Licht umgewandelt wird. Dann füllen Sie den Schuppen mit den glänzenden neuen Werkzeugen, die Sie brauchen.

Es folgt eine Visualisierungsübung, mit der Sie die Instant-Sonne empfangen und lernen können, sie für sich selbst anzuwenden.

Eine Visualisierungsübung, um die Instant-Sonne zu empfangen

1. Bereiten Sie einen Platz vor, an dem Sie sich entspannen können und nicht gestört werden. Zünden Sie, wenn es Ihnen möglich ist, eine Kerze an.
2. Sitzen Sie still da und atmen Sie ruhig ein und aus. Nehmen Sie sich dabei fest vor, die Instant-Sonne zu empfangen und mit ihr zu arbeiten.
3. Erden Sie sich, indem Sie sich vorstellen, dass aus Ihren Füßen Wurzeln bis tief hinein in die Erde dringen.
4. Bitten Sie Erzengel Michael, seinen dunkelblauen Schutzmantel um Sie zu legen.
5. Visualisieren Sie, wie Ihr Zwölf-Chakra-System aufleuchtet und sich auf einer fünfdimensionalen Frequenz aktiviert:
   - Ihr Sternentor erstrahlt in hellem Gold,
   - Ihr Seelenstern erglüht in hellem Magenta,

- Ihr Kausalchakra leuchtet wie der Mond,
- Ihr Kronenchakra erglüht in kristallinem Gold,
- Ihr kristallklares Drittes Auge leuchtet in einem sma-
  ragdfarbenen Licht,
- Ihr Halschakra erstrahlt in Königsblau,
- Ihr Herz leuchtet in reinem Weiß mit zarten rosafarbe-
  nen Tupfern,
- Ihr Solarplexus erglüht in reinem Gold,
- Ihr Nabel erstrahlt in Orange,
- Ihr Sakralchakra leuchtet in zartestem Rosa
- Ihr Basischakra schwingt platinfarben
- Ihr Erdstern scheint Kobaltgrau.

6. Wenn alle in ihrer Meisterschaft und Großartigkeit glühen, bestimmen Sie, dass sie zu einer einheitlichen Lichtsäule werden, die sich nach oben bis zum Kern von Helios, der Großen Zentralsonne, erstreckt, und nach unten in den Kern der Hohlerde. Visualisieren Sie dies.

7. Rufen Sie die Gegenwart des großen Wuslu und des mächtigen Thot herbei. Spüren Sie, wie sich die beiden zu Ihnen gesellen, während Sie still dasitzen und Ihre aufgestiegene Frequenz ausstrahlen.

8. Sagen Sie entweder laut oder in Gedanken:

»Ich nehme nun das Geschenk der Instant-Sonne dankbar an.«

9. Wuslu legt nun eine helle goldene Kugel in Ihr Solarplexus-chakra und streicht behutsam die Energie hinein. Spüren Sie, wie sie vibriert und in Ihnen glüht.

10. Ihre Instant-Sonne ist nun bereit, aktiviert zu werden. Sagen Sie laut oder in Gedanken:

»Instant-Sonne, aktiviere dich.«

11. Ausgehend von Ihrem Solarplexus breitet sich eine helle Kugel aus Sonnenenergie um Ihren Körper, Ihre Aura und Felder aus. Sie erglühen in diesem machtvollen Licht.

12. Spüren Sie, wie das Licht alle Emotionen, Energien, Schnüre und Verhaftungen sowie alles andere wegbrennt, das Sie durch höheres Licht ersetzen möchten.

13. Spüren Sie, wie die neue, höhere Energie in Sie einströmt, um die alte zu ersetzen.

14. Die Instant-Sonne ist nun um Ihre Energiefelder herum installiert worden. Dehnen Sie sie so weit aus, wie Sie möchten.

Nachwort

Wir hoffen sehr, dass es Ihnen Freude gemacht hat, dieses Buch zu lesen. Die in ihm enthaltenen Worte sind so gewählt, dass sie ebenso auf Ihr Bewusstsein wie auf Ihr Unterbewusstsein wirken, und werden daher ihre erleuchtende Wirkung noch lange, nachdem Sie mit dem Lesen aufgehört haben, ausüben.

Zwischen dem Punkt des Schreibens und dem des Lesens werden sich die Energien unseres Planeten bereits wieder verändert haben. Jeder neue Tag bringt eine Erhöhung der Frequenz, Gelegenheiten der Transformation und eine Neustrukturierung der Realität, in der wir leben.

Bis 2032 soll unsere Welt vollständig zu einer fünfdimensionalen Realität geworden sein und bis dahin wird sich die geometrische Beschaffenheit der unterstützenden Energien wieder gewandelt haben. Der Planet Erde wird zu einem völlig anderen Ort geworden sein und Sie werden ganz auf dem Weg eines wandelnden Meisters angekommen sein. Wir wünschen Ihnen Liebe, Lachen, Fülle und Licht auf Ihrer Reise der Transformation.

Das Leben auf der Erde dient dem Lernen und der Ausdehnung, Sie können Ihre eigene Realität erschaffen und sich daran erinnern, wer Sie wirklich sind. Nutzen Sie die in diesem Buch enthaltenen Informationen und Instrumente, um das Licht in sich selbst zu verstärken und es an andere weiterzugeben, ganz gleich, wo sich diese auf ihrem eigenen Weg auch befinden mögen.

Liebe und viele Segnungen,
Diana Cooper und Tim Whild

Über die Autoren

Diana Cooper hatte während einer persönlichen Lebenskrise eine Engelerscheinung. Heute ist sie vor allem für ihre Werke über Engel, Orbs, Atlantis, die Einhörner, den Aufstieg und den Übergang zum neuen goldenen Zeitalter bekannt. Durch ihre Führer und Engel ermöglicht sie es Menschen, ihre spirituellen Begabungen und ihr übersinnliches Potenzial zu nutzen. Außerdem hilft sie ihnen, den Kontakt zu ihren eigenen Engeln, Führern, Meistern und Einhörnern herzustellen.

Diana Cooper ist Gründerin der *The Diana Cooper Foundation*, einer gemeinnützigen Organisation, die überall auf der Welt zertifizierte Kurse zu spirituellen Themen anbietet. Außerdem ist sie eine Bestsellerautorin, die fünfundzwanzig Bücher geschrieben hat, die in siebenundzwanzig Sprachen übersetzt wurden.

Tim Whild ist ein Experte auf dem Gebiet des Aufstiegs und des Lichtkörpers, der den größten Teil seines Lebens eng an der Entwicklung der Erde mitgewirkt hat.

Tim Whild war Hohepriester in Atlantis und im alten Ägypten und setzt seine kollektiven Erinnerungen ein, um der Menschheit die spirituellen Gaben und Informationen aus dieser Zeit zu bringen. Seine gegenwärtige Arbeit mit den uralten atlantischen Technologien hilft bereits vielen Menschen, die sich überall auf der Welt auf dem spirituellen Weg befinden.

Tim Whild leitet Seminare, gibt Sitzungen über Skype und schreibt regelmäßig einen Blog für Diana Cooper. Dies ist sein erstes Buch, das er auf dem Gebiet der Esoterik veröffentlicht hat.

Erzengel leisten Hilfe in allen Lebenslagen

Durch Diana Cooper's Engel-Karten finden wir Zugang zu genau
den Engelkräften, die unserer augenblicklichen Situation entsprechen.
Damit können wir uns intuitiv auf die heilende Energie der Engel
einstimmen und die Kontaktaufnahme mit der himmlischen Welt
herbeiführen – unmittelbar und wie es gerade erforderlich ist.

978-3-7787-7185-3

Ansata

Diana Cooper

Wahre Geschichten von großen und kleinen Wundern

777 Erfahrungsberichte führen eindrucksvoll vor Augen:
Auch wenn wir sie nicht sehen können – die Engel sind in jedem
Moment um uns und warten nur darauf, uns heilend und hilfreich
beizustehen. Wir brauchen nichts weiter zu tun, als ihre Kraft
wahrzunehmen und richtig zu nutzen. Hierfür präsentiert die
Bestsellerautorin Diana Cooper zahlreiche praktische Übungen
und Meditationen, um Kontakt mit den himmlischen Helfern aufzunehmen – und die Wunder des Himmels auf die Erde zu holen.

978-3-453-70316-2

Leseprobe unter **www.heyne.de**